HYOGO

47 都道府県ご当地文化百科

兵庫県

丸善出版 編

丸善出版

刊行によせて

　「47都道府県百科」シリーズは、2009年から刊行が開始された小百科シリーズである。さまざまな事象、名産、物産、地理の観点から、47都道府県それぞれの地域性をあぶりだし、比較しながら解説することを趣旨とし、2024年現在、既に40冊近くを数える。

　本シリーズは主に中学・高校の学校図書館や、各自治体の公共図書館、大学図書館を中心に、郷土資料として愛蔵いただいているようである。本シリーズがそもそもそのように、各地域間を比較できるレファレンスとして計画された、という点からは望ましいと思われるが、長年にわたり、それぞれの都道府県ごとにまとめたものもあれば、自分の住んでいる都道府県について、自宅の本棚におきやすいのに、という要望が編集部に多く寄せられたそうである。

　そこで、シリーズ開始から15年を数える2024年、その要望に応え、これまでに刊行した書籍の中から30タイトルを選び、47都道府県ごとに再構成し、手に取りやすい体裁で上梓しよう、というのが本シリーズの趣旨だそうである。

　各都道府県ごとにまとめられた本シリーズの目次は、まずそれぞれの都道府県の概要（知っておきたい基礎知識）を解説したうえで、次のように構成される（カギカッコ内は元となった既刊のタイトル）。

Ⅰ　歴史の文化編
　「遺跡」「国宝 / 重要文化財」「城郭」「戦国大名」「名門 / 名家」
　「博物館」「名字」
Ⅱ　食の文化編
　「米 / 雑穀」「こなもの」「くだもの」「魚食」「肉食」「地鶏」「汁

物」「伝統調味料」「発酵」「和菓子 / 郷土菓子」「乾物 / 干物」

Ⅲ　営みの文化編

「伝統行事」「寺社信仰」「伝統工芸」「民話」「妖怪伝承」「高校野球」「やきもの」

Ⅳ　風景の文化編

「地名由来」「商店街」「花風景」「公園 / 庭園」「温泉」

　土地の過去から始まって、その土地と人によって生み出される食文化に進み、その食を生み出す人の営みに焦点を当て、さらに人の営みの舞台となる風景へと向かっていく、という体系を目論んだ構成になっているようである。

　この目次構成は、一つの都道府県の特色理解と、郷土への関心につながる展開になっていることがうかがえる。また、手に取りやすくなった本書は、それぞれの都道府県に旅するにあたって、ガイドブックと共に手元にあって、気になった風景や寺社、歴史に食べ物といったその背景を探るのにも役立つことだろう。

＊　　　　＊　　　　＊

　さて、そもそも47都道府県、とは何なのだろうか。47都道府県の地域性の比較を行うという本シリーズを再構成し、47都道府県ごとに紹介する以上、この「刊行によせて」でそのことを少し触れておく必要があるだろう。

　日本の古くからの地域区分といえば、「五畿七道と六十余州」と呼ばれる、京都を中心に道沿いに区分された8つの地域と、66の「国」ならびに2島に分かつ区分が長年にわたり用いられてきた。律令制の時代に始まる地域区分は、平安時代の国司制度はもちろんのこと、武家政権時代の国ごとの守護制度などにおいて（一部の広すぎる国、例えば陸奥などの例外はあるとはいえ）長らく政治的な区分でもあった。江戸時代以降、政治的区分としては「三百諸侯」とも称される大名家の領地区分が実効的なものとなるが、それでもなお、令制国一国を領すると見なされた大名を「国持」と称するなど、この区分は日本列島の人々の念頭に残り続けた。

　それが大きく変化するのは、明治維新からである。まず地方区分

は旧来のものにさらに「北海道」が加わり、平安時代以来の陸奥・出羽の広大な範囲が複数の「国」に分割される。政治上では、まずは京・大阪・東京の大都市である「府」、中央政府の管理下にある「県」、各大名家に統治権を返上させたものの当面存続する「藩」に分割された区分は、大名家所領を反映して飛び地が多く、中央集権のもとで中央政府の政策を地方に反映させることを目指した当時としては、極めて使いづらいものになっていた。そこで、まずはこれら藩が少し整理のうえ「県」に移行する。これがいわゆる「廃藩置県」である。これらの統合が順次進められ、時にあまりに統合しすぎて逆に非効率だと慌てつつ、1889年、ようやく1道3府43県という、現在の47の区分が確定。さらに第2次世界大戦中の1943年に東京府が「東京都」になり、これでようやく1都1道2府43県、すなわち「47都道府県」と言える状態になったのである。これが現在からおよそ80年前のことである。また、この間に地方もまとめ直され、京都を中心とみるのではなく複数のブロックで扱うことが多くなった。本シリーズで使っている区分で言えば、北海道・東北・関東・北陸・甲信・東海・近畿・中国・四国・九州及び沖縄の10地方区分だが、これは今も分け方が複数存在している。

　だいたいどのような地域区分にも言えることではあるのだが、地域区分は人が引いたものである以上、どこかで恣意的なものにはなる。一応1500年以上はある日本史において、この47都道府県という区分が定着したのはわずか80年前のことに過ぎない。かといって完全に人工的なものかと言われれば、現代の47都道府県の区分の多くが旧六十余州の境目とも微妙に合致して今も旧国名が使われることがあるという点でも、境目に自然地理的な山や川が良く用いられているという点でも、何より我々が出身地としてうっかり「○○県出身」と言ってしまう点を考えても（一部例外はあるともいうが）、それもまた否である。ひとたび生み出された地域区分は、使い続けていればそれなりの実態を持つようになるし、ましてや私たちの生活からそう簡単に逃れることはできないのである。

＊　　　＊　　　＊

　各都道府県ごとにまとめ直す、ということは、本シリーズにおい

ては「あえて」という枕詞がつくだろう。47都道府県を横断的に見てきたこれまでの既刊シリーズをいったん分解し、各都道府県ごとにまとめることで、私たちが「郷土性」と認識しているものがどのようにして構築されたのか、どのように認識しているのかを、複数のジャンルを横断することで見えてくるものがきっとあるであろう。もちろん、47都道府県すべての巻を購入して、とある県のあるジャンルと、別の県のあるジャンルを比較し、その類似性や違いを考えていくことも悪くない。あるいは、各巻ごとに精読し、県の中での違いを考えてみることも考えられるだろう。

　ともかくも、地域性を考察するということは、地域を再発見することでもある。我々が普段当たり前だと思っている地域性や郷土というものからいったん身を引きはがし、一歩引いて観察し、また戻ってくることでもある。有名な小説風に言えば、「行きて帰りし」である。

　本シリーズがそのような地域性を再発見する旅の一助となることを願いたい。

2024年5月吉日　　　　　　　　　　　　　　　執筆者を代表して

　　　　　　　　　　　　　　　　　　　　　　　森 岡 　 浩

目　　次

知っておきたい基礎知識　1

基本データ（面積・人口・県庁所在地・主要都市・県の植物・県の動物・該当する旧制国・大名・農産品の名産・水産品の名産・製造品出荷額）／県章／ランキング1位／地勢／主要都市／主要な国宝／県の木秘話／主な有名観光地／文化／食べ物／歴史

I　歴史の文化編　11

遺跡 12 ／国宝/重要文化財 22 ／城郭 28 ／戦国大名 39 ／名門/名家 49 ／博物館 59 ／名字 68

II　食の文化編　77

米/雑穀 78 ／こなもの 84 ／くだもの 89 ／魚食 94 ／肉食 98 ／地鶏 107 ／汁物 112 ／伝統調味料 117 ／発酵 123 ／和菓子/郷土菓子 130 ／乾物/干物 136

III　営みの文化編　139

伝統行事 140 ／寺社信仰 144 ／伝統工芸 150 ／民話 156 ／妖怪伝承 162 ／高校野球 168 ／やきもの 178

IV 風景の文化編 183

地名由来 184 ／商店街 190 ／花風景 198 ／公園/庭園 205 ／温泉 210

執筆者 / 出典一覧 216
索 引 218

【注】本書は既刊シリーズを再構成して都道府県ごとにまとめたものであるため、記述内容はそれぞれの巻が刊行された年時点での情報となります

兵 庫 県

知っておきたい基礎知識

- 面積：8400km²
- 人口：534万人（2024年速報値）
- 県庁所在地：神戸市
- 主要都市：姫路、西宮、尼崎、明石、加古川、宝塚、豊岡、丹波篠山、洲本、たつの、赤穂、加西
- 県の植物：クスノキ（木）、ノジギク（花）
- 県の動物：コウノトリ（鳥）
- 該当する旧制国：畿内摂津国（神戸市須磨区より東側、神戸市・尼崎市など）、山陰道但馬国（北部）・丹波国（丹波篠山市など中央東部）、山陽道播磨国（南西部）、南海道淡路国（淡路島全域）
- 該当する大名：姫路藩（池田氏、榊原氏、酒井氏など）、龍野藩（脇坂氏など）、尼崎藩（青山氏、松平氏）、篠山藩（松平氏、青山氏など）、徳島藩（蜂須賀氏、淡路は稲田氏）、赤穂藩（浅野氏、森氏）
- 農産品の名産：酒米、黒大豆、タマネギ、イチジクなど
- 水産品の名産：イカナゴ、シラス、ズワイガニ、タイなど
- 製造品出荷額：16兆2633億円（2020年）

●県 章

1921年に定められた県徽章とは別に、戦後の1964年に制定され県の旗として広く使われるもの。セルリアンブルーの地に、波の形をモチーフとした「兵」の字を図案化して、南北に海がある県土を表している。

●ランキング1位

・酒米の生産量　灘五郷など日本酒の名産地が多い兵庫県だが、日本酒の原料となる酒米の生産量においても全国の3割を占めている。もともと播磨北部地域（特に加古川上流の加東市など）は江戸時代から酒米の産地として知られていたが、戦前の1920〜30年代にこの地方を栽培の適地とする品種「山田錦」が開発され、酒米の代表格として知られるようになった。なお、灘に関しては六甲山地からの水（宮水）もこの米と合わせて酒造業発達の主な要因となっている。

●地　勢

　近畿地方に属する県であるが、日本海から瀬戸内海沿岸部、さらには淡路島にまでまたがる広大な県域を持つため、通常は神戸市を中心とした関西大都市圏に属する地域（摂津）、内陸部中央部の篠山盆地を中心とした地域（丹波）、揖保川や加古川、市川に沿って広がる南西部の広大な平地（播磨）、円山川流域の盆地と山地（但馬）、淡路島にさらに県内の地域を分けることが多い。

　南東部の神戸市周辺地域は、隣接する大阪府にかけて連なる大都市圏を形成しており、六甲山地と大阪湾の間の比較的幅が狭い平地に人口が集中している。この地域には尼崎市、西宮市などの工業都市や、芦屋市など高級住宅街として知られる都市もある。明石よりも西の播州平野は古くから豊かな農地として知られ、市川の河口近くには比較的大きな姫路の町がある。ただしそこを過ぎると岡山県との県境にかけて中国山地の一部が続く。北部の但馬地域は沿岸部には火山性の断崖が多いために古くから交通の便が悪く、人口の大半が中心都市の豊岡市を中心とした盆地に集中してきた。一方でこの海岸は山陰海岸という名勝として、またカニの漁獲で知られている。これに対して南部の淡路島は全体に低山と平地が多いが、南海岸は比較的切り立っている。また、島の南東部には沼島と友ヶ島がある。

　海岸線の出入りは瀬戸内海沿いでは赤穂市周辺とその沖に浮かぶ家島諸島以外はあまり激しくないが、瀬戸内海の入り口にあたる淡路島周辺の3つの海峡はいずれも航海の難所として知られており、特に南西の鳴門海峡は渦潮で有名である。北の明石海峡も潮流が速い。

●主要都市

・**神戸市**　六甲山と海の間にある狭い平地に発達した、国内でも有数の港町である県庁所在地。中国地方に向かう山陽道が通過すること、近畿地方の中では比較的深い水深をもつことから、古代の武庫水門や大輪田泊、中世から近世にかけての兵庫津など、瀬戸内海海運の玄関口として繁栄してきた。近代神戸港はこの延長上に海外貿易港として開港している。また、東側の灘地区は「灘五郷」とも呼ばれる銘酒の産地としても知られている。

・**姫路市**　南西部の播磨地域の中心地であり、古くより播磨国府なども近隣に所在してきた。現在の都市は、「白鷺城」の異名を持つ世界遺産として有名な近世姫路城の城下町に由来する。南部の飾磨津は外港。

・**豊岡市**　北部の但馬地域の中心地であり、円山川のほとりにある城下町。但馬地域はコウノトリの保護でも知られている。

・**洲本市**　南東に浮かぶ淡路島の中心地として、近世に徳島藩家老の城下町として発展してきた都市。なお、同じ淡路島にある南あわじ市などの人口も洲本市に匹敵するが、こちらは平成の大合併でできた都市である。

・**丹波篠山市**　中央東部、かつては丹波国の一部であった小城下町に由来する都市。黒豆や牛などをはじめとして県内でも特に農業の盛んな都市として知られている。なお、令制国の関係からも、福知山市など京都府丹波地域などとのつながりが深く、また大阪方面とのつながりが深い。

・**たつの市**　播磨地域西部、揖保川のほとりにある小城下町。

・**尼崎市**　大阪と神戸の中間地域にある工業都市。ただし、中世以来のこの町は大物浦などをはじめとした港町としての歴史が長く、近世尼崎城も海に面した大阪の守りたる城として位置づけられた。そもそも地名自体も「あま」＝海に生業を持つ者に由来すると推定されている。

・**西宮市**　大阪市と神戸市との間にある都市の一つ。市名の由来である西宮神社は平安時代以来の信仰をうけ、また七福神の一柱である恵比寿神の信仰の中心としても知られている。また、市内の南部にあるのが有名な球場である甲子園である。

・**明石市**　淡路島と本州との間にある、流れの速い明石海峡に面した城下町かつ港町。古くから海上交通の難所として知られている一方、海流に育まれたタコなどの海産物が知られる。また、日本の標準時計算上の基準である東経135度線が通過していることでも知られる。

・赤穂市　岡山県との県境にある小都市。塩田の町として知られている。また「忠臣蔵」のモデルである元禄赤穂事件は、この都市の領主であった浅野内匠頭により引き起こされた。

●主要な国宝

・姫路城　国宝指定を受けているのは5重6階の大天守を中心とした建造物群で、白鷺城の異名でも知られる。山陽道沿いの大大名への備えとして江戸幕府がここにあった城を拡張整備し、江戸時代を通じて譜代大名が配された。その後、第二次世界大戦における空襲でも炎上を免れ、現在まで数回の修復を経つつ当時の姿を見せている。なお、「戦にあったことはない」とよく言われるが、実際には戊辰戦争で岡山藩が開城交渉の際に、姫路城に向けて威嚇砲撃を行っている（被害はほぼなかった）。

・浄土寺　中部（播磨地域）の小野市に鎌倉時代に建立された浄土堂が国宝指定を受けている。建立された経緯だが、治承・寿永の乱（源平合戦）で炎上した東大寺大仏・大仏殿の再建のために、当時大勧進（再建の責任者）を務めていた僧である重源がこの辺りに古くからあった寺の敷地を用いて、播磨における活動の拠点としたと伝えられている。このため、浄土堂の建築は当時の大仏殿の建築様式とほぼ同じとされている。なお、本尊も鎌倉時代の仏師快慶の作として、国宝に指定されている。

●県の木秘話

・クスノキ　暖かい地域を好む広葉樹で、全国的に分布する。県内にも分布するとはいえ、特に九州に巨木が多いが、兵庫県で県の木に指定されている理由には、楠木正成ゆかりの地であることが県の説明では挙げられている。南北朝時代に後醍醐天皇に仕えて戦った彼の本拠地は河内（大阪府）だったが、その最後の戦いの場が神戸市の湊川であった。なお、同地の史跡化には供養塔を立てた江戸時代の尼崎藩主に加え、「水戸黄門」こと徳川光圀が関わっている。歴史書編纂事業の中で正成を評価した光圀は、土地の寺に申し出て墓の整備と墓碑の建立を主導し、これが近代の明治新政府の元で湊川神社にされるきっかけとなった。

・ノジギク　白い単弁の花を咲かせるキク科の植物。主には西日本に分布し、兵庫県はその分布においておおむね北東の端にあたる。特に、日本の植物分類学者の草分けとして有名な牧野富太郎が、姫路市大塩地区にある

群落を国内最大級のものとして報告したことがよくしられており、現在でも周辺の山などで咲き乱れる様がみられる。

●主な有名観光地

・六甲山　神戸市の北側にそびえる山である。神戸港の方向に向かって急激な傾斜をなす形状は、神戸の街において俗に「海側」「山側」と呼ばれる独特の地理感覚を生み出した。布引渓谷をはじめとした森や渓流、また神戸近郊の高級住宅街としても知られているが、江戸時代に森林のかなりの部分が伐採されていたため、現在の森は近代以降に復活させたものである。

・神戸洋館街と居留地　関東の横浜港と神奈川宿との関係と同様、神戸港もまた繁栄した兵庫津の隣に整備された経緯を持つ。このため、三宮の一帯に外国人の居留地が設けられ、さらに手狭になると北野が日本人と外国人の雑居地の扱いとされて多数の洋館が建設されるようになった。居留地は1894年の廃止以降、洋風のビルが立ち並ぶようになり、また北野は1970年代以降に残存した洋館の保存がなされるようになった。阪神淡路大震災での被害からも復興して、現在の独特の景観に至っている。

・城崎温泉と有馬温泉　前者は但馬地域に、後者は六甲山の北側にあり、どちらも平安時代から知られていた名湯として知られる。城崎温泉は近代では1925年の地震からの復興によって作られた街並みと志賀直哉の小説「城崎にて」で、有馬温泉は豊臣秀吉が愛したことでも知られている。

・玄武洞　但馬地域には火山岩が多く、沿岸部の余部鉄橋が通る断崖なども形成しているが、内陸部にある玄武洞は激しい柱状節理によって知られている。江戸時代に名付けられたこの黒い岩石からなる洞窟の名が、後に近代になって石の種類「玄武岩」の名の由来になった。

・龍野城下町　脇坂氏5万石の城下町だった龍野は醤油の生産でも知られているが、近代の交通整備で設けられた駅などから城下町がやや外れたこともあって、多数の当時の建築物を残すことで知られている。

●文　化

・甲子園　春と秋の高校野球大会の開催で、また阪神タイガースの本拠地として名高い甲子園は、1924年に当時の阪神電鉄による沿線開発の一環として誕生した。その開場の年から早速、現在の高校野球大会の前身となる

大会の会場となって、現在に至っている。

・西宮神社の福男　西宮市の地名の由来となったこの神社は、七福神の一柱である恵比寿信仰でも知られている。このいわれには地域の漁民が海で像を見つけたという伝承があり、以降、漁民や商人の崇敬を受けてきた。福男とは、江戸時代ごろからその初詣において、門から走っての一番乗りを競うようになり、その1番目から3番目までについた人物を「福男」と呼ぶようになったことに由来している。

・宝塚歌劇　摂津地域北部の宝塚は温泉地として知られていたが、戦前の大阪・神戸都市圏拡大の動きに乗って鉄道（のちの阪急電鉄）が開業した際には田舎町であった。このため、鉄道の需要を作ろうと経営者の小林一三主導で宝塚に劇場が設けられて歌や踊りのレビューを演じるようになり、これが人気を博して現代まで熱狂的なファンを生み出すに至っている。

●食べ物

・いかなごのくぎ煮　播磨灘・大阪湾では春になるといかなごという魚の稚魚が多数水揚げされる。これを甘辛く煮たものを、魚の形状を釘にみたててこの名で呼ぶ。ただし近年、全体的に漁獲量が下がりつつあり、資源保護が課題になりつつある。

・神戸牛　居留地が設けられた神戸では、外国人による牛の需要が急激に上がった。この際に注目されたのが、すでに江戸時代には飼育されていた但馬地域の牛である。かくして、現代にいたるまで、但馬地域の牛の血統にあり、県内で飼育され、特定の年齢であるなどの条件を満たしたものにこの名が冠せられるようになっている。

・丹波の黒豆　江戸時代には黒大豆がすでに篠山の名産として知られていたが、これ以外の分野においても丹波地域は農産物のブランド化に熱心なことで知られている。

・赤穂の塩　海水を浅く流して干潮時に塩気の濃い砂を作り、それを煮たてて塩を大量に生産する方式を入浜式というが、赤穂はそれが早期に発達した土地として知られている。晴天が多い瀬戸内地方は早くからこの方式が盛んな地域として知られてきた。

・明石焼き　潮流が速い明石海峡は古くからタコの名産地として知られており、近代になると卵と共に焼いて出汁につけて食べる名物が生まれていた。単に玉子焼とも呼ばれていたそれが、後にたこ焼きのアイデアにつな

がったともいわれている。

●歴　史

●古　代

　そもそも広大な兵庫県は、兵庫県自身が観光プロモーションの題材とし
て使うほど、県内各地の気候や性格が異なることで知られている。これを
踏まえてここでも、可能な限りそれにのっとり解説する。
　南側は令制国でいえば摂津国と播磨国となる。特に播磨は加古川などに
育まれた肥沃な平野に恵まれ、また西部の山岳地帯で行われた製鉄、南部
の沿岸で行われた製塩などがすでに奈良時代から記録に残っている。山陽
道に抜け、また西隣には古代において大きな勢力を持っていた吉備を控え
るという意味でも播磨国は古くから重要視され、すでに令制国の成立時に
は大国（令制国の重要性の区分において最上級）の扱いを受けている。摂
津国も難波津（大阪府）に加えて、現在の兵庫県域においては、武庫川河
口付近と推定されるあたりの港が知られており、瀬戸内航路への重要な出
入り口であった。この奈良時代に近畿地方各地を巡り道やため池、港や橋
など公共財の修築に尽力した僧侶の行基が知られているが、播磨～摂津の
沿岸にある河尻、大輪田、魚住、韓泊、室泊の五つの港は彼が整備した
という伝承が残されるほど、当時の瀬戸内海航路において重要な地点で
あった。
　北側は但馬国と丹波国にあたるが、この一帯は山が多く、また沿岸は
断崖も多い。両国はすでに『古事記』などで登場するものの、官道として
の山陰道は七道の中では馬などの備える数が最も少ない「小路」であった。
一方で、但馬国には遥か新羅（朝鮮半島）からアメノヒボコという王子が
やってきてその開拓に尽力したという伝説があるなど、日本海沿岸に当時
から存在した人々の交流があったようである。
　最南端、淡路国は『古事記』の国生み神話において主要な島々のうち最
初に誕生したという伝説があるが、少なくともかなり古くから航海術にた
けた人々がいてヤマトの政権ともかかわりを持ち、また開けていたという
点は確からしい。近年になって弥生時代の一大集落遺跡が発掘されている。
　かくして平安時代を通じて、一帯は畿内に最も近い地域の一つとして、
荘園の開発や海運が盛んにおこなわれる地域であった。『源氏物語』にも

兵庫県　知っておきたい基礎知識　　7

光源氏の隠棲先として播磨国明石・須磨が登場しており、また、『大鏡』にその退位の顛末が語られる花山天皇は、出家後に播磨国書写山（姫路市）を訪れるなど、この県には都に近い一方で同時にその勢威が直接及ぶ範囲の外縁部である、というイメージもまた付きまとった。

　なお国府はそれぞれ県内にあったものでは、播磨が姫路、但馬が養父市と豊岡市のおよそ中間地点、淡路が三原（南あわじ市）に置かれたと推定されている（摂津は大阪市、丹波は京都府亀岡市）。

●中　世

　中世の幕開けに兵庫県域では大きな事件が発生する。794年の平安京遷都から1869年に天皇御所が東京に移動するまでの間で、南北朝の分裂以外では唯一、短期間ながら天皇の在所たる内裏が平安京から動いた福原遷都（1180年）である。福原は大輪田泊の少し北側、現在の神戸市中心部にあたり、当時は平清盛が湊の修築（沖合の経ヶ島が有名）に努め日宋貿易を盛んにおこない隆盛していた。このころ、古くからの難波津などの水深が浅くなっており、中国からの大型船の多くが大輪田泊に向かっていたのである。この遷都は数か月で終わるが、大輪田泊は鎌倉時代にはこの平清盛による修築を基盤とした「兵庫津」と名を変えて、瀬戸内海航路の畿内における要の港町として発展することになる。

　この経済的な発展は県域全域でみられ、播磨の室津や飾磨津（国府外港）のような港湾都市、荘園間の土地争いなどは各地で記録されている。鎌倉時代後半には摂津・播磨・丹波の三国は六波羅探題（京都に鎌倉幕府がおいた朝廷の監視と西国の統括をつかさどる機関）の直接の管轄とされるなどの重要性であった。特に兵庫津は中世の間、南北朝時代初期に起こった湊川の戦いのように何回か争奪の的となっている。その重要性は『兵庫北関入船納帳』という室町時代に兵庫津で関銭（通行料・寄港料）を払った船の記録が、当時の瀬戸内海交易の重要記録となっているほどである。

　室町時代には、但馬は山陰諸国の守護職を持ち権勢を持っていた山名氏、播磨は有力家系の一つとして知られた赤松氏、摂津は三管領家の一角である細川氏が守護を務めた。ただし、近畿地方に近いこともあり早くから動乱が多く、小領主が戦国時代には多数並立した。最終的に、戦国時代後期に織田信長が近畿と周辺地域に勢力を伸ばして、一帯は制圧されていった。

● 近　世

　近世以降も近畿地方は経済と文化の中心地であった。俗に江戸時代において五畿内諸国の事を「上方」ともいうが、この五畿内に隣接する播磨・丹波・近江（滋賀県）もまた「上方筋」と五畿内とまとめて呼ばれるようになっており、すでに事実上の近畿地方の一部となっていたのである。

　西から見ると中国地方の諸大名を見張る位置にある姫路には、現代に残る「白鷺城」こと姫路城が大改修されて、主に譜代大名が支配した。また、同じく重視された城には、大阪城にもっとも隣接する大名の城であった尼崎城もあげられる。大阪近辺の地域にあたるため、県域全体で大大名は少なかった（淡路は徳島の蜂須賀家の支配下である）。

　播磨は穀倉地帯の一角ではあるものの、瀬戸内の比較的降水量が少ない地域に該当するため、水不足はたびたびおこった。このため、麦や木綿など稲より水を用いない作物、また晴天が生産によい塩田などは早くから発達し、赤穂の塩や姫路の木綿は名産となっている。北部の但馬は農業の実入りがあまりよくなく、養蚕や牛の生産が盛んになった。このうち、牛は丹波のものと合わせて、後の神戸牛へとつながっていく。また、但馬・播磨国境の生野銀山は、近代にいたるまで国内を代表する鉱山であり続けた。摂津地域では引き続き、兵庫津が豪商も集中する国内海運きっての港町として栄え、明石も山陽道の城下町としてにぎわった。

● 近　代

　幕末、京都にも近い現在の県域は何かと騒乱が相次いだ。但馬地域では、大和（奈良県）で発生した「天誅組の変」に呼応して生野の代官所が襲われている。南部地域でも、兵庫津が近畿地方における開港場として安政の五か国条約（1858年）で指定されたが、京都に近いために朝廷が開港を渋り、この結果、1868年（江戸時代最後の年）にようやく神戸が開港するまでの間、各国の軍艦が兵庫沖に来航して早期の開港を要求する事件まで発生している（1863年）。おまけに開港の直後に大政奉還、さらに続けて戊辰戦争が発生したため、神戸港の整備は大幅に遅れる事態となった。戊辰戦争では姫路藩は徳川家譜代の中でも名門である酒井家が当時の城主であったため、明治新政府に警戒され岡山藩によって開城させられている。

　130もの大名・旗本・寺社領が入り乱れていた現在の兵庫県域では、他

地域と同様に幕府領が廃藩置県以前から「県」という扱いとなり、第一次の兵庫県が廃藩置県に先立って設置された。しかし、1870年に後の兵庫県域につながる事件、「稲田騒動」が淡路島で発生する。蜂須賀家の家臣という立場から独立しようとした洲本城代稲田家の動きに反発して、洲本城下の稲田家家臣団を蜂須賀家の家臣が襲い37名もの死者を出した。この事件の結果、淡路島は旧徳島藩からの分離を志向するようになる（実際、事件直後に島の北部は一時的に第一次兵庫県の管轄となっている）。

　かくして1871年、廃藩置県とその後の整理により、神戸周辺の旧摂津国西側を管轄する兵庫県、播磨一帯を管轄する飾磨県、丹後・但馬の全域及び丹波の西側を管轄する豊岡県、淡路島と阿波国（徳島県）を管轄する名東県が設置される。しかし、淡路島が稲田騒動で民間の感情にしこりがのこっていたこと、兵庫県の範囲が小さく神戸港育成のための財政基盤としての周辺の合併を中央政府が検討していたこと、整理過程で廃止候補になっていた豊岡県について飾磨県と合併するのが適切と見込まれていたことなどが重なり、1876年、豊岡県の大半と飾磨県・兵庫県・名東県の一部だった淡路島が合併し、これをもって現在の兵庫県の県域がほぼ確定した。

　これ以降の兵庫県は、国内有数の国際貿易港として発展する神戸とその周辺地域を中心に発展していく。目論見通り、穀倉地帯の播磨は新県の財政を支えたものの、そのために反発もあり何回か分県運動が発生している。とはいえ、戦前以来の阪神工業地帯の発展や、そこからの延長としての姫路周辺での工業の発展なども見られ、播磨は長年にわたり富裕な地域の一つとして知られた。戦後も大まかにはこの構造に変化はなく、神戸港は長年にわたり国内最大の港湾都市として発展するが、1995年、神戸港を含む阪神地域一帯を震度7の激震、「阪神・淡路大震災」（兵庫県南部地震）が襲った。火災・液状化・建物の倒壊などが襲った結果として神戸港は一時コンテナなどの機能が大きく損なわれ、復興した現在でもなお、その影響は尾を引いているともいわれる。一方、交通路の面では明石海峡大橋の開通により淡路島に陸路で向かえるようになり、近年、淡路島への観光客が増えつつある。また神戸は近年、映画のロケ地としても人気が高い。

【参考文献】
・今井修平ほか『兵庫県の歴史』山川出版社、2004

I

歴史の文化編

遺 跡

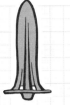

桜ヶ丘遺跡（銅戈）

地域の特色　兵庫県は、近畿地方の西部に位置する。北は日本海、南は瀬戸内海に面し、東は大阪府、京都府、西は岡山県と鳥取県に接している。県中央から北西部に、中国山地を延長した播但山地と丹波山地がある。鳥取県境の氷ノ山（1,509.8m）が最高所で、全体としてはゆるやかな山容を呈する。日本海側では、円山川以外は短く、豊岡盆地を除き平地がない。南の瀬戸内海に向かっては、加古川・市川・揖保川などが流れ、南の播磨灘沿岸に播磨平野が開け、江戸時代には干拓新田や塩田がつくられた。なお、県南東部は大阪府から続く大阪平野が広がり、丹波山地から武庫川と猪名川が流れている。また、六甲山地が連なる神戸の市街地付近は、天然の良港として発展してきたが、1995年1月に断層を震源とする兵庫県南部地震が発生した。

　県域の考古学的発見として著名なものに、明石市西八木海岸から発見された「明石人骨」がある。近年では、近世人骨の可能性も指摘されており、評価は定まっていない。なお、旧石器時代の遺跡の約80％が播磨地域に集中している。縄文時代の遺跡数は播磨や但馬に多いが、住居跡などの遺構の伴うものは少ない。弥生時代の遺跡は各流域の下流に拠点的集落が立地し、西摂・播磨地域で多くの発掘が行われてきた。淡路は銅鐸・銅剣がしばしば出土しており、興味深い。古墳時代では、前期古墳は西摂・播磨・但馬地域で比較的調査が進むが、淡路・西丹波地域では不明な点が多い。

　古代においては旧5カ国を含み、播磨・淡路・但馬の3国府が所在した。国衙や郡衙などは詳らかではないが、播磨国分寺跡などの寺院遺跡の調査も進められている。中世以降、摂津や播磨には赤松氏や細川氏、淡路は細川氏の後、三好氏、丹波は細川氏、但馬は山名氏といった勢力が主に活躍する。近世には、摂津・播磨には大名、旗本領のほか寺社領などが錯綜し、淡路は蜂須賀氏、丹波は7藩、但馬3藩が支配した。

　1868年、摂津や播磨を主体とする旧兵庫裁判所管地の村々を兵庫県と

した。その後、摂津北部の豊崎県を併合し、1871年の廃藩置県により、摂津国を管轄する兵庫県、播磨に姫路県（改称して飾磨県）ができる。1876年兵庫県と飾磨県、豊岡県などが統合され、県域が確定した。

主な遺跡

板井・寺ヶ谷遺跡

いたい　てらがたに

＊篠山市：篠山川支流、宮田川西岸の微高地上、標高210mに位置　**時代**　旧石器時代

1984〜85年まで、兵庫県教育委員会により調査が実施された。

丹波山地から延びる尾根の微高地上に位置し、姶良 Tn 火山灰層を挟んで、上下の層位から石器群が出土した。上層からは約750点の石器群が検出され、角錐状石器、削器、掻器、加工痕や使用痕の認められた剥片などであった。使用石材は、サヌカイトが約6割を占め、残りはチャート、凝灰岩などである。遺構も検出され、調査区中央の約725m²の範囲に破砕礫が集まる礫群と土坑が認められ、短期的な居住が行われた可能性が指摘されている。

下層からは約2,500点の石器群が検出され、ナイフ形石器、台形石器、刃部磨製石斧のほか、削器、掻器、楔形石器、錐状石器、加工痕・使用痕のある剥片などの石器組成比率が約13％を占める。使用石材にはサヌカイトとチャートのほか、頁岩、凝灰岩、砂岩、水晶などが認められ、石材比率でサヌカイトが約4割、チャートが約6割を占める。サヌカイトには瀬戸内系横長剥片剥離技術が、チャートでは縦長剥片剥離技術が認められた。遺構には、配石群10数群、単独配石多数、泥炭面中の配石3基、土坑6基、炭化物密集部や遺物集中部が認められた。

14C 年代測定法では、上層石器群相当期で2万2700〜2万400年 B.P.、下層石器群相当期で2万6000〜2万4900年 B.P. と評価されており、全国的にも旧石器時代の継続的な土地利用の実態や石器石材の様相が明らかにされた遺跡は貴重であり、植物、花粉分析を通じた気候、植生復元など、当該地域の後期旧石器時代の生活様相が明らかにされた点で意義深い。

別宮家野遺跡

べっくういえの

＊養父市：鉢伏山（1221m）南側の高原東端部、標高693mに位置　**時代**　縄文時代草創期

1969年に発見され、70〜71年にかけて関宮町教育委員会により発掘調査が実施された。石器は、石鏃、石槍、柱状磨製石斧、扁平磨製石斧、掻器、礫石器、石錘、磨石、凹石、敲石、石皿、円盤状石製品などとともに、旧石器時代に属するナイフ形石器4点も検出された。石材は軟質な

安山岩が大半で、鉄石英・チャートなども少量認められる。遺構は、集石遺構、焼土坑、土坑、柱穴状ピットなどが検出された。集石遺構は安山岩質の拳大の礫で構築され、11カ所で認められた。いずれも赤色化した礫を含み、被熱の痕跡と考えられる。集石内から炭化したクルミやカシの実も検出されている。磨石、凹石、敲石が認められることから、植物性食料の採集・加工に比重が置かれていたことをうかがわせる。柱穴状ピットについては平地式住居とする見方もあるが、議論がある。

　土器は約3,000点出土している。特殊菱形文と呼ばれるくぼみをもつ押型文が最も多く、次いで山形文、格子目文、撚糸文、無文、押捺縄文などが施されている。この特殊菱形文が山形文より下層から出土している。縄文時代早期初頭の高原地帯の拠点的集落として評価されている。

大歳山遺跡
*神戸市：六甲山系に続く独立丘陵上、標高約 30m に位置
時代 縄文時代前期～古墳時代

　1924年に直良信夫によって紹介され、1961年から71年にかけて本格的な調査が行われ、旧石器時代から古墳時代まで継続した遺跡であることが明らかとなった。特に1969年の発掘において、縄文・弥生時代の遺物が大量に出土するとともに、弥生時代後期の竪穴住居跡群が発見された。

　出土した縄文土器は8つに分類され、そのうち第Ⅳ類を「大歳山式土器」に比定し、近畿地方の縄文時代前期終末の標識遺跡として著名である。ほかに縄文早期末頃の条痕文土器や大歳山式土器より古い土器（北白川下層Ⅲ式）も認められたほか、晩期の突帯文土器も検出されている。

　また横穴式石室を構築した墳丘長約28m の前方後円墳や弥生時代後期の竪穴住居跡が発掘されている。また旧石器時代のナイフ形石器が採集されている。遺跡は保存運動にも関わらず、宅地造成により大部分が破壊された。現在は弥生時代の竪穴住居跡数棟と前方後円墳1基を残す史跡公園として整備、公開されている。

日笠山貝塚
*高砂市：天川の西岸、日笠山丘陵南端部の北側斜面、標高2～4m に位置　**時代** 縄文時代前期後葉～晩期中葉

　1950年頃に発見され、1963年から高砂市教育委員会によって断続的に調査が行われた。貝層は東西約30m、南北約10m 程度の範囲に分布し、4層に分けられている。いずれも純貝層ではなく、すべて混土貝層で、Ⅳ層のみが比較的貝の比率が高い。ハマグリ、ハイガイが最も多く、マガキが次ぐ。魚類にはクロダイ、マダイ、マフグ科など、哺乳類ではイノシシとニホンジカの骨が認められた。

また、貝層より屈葬人骨1体が発見されている。人骨は頭部を東側に向け、人骨の上部に花崗岩の板石と凝灰岩の角礫が配されていた。身長159cm強で、30〜40歳代の男性とされる。住居跡が認められず集落の実態は不明だが、播磨灘に面する地域では唯一の縄文貝塚として貴重である。

佃 遺跡
つくだ

＊淡路市：浦川北岸に広がる扇状地上、標高7〜14mに位置

時代 縄文時代中期〜晩期

　1991〜94年、本州四国連絡道路建設に伴う発掘調査として、県教育委員会によって実施された。縄文時代前期末〜中世にかけての遺物が出土し、その主体は縄文時代後期〜晩期である。縄文後期の遺構としては、竪穴住居跡5棟をはじめ、貯蔵穴、土器棺、土坑、溝などが認められ、晩期でも土器棺、土坑墓が検出された。また段丘南辺の低湿地では、貯蔵穴14基と丸木船を転用して板敷道とした可能性のある板材が発見された。貯蔵穴のなかには、イチイガシなどの堅果類が納められたものが多数認められた。

　遺物は、膨大な土器、木器、骨角器などが検出され、特に土器は縄文時代前期（北白川上層式III期）や中期（鷹島式・船元I〜IV式・里木II〜IV式）、後期（中津式・北白川上層式II〜III期・一乗寺K式・元住吉山I〜II式・宮滝式）、晩期（滋賀里式）の多様な型式の土器が数多く出土した。また、北陸地方などの他地域の土器も含まれている。石器はサヌカイト製の石鏃、削器、石錐、石匙などが検出され、板状のサヌカイト原石が集積された遺構も確認されている。このほか、緑泥片岩製の石剣や石刀類も3本出土し、北区の最終遺構面には長さ53cmの石剣・石刀類の完形品が、地面に突き刺された状況で発見された。自然遺物では、イルカ、シカ、イノシシの哺乳類、鳥類、魚類などの骨が出土し、豊富な食料資源の利用が明らかとなっている。また、木器は南区の低湿地から、杭や根太とともに丸木舟材や長円形の木製容器などが出土している。なお、平安〜鎌倉時代の遺構として、掘立柱建物や井戸・溝などが発見され、輸入陶磁器類が認められている。

　低湿地の貯蔵穴群をはじめ、縄文時代後期の自然環境の利用や生活の実態をとらえるうえで、基礎的な資料を提供した遺跡であり、西日本の縄文時代の集落跡としては、最大級の遺跡として評価されている。

田能遺跡
たの

＊尼崎市：猪名川左岸に接した沖積地、標高約7mに位置

時代 弥生時代前期〜古墳時代前期　　　　　　　　　　　　　史

　1965年、工業用水の工事に伴い数多くの土器が発見され、以後翌年まで工事と平行して調査が行われた。弥生時代前期には集落が営まれ、弥生

Ⅰ　歴史の文化編　　**15**

中期中頃から後期を主体とする遺跡である。遺構は、弥生時代中期に属する円形の竪穴住居跡3棟、柱穴群、100基を超す土坑群、溝状遺構、方形周溝墓3基、壺棺、甕棺などが発掘された。特に1号方形周溝墓は東西12m、南北11m、2号墓は東西13m、南北10mと規模も大きく、それぞれ二重土坑内に高野槇の木棺を納め、ともに装身具を着けていた。特に16号木棺は老年男性と推測され、仰臥姿勢で、首から胸にかけて632個以上の碧玉製管玉の首飾を着けるなど、これらの副葬品は注目を浴びた。

　弥生時代全期にわたる土器、石器、金属器、木器、玉類、骨角器など豊富な遺物が出土している。打製石器の石材にはサヌカイトが使用され、磨製石器は緑泥片岩・粘板岩などが使われている。また、石包丁と石斧には未完成品が多く認められ、集落内での石器製作がうかがわれる。加えて土坑内から砥石に転用された砂岩製の銅剣鋳型片（長さ6.5cm、最大幅6.4cm、最大厚5.3cm）が発見されており、弥生時代中期前半の土器（唐古・鍵第Ⅱ・Ⅲ様式）と共伴していた。

　なお、北西から南東に走る大溝は青色砂混粘土層まで達していて、大土木工事を行っていたことが明らかとなっている。遺跡南端部の第Ⅳ調査区を中心として国史跡に指定され、復原住居や資料館などが整備された。

玉津田中遺跡
たまつ たなか

＊神戸市：明石川の中流左岸の微高地・段丘上、標高約16〜18mに位置　**時代** 縄文時代晩期〜中世

　1982年以降、土地区画整理事業により発掘調査が開始された。遺跡の規模は30ha（ヘクタール）を超えており、継続的に調査が行われている。調査の結果、多数の竪穴住居跡や水田跡、中期の大規模な方形周溝墓群、祭祀遺構などが検出された。特に弥生時代前・中期の遺構は、沖積地に認められているが、弥生時代中期には住居域および墓域は微高地に、水田は微高地斜面から後背湿地に認められ、土地利用の変化をとらえることができる。

　竪穴住居跡は円形で、中央に炉を配し、四本柱の構造をとるものが主体である。土坑には穀物のほか、木製の鋤や飯蛸壺、軽石、サヌカイトを納めたものが認められている。弥生時代中期の水田は、住居域の西一帯と東の一部で確認されており、水路に沿って大畦畔がつくられ、そのなかを小畦畔で区画した不定形の水田がつくられていた。

　また、方形周溝墓は30基を超え、3×3mの小規模な墓から7×11mまで多様である。埋葬施設としては、銅剣の切先が腰骨に刺さった状態で出土した木蓋土坑墓以外はすべて木棺墓である。

　弥生時代後期および古墳時代の竪穴住居跡は、段丘上に40基発見され

ている。弥生時代後期の円形竪穴住居跡の床面からは、径7.5cmの小型仿
製鏡、覆土から鞴羽口の破片が2点出土している。ほかにも弥生後期の
住居跡から土製鋳型の破片が出土している。この地区の出土遺物には、弥
生土器のほか、土師器、須恵器、製塩土器、鳥形土製品、紡錘車、鉄製品、
玉類、坩堝、石器、木製農具、槽、鳥形木製品などが認められており、豊
富な遺物の様相からも、明石川流域の中核的集落であったことがうかがわ
れる。

会下山遺跡

*芦屋市：六甲山地の南側支脈の尾根上、標高約160～200m
に位置 　時代 　弥生時代中期～後期

　1956年に発見され、1961年までに遺跡のほぼ全域が調査された。遺跡
からは眼下に大阪湾と西摂平野を一望することができ、いわゆる「高地性
集落」の遺跡として評価されている。発掘調査により、竪穴住居跡、祭祀
場、屋外炉、倉庫、墓、柵、廃棄場などの集落を構成する諸遺構が検出さ
れた。南北方向の主尾根と、その南で東西方向に派生する狭い支尾根上に
住居などが営まれており、主尾根の最高所の最大規模の楕円形住居からは、
土器や石器のほか、磨製石鏃、鉄鏃、鉄斧、鉇、ガラス小玉といった遺
物が検出され、祭祀場と考えられている。

　住居は数回にわたり建替えが行われており、多くは円形・半月形である。
遺物には、完形に近い壺・甕・鉢・高坏・器台といった弥生時代後期に属
する土器が中心であるが、中河内地域産とされるものや西摂平野産とされ
る搬入土器が含まれており、その交流の様子がうかがわれる。

　石器には石鏃・石錐・刃器・柱状片刃石斧・磨製石鏃・磨製石剣・砥石・
石弾・丸石・叩石などが見られる。そして特筆されるのは金属製品で、
鉄器では、鉄鏃・鉇が多く、鉄鑿・釣針・鉄斧も認められる。加えて青銅
器には、有茎式の銅鏃一点と漢式三翼鏃1点が認められている。なお、三
翼鏃は会下山山腹の山手中学校敷地内の流土採集品とされるが、当遺跡に
伴う遺物と評価されている。その他、ガラス小玉・球形土製品、丸礫、石
英加工品などが出土しているが、生業活動に伴う遺物や水田耕作の痕跡は
認められず、いわゆる中国の史書に記される「倭国大乱」を反映した軍事
的な性格を有する集落として評価されており、西日本における高地性集落
の典型例として著名である。

桜ヶ丘遺跡

*神戸市：六甲山塊から海岸へと派生する丘陵の傾斜面、標
高246mに位置 　時代 　弥生時代末期

　1964年12月10日、花崗岩の崩壊土壌中から、大小14個の銅鐸および銅

I　歴史の文化編　　17

戈7口が束ねた状態で発見された。銅鐸は互い違いに横に並べられており、その端の銅鐸の下に銅戈が納められていた。出土した銅鐸のうち、3個は流水文銅鐸で、いずれも同笵の銅鐸の出土事例があるが、第1号銅鐸は5個の同笵銅鐸のうちで初鋳とされている。また袈裟襷文銅鐸11個のうち2個には、すべての区画内に、魚を獲る男性や脱穀をする女性など人物やシカの行列といった動物など、きわめて貴重な原始絵画が描かれていた。また7口の銅戈は、樋に組紐文を飾った大阪湾型銅戈である。

　兵庫県は全国でも有数の銅鐸出土数を誇り、例えば淡路島の洲本市中川原からは、元禄年間に出土した銅鐸があり、現存最古級の銅鐸の1つとされている。2015年4月にも、淡路島松帆の石材加工工場の砂置場から計7個が出土した。興味深い点としては、大小の銅鐸が重ねられて入れ子の状態で埋納され、銅鐸を鳴らす舌も認められた。これらの銅鐸のうち、松帆5号銅鐸、神庭荒神谷遺跡（島根県出雲市）6号銅鐸、松帆3号銅鐸は、加茂岩倉遺跡（島根県加茂市）の27号と同じ鋳型で作成された可能性が指摘されており、淡路と出雲の間で、共通の工人集団や銅鐸の流通といった広域的なつながりが存在していたことをうかがわせる資料として注目されている。

丁瓢塚古墳
＊姫路市：揖保川下流、京見山山麓の低地、標高約5mに位置　**時代** 古墳時代前期

　1987年に測量調査が行われ、墳丘長104m、後円部径53m、高さ7.5m、前方部幅約45m、高さ4.25mを測る。くびれ部が低く狭いのが特徴で、「バチ型」を呈する。2段築成で、後円部は3段の可能性がある。葺石はわずかに認められている。後円部頂面の前方部寄りに竪穴式石室の一部が露呈している。石室の位置が墳丘の中央でないことから主体部ではないと見られる。出土品は認められておらず、埴輪も認められていない。わずかに竹管文の施された壺形土器の破片が採集されており、同種の文様を特色とする山陰地方との関係が指摘されている。このような墳丘をもつ古墳の代表例は、大和の箸墓古墳（奈良県桜井市）があげられる。揖保川流域の古式の前方後円墳のなかで最大の規模であり、古墳時代初頭の播磨を考えるうえで重要な古墳といえる。

五色塚古墳
＊神戸市：舞子浜に接した垂水丘陵の端部、標高約20mに位置　**時代** 古墳時代　**史**

　1921年に国史跡に指定されていたが、1965年より史跡整備事業に伴い発掘調査が実施された。墳丘長197m、前方部幅81m、前方部高さ11.7m、

後円部径125m、後円部高さ17mを測る。根石と埴輪列とがめぐらされ、3段築成である。なお、埴輪には円筒埴輪・朝顔形埴輪のほか蓋形埴輪のような形象埴輪も発見された。斜面の葺石は推定総量が223万3,500個、2,781トンで、下段には垂水礫層の石材を用い、中段、上段は花崗閃緑岩を用いていた。花崗閃緑岩は古墳近辺には産しないため、淡路島などから運んだ可能性が高い。ちなみに「五色塚」の名は、この葺石の色が多色であることに由来する。

　整備事業は墳丘に限ったため、埋葬施設の調査は行われていない。石棺があったという伝承や墳丘上面から石製盆の破片、玉類が発見されているところから、主体部はすでに盗掘が及んでいると考えられる。

　西に接する小壺古墳は、円墳では県下最大級で、径67m、高さ9m。2段築成で、墳頂と中段に円筒埴輪列がめぐり、葺石は認められていない。

　五色塚古墳は古くから古跡として知られており、司馬江漢の『江漢西遊日記』（1815〈文化12〉年刊）には「仲哀王皇の陵、千壺の処」として記され、ゆえに千壺古墳とも呼ばれる。発掘調査後は全国に先駆けて古墳築造当初の姿を復元する工事が行われ、史跡公園として公開されている。

雲部車塚古墳　＊篠山市：篠山川上流、篠山盆地の東辺、標高約230mに位置　時代 古墳時代中期

　1896年に村民によって主体部の調査が行われた。墳丘長142m、後円部径80m、高さ12mを測り、県内第2位規模の前方後円墳である。発掘の状況は、当時の村長木戸勇助の記録が残されており、知ることができる。主体部は墳丘主軸に平行し、後円部の中心よりやや南に偏った位置に、割石積みの竪穴式石室（主軸長5.2m、幅1.5m、高さ1.5m）が構築されていた。天井石は長さ約3.6m、幅約1mの板石7個を用いていた。墳頂には石室をめぐって壺形埴輪が方形に配置され、石室床には白色の玉石を敷き、中央に長持形石棺（蓋の長さ2.2m、幅1m）が置かれていた。石棺は蓋を開かずに埋め戻したため、内容は不明という。棺外より刀剣・矛・甲冑・鏃など多数の鉄製品が出土し、その一部は京都大学総合博物館に保管されている。年代は5世紀前半とされる。

城の山古墳　＊朝来市：円山川左岸の丘陵先端、標高約90mに位置　時代 古墳時代前期

　1971年、田島地方最大の前方後円墳である池田古墳と併せて調査が行われた。東西径約36m、南北経約30m、高さ約5mの円墳である。部分的に円礫と角礫による葺石が認められるが、全体には認められないほか、

Ⅰ　歴史の文化編

埴輪も認められていない。埋葬施設は長方形の墓坑に、箱形木棺を直葬する。墓坑の規模は、東西8.9m、南北2.9m、深さ約1.05mを測る。棺材はコウヤマキを用い、遺体の周辺に100あまりの玉類、鏡、石釧、琴柱形や盆の碧玉製品、鉄刀、刀子、鉇などが認められ、さらに約2m離れた足位に鏡が検出された。また遺体頭部から棺端までの約2mに刀剣、工具類の鉄製品が認められた。鏡は頭位の3面が方角規矩八禽鏡、獣帯鏡、唐草文帯重圏文鏡、足位の3面が三角縁神獣鏡で、但馬地域における被葬者の立場や畿内との深い関係をうかがわせる。

箕谷古墳群
みいだに

＊養父市：円山川中流域、八木川下流の左岸丘陵上、標高83～93mに位置　**時代** 古墳時代後期

八木川北岸の丘陵に分布する古墳群のうち、最も高所に位置する。1983年、84年に調査が行われ、5基の古墳のうち、2号墳からは戊辰の紀年銘をもつ鉄刀が発見され、話題となった。2号墳は西半のみが残り、南北約14m、東西推定約12mで、石室は長さ8.6m、幅1.2m、高さ1.7mを測る。床に15～25cmの石を敷き、副葬品として、金環、鉄刀、鉄鏃、その他杏葉・帯金具などの馬具約40点、追葬を含む須恵器50個体以上、土師器などが検出された。銘文をもつ鉄刀は奥壁近く、床面敷石から8cm高い平面で須恵器杯1点、鉄刀1点とともに出土した。無反りの直刀で、茎部分は欠損していた。残存長68.8cm、身幅は本で2.9cm、末で2.4cm。茎に金銅装の足金具と柄金具の残存が認められた。銘は刀身の基部にあり、銅象嵌で「戊辰年五月□」と判読された。戊辰は土器の年代を踏まえて、608年が有力とされており、銅象嵌銘としては全国でも最古級の資料とされる。

播磨国分寺跡
はりまこくぶんじあと

＊姫路市：市川左岸の台地上、標高約10～11mに位置　**時代** 奈良時代

1968年から71年まで発掘調査が行われ、以後断続的に調査が行われている。発掘の成果としては、築地で囲まれた方2町の寺域が確認されたほか、中軸線上に南門、中門、金堂、講堂が一直線に並ぶ伽藍配置であり、やや南東寄りに塔が位置することも判明した。金堂は基壇の南端部が発見され、東西幅は37mほどであることが確認された。回廊は中門東方に瓦積み基壇の一部と雨落溝が見つかり、幅7m前後の基壇規模が明らかになった。

主な遺物では、土器・瓦類・金銅製水煙などが認められた。土器は、築地側溝内から出土した10世紀後半から11世紀初頭の土師器が、国分寺衰

退期の様相を示す遺物として重要である。瓦は6種類の播磨系国府瓦が知られ、鬼瓦は2点、文字瓦には篦書による「嶋主」「英」「秦木」の3点が確認されている。

なお、付近には播磨国分尼寺跡や前方後円墳の壇場山古墳があり、播磨地方の中心的な位置を占めていたと考えられる。この壇場山古墳は墳丘長141mで、播磨最大の前方後円墳である。後円部墳頂に竜山石を用いた長持形石棺の蓋石が露出している。この竜山石は、東播平野中央部に位置する「竜山」より産出する石で、流紋岩質凝灰岩である。畿内における古墳の石室や石棺の多くが、この竜山石を用いたことがわかっており、その流通の様相に対しては関心が高い。また、生石神社の御神体である巨大石造物「石の宝殿」は著名である。

兵庫津遺跡
＊西宮市：湊川の河口の沖積地、標高約2mに位置
時代 室町時代〜江戸時代

1980年の市教育委員会による調査を嚆矢として、1988年にはマンション建設に伴い大手前女子大学による本格的な発掘調査が実施された。その後は現在まで、30カ所以上にわたり市教育委員会によって断続的な調査が行われている。これまでに、井戸や倉庫と推定される建物基礎といった中世の集落跡や兵庫城の石垣、また近世の町家跡、船入江の石垣、道路状遺構など、中世から近世にかけての兵庫津に関わる遺構が多数検出されている。遺物には、在地系の土器が多数を占めるほか、国産陶磁器や中国龍泉窯といった貿易陶磁器も認められる。遺跡の主体となるのは1581（天正8）年の池田信輝による兵庫城築城以後、町場が整備され、商業活動が活発化する江戸時代であり、肥前唐津の陶磁器や明石、瀬戸、備前、丹波などの多様な産地の陶器類が認められている。

そもそも、兵庫津は古く大輪田泊・輪田泊といわれ、平清盛が日宋貿易の拠点としたことは知られる。鎌倉末期以降に兵庫津と呼ばれるようになった。瀬戸内海航路の物資集散地として早くから町場が形成され、湊町として繁栄しており、近世には山陽道の宿駅の機能も併せもつ町に発展した。近世期の絵図資料が多数残されており、昨今の発掘成果と対照することにより、町割りや町屋の構造をはじめ、都市空間の実態を立体的に解明する作業が進められている。

Ⅰ　歴史の文化編

国宝／重要文化財

銅鐸

地域の特性

近畿地方の西端部に位置して、日本海と瀬戸内海に面し、淡路島を含む。県域の8割以上を丹波高地の一部である北摂山地、六甲山地などの山地や丘陵地が占めている。まとまった平野は播磨灘沿岸に播磨平野、大阪湾沿岸に大阪平野の一部があるにすぎず、日本海側に平野は発達していない。瀬戸内海沿岸の平野には、大阪に接続する大都市圏が連なり、人口も多い。逆に山地の広がる日本海側では、主要都市が富岡盆地の富岡しかなく、人口も少なく、過疎が進んでいる。平地の乏しい淡路島では棚田が発展し、また大都市に出荷する花卉栽培が盛んである。

山陽道と山陰道が通る兵庫県は、古くから畿内と西国を結ぶ回廊的特色がある。明石海峡は畿内と畿外の境界とされ、都の支配を左右する枢要な場所だった。ほど近い場所に、行基が奈良時代に開いたとされる良港の大輪田泊（現神戸港）がある。この港を平安時代に平清盛は日宋貿易の拠点にして、福原遷都を強行した。その近くで、京都奪還を目指す平氏と、それを阻止する源氏との間で一ノ谷の戦があった。建武新政の後醍醐天皇の軍勢を足利尊氏が破り、室町幕府の開府に導いた湊川の戦も兵庫で起きている。江戸時代には、酒井氏の姫路藩15万石をはじめ、多数の中小藩が分立し、幕末には県内に30の藩があった。明治維新の廃藩置県で多数の県が設置されたが、1876年に現在の兵庫県に統合された。

国宝／重要文化財の特色

美術工芸品の国宝は10件、重要文化財は349件である。建造物の国宝は11件、重要文化財は97件である。奈良・平安時代の名刹である一乗寺、戦火をまぬがれ太子信仰で有名な鶴林寺、鎌倉時代に東大寺を再興した重源によって開創された浄土寺などの古刹に、国宝／重要文化財が多い。また実業家のコレクションを収蔵する美術館も多い。白鶴酒造7代嘉納治

22　　凡例　　●：国宝、◎：重要文化財

兵衛のコレクションをもとに開設された白鶴美術館、白鷹の3代辰馬悦蔵の考古学資料と富岡鉄斎のコレクションを収蔵する辰馬考古資料館、朝日新聞創設者村山龍平のコレクションを収蔵する香雪美術館、証券業の2代黒川幸七の刀剣コレクションを収蔵する黒川古文化研究所などがある。兵庫の川崎造船所（現川崎重工業）創業者川崎正蔵は、伝説的な古美術品大コレクターだった。しかし昭和の金融恐慌と第2次世界大戦後の家政整理でコレクションが売りに出され、ことごとく散逸した。

●銅鐸と銅戈

神戸市の神戸市立博物館で収蔵・展示。弥生時代の考古資料。1964年に神戸市灘区桜ヶ丘町から銅鐸14口、銅戈7口が一括して出土した。銅鐸はほとんど単独で出土するため、複数で見つかった事例は珍しい。複数の埋納例は、桜ヶ丘町出土品以外に、滋賀県の大岩山出土銅鐸 24口、島根県の加茂遺跡出土銅鐸 39口と荒神谷遺跡出土銅鐸 6口が知られている。一般に銅鐸には、袈裟襷文という縦横四角に区画された文様が上下数段に施されているのだが、桜ヶ丘町出土の4号と5号の2口の銅鐸には、区画された袈裟襷文に細線で鋳出された絵画が描かれていた。4号には魚を喰うサギ、3匹の動物とクモ、弓を手にシカを獲る狩人、糸を巻いた桛を手にして坐る人物、もう一面にはクモとカマキリ、トンボ、スッポン、2匹のトカゲが描かれている。5号にも同じような意匠のカエル、カマキリ、スッポン、竪杵を持ち向かい合って臼で脱穀する2人の人物などが見られる。同様の絵画は、東京国立博物館所蔵の袈裟襷文銅鐸 にも描かれている。袈裟襷文ではなく、流れる水を模した横に長い流水文を施した銅鐸もある。桜ヶ丘町出土の1号と2号には、流水文の間にシカの列や狩猟などが細線で描かれていた。細線による簡素な画像であるが、約2000年前の稲作集落の光景を彷彿とさせる。

●阿弥陀如来及両脇侍立像

小野市の浄土寺の所蔵。鎌倉時代前期の彫刻。浄土寺は鎌倉時代に東大寺を再興した重源（1121～1206年）が各地に建てた7別所の一つで、快慶作の像高530cmの阿弥陀如来立像と、像高370cmを超える観音・勢至の両菩薩立像が浄土堂に安置されている。仏身は1丈6尺（約480cm）あったとされ、この大きさにつくられた仏像を丈六という。各地に丈六の坐像は多く残されているが、立像は珍しい。浄土堂は方3間の宝形造の阿弥陀堂で、柱間はすべて20尺（約6m）と幅広く、通常の仏堂に比べて破格の大きさである。鎌倉時代に中国から導入された大仏様という建築様式で

Ⅰ　歴史の文化編　　23

建てられた。内部は天井を張らず、背の高い仏像が屋根に向かって大きくそびえる。上部の太い虹梁と束が力強い構造美を見せ、屋根裏には朱色の化粧垂木がのびる。堂西側の背面はすべて蔀戸で、開け放たれると入り日の外光が差し込む工夫が施されている。正面の扉を開けると、広々とした堂内に、背後からまばゆい光に包まれて巨大な金色の仏像が姿を現す。西方極楽浄土からの阿弥陀来迎を意識した見事な演出である。

◎大乗寺障壁画

香美町の大乗寺の所蔵。江戸時代中期の絵画。円山応挙（1733～95年）と彼の弟子たちが、1787年と1795年に大乗寺客殿に描いた障壁画である。応挙は京都府亀岡市の農家の次男として生まれた。貧しい修行中に大乗寺住職密蔵が学資を援助したのを縁に、客殿建設の際、弟子たちとともに襖絵を制作したのである。13部屋ある客殿の中心となる仏間には 十一面観音立像 が安置されている。十一面観音の化仏である阿弥陀が孔雀に坐すことから、仏間の前の部屋には、ほぼ実物大の3本松と3羽の孔雀が、金地に墨という珍しい組合せで描かれている。そして仏間を中心にして東西南北の隅に、それぞれ四天王に関係するテーマの襖絵が組み入れられた。経済をつかさどる東の持国天として四季耕作図、南の増長天には政治に関する中国の政治家郭子儀の図、芸術に関与する西の広目天には美しい山水図、医療をつかさどる北の多聞天には群仙図が、四方の各部屋に描かれている。そのほかの部屋にも多数の障壁画があり、応挙と門弟12人の筆による165面が重要文化財に指定されている。円山派特有のきわめて精密かつ写実的な絵画である。

●鶴林寺太子堂

加古川市にある。平安時代後期の寺院。鶴林寺は天台宗の古刹で、14世紀以降の資料や建造物が多く残されている。中世に天王寺領賀古荘にあったことから、大阪府四天王寺の太子信仰と結びついたと推測されている。1397年に本堂、1406年に行者堂、1407年に鐘楼が建立され、仁王門も同時期に建立されたと考えられ、1400年前後は鶴林寺の活動盛期だった。本堂の向かって右側前方にある太子堂は1112年に建立され、本来は法華三昧堂だった。本堂をはさんでほぼ対称の位置にある 常行堂 とともに、天台宗の伽藍を構成する。法華経を読誦する法華堂と、阿弥陀経を唱えて歩き続ける常行堂との不可分の関係は、最澄の教義に基づいて延暦寺から始まった。太子堂は宝形造で、方1間の母屋に庇をめぐらせた主屋の前面に、孫庇を設け礼堂としている。内部には四天柱を取り込んだ須弥壇があり、釈迦三尊像

と四天王立像を安置する。須弥壇後方の来迎壁には九品来迎図、裏には涅槃図が描かれていた。そのほかにも堂内には多数の仏画が描かれているようだが、肉眼では識別不能という。平安時代の浄土信仰を伝える現存最古の法華堂である。

◎箱木家住宅

神戸市にある。室町時代の民家。江戸時代前期の元禄時代に、すでに千年家といわれたほど古い民家だが、建てられた正確な年代は不明で、14世紀頃、室町時代中期あるいは後期と諸説ある。主屋と西隣の離座敷からなる。離座敷は18世紀初頭につくられ、19世紀になって主屋と離座敷との間に部屋を設けて連結させ、1棟の大屋根がかけられた。ダム建設に伴う移築で、もとの姿の2棟に分割された。主屋は入母屋造の茅葺で桁行5間、梁間4間、柱間寸法は間延びし、しかも不揃いなので、古い工法を感じさせる。外見は、屋根が低い高さまで葺き下ろされ、また柱が見えないほど塗り籠められた壁なので、大きくて素朴な茅葺屋根が目立つ。内部は広間型3間取りで、向かって右側に全体の半分以上を占める土間、土間前方右側にウマヤ、土間左側の手前にオモテ、奥にオイエと寝室のナンドがある。柱や梁は比較的細い。日常生活の場であったオモテは、囲炉裏の切られた板張の広い居間で、柱や壁板に釿削りの荒い刃痕が残る。日本最古の民家といわれ、人々の生活史を考える上で貴重な建物である。

◉姫路城

姫路市にある。桃山時代の城郭。姫路城の築城は1333年に赤松氏から始まり、その後中国攻めの本拠として豊臣秀吉が天守と城郭を築いた。関ヶ原の戦い後に、池田輝政（1564～1613年）が播磨の城主となり、現在の姫路城を1609年に完成させた。天守は口字型の連立式天守を形成し、大天守と西・乾・東の3基の小天守、その間をつなぐイ・ロ・ハ・ニの渡櫓からなり、8棟が国宝である。本丸、二の丸、西の丸に連なる渡櫓、櫓、門、土塀74棟が重要文化財に指定されている。外壁に漆喰を塗った白漆喰総塗籠造による白色の美しい外観から、白鷺城とも呼ばれている。大天守は外観五重で、内部は地上6階・地下1階の7階である。外観初重は腰屋根をめぐらし、東面中央に軒唐破風を設け、その下に出格子窓がある。二重目は東西の大きな入母屋造で、入母屋破風が三重目の屋根と交差している。南面中央に横長の軒唐破風を設け、その下に幅5間の出格子窓がある。三重目は南北面にそれぞれ二つの千鳥破風を並べた比翼入母屋となり、四重目は南北面に千鳥破風、東西面に軒唐

破風を設ける。五重目は東西に棟を向けた入母屋造で南北面の軒に軒唐破風を付ける。複雑に組み合わされた破風は、屋根に変化を見せつつ調和のとれた美観を形成している。構造的には、二重の入母屋造の櫓上に比翼入母屋造の櫓を重ね、さらにその上に二重の望楼部をのせた望楼型天守である。建物全体は、地階から6階床下まで達する高さ24.6ｍの東西2本の太い通し柱で支えられている。地階から2階までは、槍や鉄砲などの武具掛けが並び、蔵仕様の部屋も多く、籠城・武器庫としての機能を備えている。最上階の6階は母屋の部分に舞良戸を設け、天井を竿縁天井にして住宅風となっている。西小天守は三重5階、乾小天守も三重5階、東小天守は三重4階で、西と乾の小天守最上重に、黒漆塗りに金箔金具で装飾された禅宗様の花頭窓がある。最高水準の防備だけでなく、造形美にも優れた城郭の傑作である。

◎旧トーマス住宅

神戸市にある。明治時代後期の住居。ドイツ人貿易商ゴッドフリート・トーマスが1909年に建てた洋風建築で、塔屋部尖塔の上に立つ風見鶏が有名で、風見鶏の館と呼ばれている。北野の伝統的建造物群保存地区に位置し、近くに旧シャープ住宅がある。周辺の洋館にはベランダなどを備えたコロニアル様式が多いが、旧トーマス住宅はレンガの外壁、石積みの玄関ポーチ、2階部分のハーフティンバー（木骨構造）など、ドイツ風ネオ・ゴシックの重厚な雰囲気である。設計したのはドイツ人建築家のゲオルグ・デ・ラランデで、19世紀末から20世紀初頭に日本で活躍した。2階建、一部3階、半地階付きの寄棟造で、急勾配な屋根はスレート葺である。内部は1階中央のホールを中心に各部屋があり、南側中央に居間、東側に応接間、西側にベランダ付き食堂、東北隅に八角形の張り出し部のある書斎が配置されている。2階も同様な間取りで、子供部屋、朝食の間、ベランダ付き夫婦寝室、客用寝室となる。1階食堂は中世城郭風のデザインだが、扉の把手金具、家具の飾り金具、応接間のシャンデリアなどには当時流行のアール・ヌーボーの装飾が施されている。

☞ そのほかの主な国宝／重要文化財一覧

	時 代	種 別	名 称	保管・所有
1	弥 生	考古資料	◎流水文銅鐸	辰馬考古資料館
2	古 墳	考古資料	◎五色塚古墳出土品	神戸市埋蔵文化財センター
3	飛 鳥	彫 刻	◎銅造聖観音立像	鶴林寺
4	奈 良	彫 刻	◎石造浮彫如来及両脇侍像	加西市西長他7町共有
5	奈 良	書 跡	●賢愚経残巻（大聖武）	白鶴美術館
6	平 安	絵 画	●絹本著色聖徳太子及天台高僧像	一乗寺
7	平 安	彫 刻	◎木造大日如来坐像	大国寺
8	平 安	彫 刻	◎木造阿弥陀如来坐像	達身寺
9	鎌 倉	典 籍	●土左日記	大阪青山歴史文学博物館
10	室 町	絵 画	◎紙本墨画三保松原図	頴川美術館
11	桃 山	絵 画	◎紙本著色レパント戦闘図・世界地図	香雪美術館
12	江 戸	絵 画	◎紙本著色フランシスコ・ザビエル像	神戸市立博物館
13	大 正	絵 画	◎絹本著色安倍仲麻呂明州望月図・円通大師呉門隠棲図（富岡鉄斎筆）	辰馬考古資料館
14	中国／殷	考古資料	◎象頭兕觥	白鶴美術館
15	朝鮮／高麗	絵 画	◎絹本著色白衣観音像	太山寺
16	平安後期	寺 院	●一乗寺三重塔	一乗寺
17	鎌倉前期	寺 院	●浄土寺浄土堂（阿弥陀堂）	浄土寺
18	鎌倉後期	寺 院	●太山寺本堂	太山寺
19	室町前期	寺 院	◎温泉寺本堂	温泉寺（城崎町）
20	室町中期	寺 院	◎円教寺大講堂	円教寺
21	室町中期	寺 院	●朝光寺本堂	朝光寺
22	江戸中期	神 社	◎賀茂神社	賀茂神社
23	江戸後期〜末期	民 家	◎堀家住宅（たつの市龍野町）	―
24	大 正	住 居	◎移情閣	兵庫県
25	昭 和	学 校	◎神戸女学院	神戸女学院

I　歴史の文化編　27

城郭

姫路城大天守

地域の特色

　兵庫県は摂津国西部と丹波国・播磨国・但馬国・淡路国からなる。摂津は京阪地方の影響が強く、六甲山系が大きな面積を占める。丹波は篠山盆地を中心とする土地で、京都府中部が東側にあたる。但馬は古代山陰道の一国で日本海に臨み、丹波と因幡と接する。播磨は瀬戸内海に臨み、西に岡山県の旧備前国と美作国に接する。淡路国は北に明石海峡、南は鳴門海峡がある。

　神戸は古来、畿内の海の玄関口で兵庫津が開かれ、山陽道が播磨東西を貫き、交通の要所だった。平家一門の福原遷都や一の谷城の構築はこの地が中世の始まりとなったことを物語る。また、赤松則村は摩耶山を南朝方軍の旗揚げの地とし、さらに室町以降、播磨守護として、白幡城・木山（城山）城・書写坂本城などを拠点に領国を固め、一族を三木城、上月城、淡河城・姫山城・御着城などに配した。嘉吉の乱以降、赤松氏は置塩城で再興し、有力国人領主となり、他の国人領主と三木、上月城などで羽柴秀吉の進撃をうけた。摂津国では細川氏領国下で、伊丹城の伊丹氏に代わり荒木村重が成長、やがて戦国大名になり、伊丹城、池田城のほか、越水城、花熊城などを築いた。

　秀吉は中国攻めの本陣として姫路城を改築、龍野城に木下氏、三田陣屋に山崎氏、三木城に有馬氏を配した。赤松氏に代わった秀吉は矢野荘を一望とする地にある感状山城を改修した。姫路改築前に赤松氏のいた置塩城、利神城のほか三木城、上月城も播磨戦国期の山城として知られる。

　関ヶ原の戦いの後、播磨は姫路城に池田輝政、摂津は尼崎城に建部氏、三田陣屋が置かれた。播磨には姫路城のほか明石・龍野・赤穂の各城と三日月・山崎・安志・林田・三草・小野に陣屋が置かれた。丹波では亀山城・福知山城のほか山家・柏原で陣屋、但馬では出石・豊岡に陣屋が置かれた。淡路国は蜂須賀氏所領で城代が洲本城に入り明治まであった。

主な城

明石城
あかし

別名 喜春城、錦江城 **所在** 明石市明石公園 **遺構** 櫓2基（現存）、石垣、堀、復元長塀、門（移築） **史跡** 国指定史跡

徳川家康の外孫小笠原忠真は大坂の陣の軍功により、明石・箕面を主とする10万石を与えられ、船上城に入った。忠真は中世以来の船上城を嫌って現城地の丘陵に新城を計画した。工事は元和2（1616）年に起工、幕府より普請奉行が派遣され、伏見、三木、船上城の遺材が運ばれ、同5（1619）年、ほぼ完成した。また、この築城は、2代将軍秀忠の特命ともいわれ、幕府から費用が補助されている。太平の世に向かいつつあるとはいえ、西国に備える姫路城の後詰の城として意義がある。

本丸は丘陵の高台に築かれたが、天守台を設けたのみで、天守は建立されなかった。しかし、ほぼ正方形の本丸の四隅に連立する三層櫓はこの城の圧巻で、特に西南隅の坤櫓は最大で天守の役割を十分にはたしている。讃岐丸亀城の天守と大きさがほぼ等しく、その立地も共通点がある。この本丸天守台を中心に東に二の丸、東の丸、西に稲荷郭などが設けられた。

築城後、忠真は海に面した東方が手薄と感じ、東門の前に千石堀を廻らし、また北口には空堀2か所を設けた。伝承ではこの空堀は籠城戦に備えて20兵ずつの伏兵を隠す計画でつくられたという。ところが、この工事について、豪気な忠真が幕府に無断で行い、このため寛永9（1632）年10月、豊前小倉に移封されたといわれる。これは、肥後熊本の加藤忠広が改易されて出羽に配流となり、熊本城には小倉城主細川忠利が移され、細川氏の後任として小倉城に入ったものである。このとき、小笠原氏一族は忠真のもとに北九州の各地に配置され、あわせて37万7千石の大名となっており、しかも小倉は全九州の要であるから、単に無断工事による左遷とは思えないのだ。

城下町は農地のなかに建設された新町であったため、元の船上城下からの強制移住もさせられたが、急速に町としての形態を整えて繁栄するに至らなかった。築城と城下町建設が一段落して、元和7（1621）年、明石の浜に築港工事が始まっている。海岸地域を掘り下げ、その土砂をもって防波堤とした。現在の中崎海岸の堤防である。数年後に港は完成、このとき、船上からの渡船は10余艘、廻船45艘、茶船3艘であった。当時、中国筋

Ⅰ　歴史の文化編　　29

宝の船入と喜ばれ、後に当津港と呼ばれ、明石港の起源となった。

小笠原氏移封の後、戸田光重7万石、大久保忠職7万石、松平忠国、信之父子7万石、本多政利6万石と城主交替は目まぐるしかった。天和2（1682）年松平直明が入城、明治まで十代続いた。これを明石では、先の松平忠国、信之に対し、後の松平と呼ぶ。後の松平8代斉宜は11代将軍家斉の二十六男、このため6万石から8万石に増封、格式は10万石になった。当初、古材を使ったためか、城の劣化は早く元文4（1739）年には早くも大修築が行われた。

赤穂城
あこう

別名 加里屋城、仮屋城、大鷹城　**所在** 赤穂市上仮屋
遺構 石垣、塀、復興櫓、同城門、同本丸御門　**史跡** 国指定史跡

赤穂には室町時代、赤松満祐の一族、岡豊前守が拠り、天正年間（1573〜92）に岡山城主宇喜多秀家が陣屋を築いて仮屋と称していた。関ヶ原の戦いに秀家が改易され、赤穂が姫路城主池田輝政の領地となり家臣が置かれた。

元和元（1615）年6月、輝政の五男政綱が赤穂郡3万5千石（一説に5万4700石）にて分封、赤穂藩が始まった。政綱の赤穂城は大鷹城と呼ばれ、一重の掻上城で、堀、石垣、櫓も有し、北向きの櫓門を大手とし、大書院、広間も整っていたが、大規模とはいえなかった。寛永8（1631）年政綱は没して嗣子がなく、佐用郡に分封されていた輝興が継いだ。このとき、隅櫓、多聞、金の間などが増築されている。正保2（1645）年3月、輝興は突然狂乱して刃傷沙汰を起こした。この事件で輝興の身柄は本家光政に預けられ、城は備中松山城主水谷勝隆が預かり、幕府から目付代として使者の津田正重が出張っていた。

同年6月、常陸笠間から浅野長直が移され、築城も許された。幕府が築城を許したのは、万一の場合、岡山、姫路両大藩の連絡を絶つため、その中間に位置し、関西の隠し目付たる讃岐高松城の松平氏の上陸地点を確保するためにも良港を控える赤穂を重要視したものである。

長直は赤穂郡のほか、加西、加東、佐用郡のうちからも付け加えられて5万3500余石となり、ほかにこの時代から有名となる塩田約5千石も有した。

翌正保3（1646）年石材の採掘などが始められたが、設計図を老中に差し出し、将軍家の許可がなければ築城にかかれない。長直4歳のとき、その御伝役となった甲州流軍学の開祖小幡勘兵衛の弟子で軍学、兵法を修めて
おもり

いた近藤三郎左衛門が設計図を作成、慶安元（1648）年6月17日、老中に提出、その日に許可され、同年8月から工事は始められた。

　工事中、長直は江戸から兵法家の山鹿素行を招いた。赤穂に入った素行は縄張りの手直しをするが、これをもって赤穂築城は山鹿素行の縄張りとか、山鹿流の築城といわれるに至った。この長直から3代目が内匠頭長矩である。

　浅野氏の後、永井氏を経て森氏が2万石で明治に至った。

尼崎城（あまがさき）

別名 大覚寺城、尼丘城、琴浦城　**所在** 尼崎市南城内
遺構 復興天守、復元石垣、復元土塀

　古く大物城と呼ばれる城があった。細川高国がその城を整備した。高国の後細川尹賢、三好之虎が拠り、荒木村重の伊丹城の支城となった。村重は織田信長に離反して敗れ、尼崎城に逃れて備後に走った。信長は尼崎城を池田信輝に与えた。

　建部高光は信長に見出され、秀吉に至って若狭小浜で政務をとっていたのを、その後技量を買われて尼崎郡代となった。建部氏は大物の鍵田に屋敷を構えた。関ヶ原の戦いに高光の子光重は西軍につき、伊勢津城を攻め、軍功をあげたが、西軍が敗れて罪を受けるところ、外叔父池田輝政が家康に許しを乞うて、安堵の特典が与えられた。子の政長は早く父を失い、12歳のとき、大坂の陣が起こった。大坂方から味方するよう催促されたが父の失敗から徳川氏に味方し、西国の備えとして尼崎を守った。大坂落城後、政長は一躍1万石を加増され、尼崎藩主として新たに尼崎城の築城奉行となった。しかし、池田家の転封により、元和2（1616）年播磨林田1万石として移っていく。

　元和3（1617）年、戸田左門氏鉄が近江膳所城より5万石で入封、幕府により築城の命を受け現城跡に尼崎城が新しく生まれた。同5（1619）年頃、大坂に来た2代将軍秀忠は尼崎城に立ち寄り、外容の完成しつつあった縄張りの見事さに感心し、金銀、馬などを与えて、これを賞したという。

　尼崎城は、北は一面の深田で所々に小河川があり、東は神崎川、西は武庫川、蓬川になり、南は大阪湾を控えている。さらに、氏鉄は内堀外堀の水を神崎川から引くため河川改修工事を行った。海上より見れば、水に浮かぶ感があり、浮城の名もある。海城の構えを有していた。

　寛永12（1635）年戸田氏は美濃大垣10万石に移り、その後、青山氏が三代続いた。正徳元（1711）年松平遠江守忠喬が遠江掛川より4万8千石で入

城、7代110年相続いて明治に至った。

伊丹城〔いたみ〕

別名 有岡城　**所在** 伊丹市伊丹　**遺構** 石垣、土塁
史跡 国指定史跡

　南北朝時代、この地の豪族伊丹氏が本拠としたことに始まり、文明4（1472）年伊丹但馬守が大修築を行い、日本最初の天守を築いた城として有名である。

　天正2（1574）年信長麾下の荒木村重の攻撃をうけて落城、城は村重に与えられた。村重はさらに城を拡張、有明ヶ岡の地に因んで有岡城と名づけた。同5（1577）年、信長の中国征伐が始まると、三木城の別所長治が信長に離反したのに続いて、同6（1578）年、城に楯籠った。籠城1年、兵糧に不足を来し、戦意も鈍ったので、村重は毛利氏の援軍を求めようとし、尼崎城に脱出した。留守を預かる家老荒木久左衛門は、尼崎城の村重に降伏を勧めることを条件に、村重や重臣の家族を人質に出し、姿を消した。このため城は落ち、人質の婦女子は磔にされた。

出石城〔いずし〕

別名 高城、有子山城　**所在** 豊岡市出石町　**遺構** 石垣、復元隅櫓

　天正2（1574）年山名祐豊〔すけとよ〕が有子山頂に築いた城が出石城の前史である。祐豊の家臣には築城に堪能な者がおらず、たまたま摂津吹田の豪族、橋本掃門なる者がゆえあって出石領内にいるのを知り、これを迎え築城した。

　築城後、間もなく、丹波黒井の保月城を萩野氏に攻められ、織田信長に援軍を頼んだこともあった。その後、尼子氏、毛利氏の間を転々としていたから、天正8（1580）年秀吉の但馬攻めの鉾先をうけることになった。秀吉が但馬に入ると、西村父子は恒屋氏、長氏、赤木氏、下津屋氏、大坪氏、篠部氏といった諸豪とともに祐豊をも水生城に集め、謀議を行った。秀吉に降伏を申し出、秀吉が油断して赤崎の地を通るときに襲撃しようとするものであった。赤崎は険岨な山を背に、下は丹山川の深淵で、道細く、駒を1騎ずつしか通れないのを利用して、山上より巨石、大木を落すのである。ところが、日頃から西村氏、長氏と仲のよくなかった篠部氏は、秀吉に密告した。秀吉は道を変えて因幡に進み、弟秀長、藤堂高虎、仙石権兵衛らは別動隊として出石城を攻めた。築城後、6年目にして落城、氏政は因幡に逃れ父祐豊は病没した。

　その後、秀長の家臣青木勘兵衛、前野長康、文禄4（1595）年小出吉政が

入城した。慶長9（1604）年この山城を廃し、麓に新たな城を築いた。縄張りは有子山の麓に下から下郭、二の丸、本丸、稲荷郭を階郭式に重ね、平地の三の丸を内堀で囲み、西の出石川、東北の谷山川を自然の防衛線とし、町全体を城内に入れる構造であった。

　小出氏九代の後、松平（藤井）忠周と替わり、宝永3（1706）年1月、仙石政明が入城、6代相続いて明治に至るが、6代後の久利の代に仙石騒動がもち上がった。文政7（1824）年6代政美の後継問題を機に起こったお家騒動は、幕閣をも巻き込む大事件となった。この騒動により久利は禄高5万8千石から3万石に減ぜられた。

岩屋城　いわや　所在 淡路市岩屋

　淡路島の北端、岩屋港背後の丘にある。永正5（1508）年大内義興が室町幕府10代将軍足利義植を奉じて京都に上る途中、中間の拠点として築かせた。天正2（1574）年安芸の毛利氏が領し、石山本願寺を助ける基地とした。信長の淡路攻めに、佐久間信盛の兵に攻められたが、守将香川広景がよく守り、これを撃退したことは、岩屋の夜合戦として語り伝えられている。慶長15（1610）年、淡路を加増された姫路城主池田輝政は大修築を行った。同18（1613）年、輝政の死後、その子忠雄が淡路6万3千石を領すると、紀淡海峡の由良を重視して、成山に新城を築いた。このとき、資材を新城に移して廃城となった。幕末、外国船に備えて明石海峡の要塞候補地となり、安政元（1854）年幕府はこの地に徳島藩に命じ砲台を築かせた。

柏原城　かいばら　別名 柏原陣屋　所在 丹波市柏原町柏原　遺構 御殿（現存）、長屋門（現存）　史跡 国指定史跡

　慶長3（1598）年6月、信長の弟にあたる織田信包が3万6千石に封じられた。信包は、同5年の関ヶ原の戦いでは西軍に付いたが、本領を安堵された。以後、信則、信勝と三代52年続いたが、慶安3（1650）年信勝は28歳で病没、嗣子のないままに除封され、封地は天領となった。元禄8（1695）年、信長の二子信雄の孫にあたる大和松山城主織田信休は宇陀騒動によって封地は半減、2万石をもって移された。信休は住まう藩邸がなく、民家を仮住居としていた。正徳4（1714）年、移封から19年を経てようやく藩邸構築の許可が下った。文化13（1816）年邸内から出火、全焼し文政3（1820）年再建された。

Ⅰ　歴史の文化編　　33

黒井城
くろい

別名 保月城、保築城、猪口城　**所在** 丹波市春日町黒井
遺構 石垣、堀、土塁、堀切　**史跡** 国指定史跡

　赤井直正の居城で、天正年間（1573～92）の明智光秀の3度にわたる攻撃に落城した。直正は天正3（1575）年の春、光秀が丹波に入った際に丹波国人を攻めるなかで最後まで抵抗した人物である。

　落城後、斉藤利三が支配。後に春日局となる娘の福は、この城で誕生した。後に秀吉は堀尾吉晴に預け、慶長5（1600）年川勝秀氏が丹波中山城より移封され最後の城主となったというが不明である。同11（1606）年、その子広綱とともに駿府築城奉行となり翌年、秀氏が没して広綱が丹波守を継ぎ、3千5百石を領した。後にこの地は亀山（岡）、柏原の両藩と武田越前守に三分されて明治に及んでいる。城は標高356ｍの猪ノ口山（城山）山頂に本丸を置き、三方の尾根筋に曲輪を配し、石垣が多用されている。水は北方の白毫寺の奥の堂床より埋樋で引いたといわれる。

上月城
こうづき

所在 佐用郡佐用町寄延　**遺構** 土塁、石堀、堀

　正治年間（1199～1201）に得平頼景が築き、頼景の裔上月景盛が足利尊氏に属して白幡山北辺の守りとして増修築したと伝える。天正5（1577）年毛利氏に属した赤松政範は、宇喜多直家に攻められ、翌同6年に秀吉の中国征伐に加わった尼子勝久が入る。この勝久には、尼子再興を願う山中鹿之助がついていた。これより上月城は秀吉の毛利氏に対する最前線となるのである。入城後、8か月を経た天正6（1578）年7月、毛利の大軍の攻撃をうけた。孤立無援、秀吉よりの援軍はなく、勝久以下は自刃し落城した。山中鹿之助は故意に捕らわれの身となって、毛利氏の本陣に護送される途中、甲部川（現在高梁川）の渡し場において謀殺された。後、間島氏が居城、間もなく廃された。

篠山城
ささやま

別名 桐ヶ城　**所在** 丹波篠山市北新町　**遺構** 石垣、堀、復元二の丸書院　**史跡** 国指定史跡

　この地は、中世以来、八上城の支配下にあったが、慶長13（1608）年徳川家康は実子という説もある松平康重を常陸笠間城から移し、新城を計画した。山陰道の要所と、豊臣恩顧の西国大名に対する牽制とを考えたのである。王地山、笹山、飛の山の3候補地があげられ、その中から笹山が選ばれた。

普請奉行として家康の娘婿にあたる姫路城主池田輝政を命じ、縄張りは築城の名人、津城主藤堂高虎があたり、助役として西国15か国、20大名が参加した大がかりな天下普請であった。

　工事は慶長14（1609）年3月に始まり、実際の縄張りは高虎家臣の渡辺勘兵衛了が行った。100人を一組として800組、総勢8万人という莫大な労力と財力を投入しての突貫工事で、その秋にはほぼ完成、12月には康重が初代城主として八上から入城した。その後も1か年余り、普請や作事が続き、城下町の完成には40年が費やされる。八上城は廃され、篠山がこの地の中心となった。

　城は一見、平城のように見えるが、笹山なる小丘を利用した平山城である。規模としてはあまり大きくはないが、築城術が最高に達したときの築城であった。城の中心たる天守台を本丸の東南隅に置き、これを守る二の丸を梯郭式とし、城壁は石垣をもって固め、その裾は犬走りと内堀を廻らせた。

　家康は、この城が堅固に過ぎると叱ったという。そのためか、天守台に用材を準備しながら天守を築かず、本丸、二の丸の高石垣の上はすべて多聞櫓とされた。

　城主は元和5（1619）年に松平信吉へ替わり2代居城、松平氏5代を経て、寛延元（1748）年に6万石をもって、青山氏と替わり明治を迎えた。

洲本城 (すもと)
別名 三熊城　**所在** 洲本市小路谷　**遺構** 石垣、堀、模擬天守
史跡 国指定史跡

　大永6（1526）年阿波三好氏の家臣、由良城主安宅治興が三熊山頂に築いた。安宅氏は熊野の豪族で正平5（1350）年海賊退治のため、同じ淡路島の由良に築城して以来、島内8か所に一族を配し、島の内外に威勢を振るっていた。天正9（1581）年治興の養子冬康は、秀吉の淡路攻略に遭い、その後、仙石秀久、脇坂安治が居城した。脇坂氏移封の後、藤堂高虎が預かり、慶長15（1610）年淡路が池田輝政に与えられると、輝政は岩屋城を修築して三男忠雄を入れて淡路一円を治め、洲本城には城代家老を入れた。大坂の陣の軍功に蜂須賀氏が淡路を与えられ、由良を治府としたが、寛永8（1631）年を期に州本に城下ごと移転し、以降は徳島城の支城として家老稲田氏が相続いた。

Ⅰ　歴史の文化編　　35

竹田城
たけ だ

別名 虎臥城　**所在** 朝来市和田山町竹田　**遺構** 石垣、堀、井戸
史跡 国指定史跡

　但馬守護の山名持豊（宗全）が築城した。工事は永享3（1431）年に始まり、12年余を費やし、嘉吉3（1443）年に完成した。当時、出石の鶴賀城を本拠としていた持豊は、家臣の太田垣光景に守らせた。7代にわたり太田垣氏が続くが天正元（1573）年播磨竜野城主赤松広秀に攻め落とされ、城主太田垣朝延は因幡に逃れ、広秀が城主となった。しかし同8（1580）年、秀吉の中国攻めに、秀吉の弟秀長が包囲すると、戦わずして降り、秀吉に従った。その後秀長家臣の桑山重晴が城主となり、同13（1585）年、改めて広秀が城主となった。

　慶長5年の関ヶ原の戦いでは、広秀は当初西軍に付き丹後田辺城攻めに加わる。後、東軍に加わり因幡鳥取城を攻めた際、城下への放火の責を問われ改易され、竹田城も廃城となった。現在のような総石垣の城にしたのがこの赤松広秀とされるが、幸いなことに完全な破城はされておらず、最高所の本丸から3方向に延びる尾根筋に連なる曲輪はすべて石垣で築かれ、虎口は枡形となり、要所には櫓台が築かれた壮大な城の姿を現代に伝えている。

龍野城
たつ の

別名 朝霞城、台山城　**所在** たつの市龍野町上霞城　**遺構** 石垣、土塁、復興隅櫓・御殿・塀・城門（移築）

　龍野城は、赤松政秀が本家当主の政則から託された村秀のために明応8（1499）年頃に築いた説が有力である。以後、赤松氏が代々居城し、天正5（1577）年中国攻めの秀吉に開城。同年、秀吉は石川光元に1万石を与えて竜野城主とし、光元は不便な鶏籠山にある城を麓に移した。この光元の城が現存する竜野城址の前身となる。同9（1581）年、蜂須賀正勝が5万3千石で入城、同13（1585）年、蜂須賀氏は阿波徳島に移った。このとき、龍野特産の藍を徳島にもたらし、名産物へと発展させた。その後、7氏8人の城主が交替、万治元（1658）年、時の城主京極高知が讃岐丸亀に移封され、城は取り壊された。寛文12（1672）年信濃飯田から脇坂安政が入封、廃城だった竜野城を、大坂にあった幕府御用米2千石を借して再建した。石高5万1千石で10代続いて明治に至った。

姫路城

別名 白鷺城、姫山城　**所在** 姫路市本町　**遺構** 石垣、堀、土塁、庭園、現存天守（国宝）・櫓・門・塀　**史跡** 国特別史跡、世界遺産

　城地の二つの丘は姫山、鷺山と呼ばれ、鎌倉末播磨守護赤松則村の二男貞範が創築した。元弘の乱に則村は義兵を挙げ、後に足利尊氏に従うと、南朝方に備えるために築城させた。その後、赤松氏の持ち城として家老小寺氏が代々守っている。嘉吉の変（1441）に山名持豊（宗全）は播磨を与えられ、家臣太田垣主殿助を入れた。その後、赤松氏の遺臣間島雅元らが赤松氏再興を企てる。長禄元（1457）年から3回にわたり吉野を襲い、三種の神器のうち八尺瓊曲玉を擁していた南朝の後胤、白天王、忠義王の2王子を殺害し、曲玉を奪って朝廷に献じた。この功により、嘉吉の変に敗死した満祐の弟、義雅の孫政則が赤松氏を継ぎ、応仁の乱に乗じて播磨を回復、再び姫山に築城した。この姫路城には本丸、鶴見丸、亀居丸があった。小寺氏も城代に返り咲いた。

　天文元（1532）年、後の筑前福岡50万石の黒田氏の祖重隆はこの地に来住、広峰神社の神主井口大夫を頼り、家伝の目薬売りで生活を立てたという。後に小寺氏に仕えて家老となり、小寺の姓を与えられ姫路城を守った。重隆の孫が孝高（如水）である。

　この頃の播磨は東に織田氏、西に毛利氏と、二大勢力に挟まれていた。孝高は必ず織田の天下になるといって主君小寺政職を説き、自らは岐阜に赴いて中国攻めの先導を約した。秀吉は孝高に迎えられて姫路に入城、毛利氏への拠点とした。天正8（1580）年三木城が落ちると、秀吉はそこを居城にと修築を行ったが、孝高は、三木は播磨の辺境で国政を布くところでなく、姫路は播磨の中心で中国攻めにも便利であるといって姫路城を献上する。

　秀吉は浅野長政に縄張させ、孝高を普請奉行として修築し、三層の天守も設けられた。この天守形態を知る資料がなかったが、昭和の解体修理からその幻影が得られている。信長が倒れ、秀吉の全国統一期の姫路城は単に播磨に散在する直轄領を支配する城として、秀吉夫人の兄、木下家定が預かるにすぎなかった。この城が有力な封建領主の居城となり、大規模な姫路城となるのは、慶長5（1600）年関ヶ原の戦いに東軍について軍功があり、家康の娘婿池田輝政が封じられるからである。入城した輝政は城の大修築を計画、家康に請うて、慶長6（1601）年から着手し、同13（1608）年

I　歴史の文化編　　37

9月、天守の建築にかかり、翌年竣工した。白鷺の名にふさわしい連立天守であり、天守・縄張りの技法が最高度に発達した姿である。

輝政在世中に姫路城は完成されたのではなく、元和3（1617）年本多忠政が入城して工事は継続される。忠政は自らも工夫、考案を好み、城の縄張りや木戸、樋門の設計などを行っていた。この忠政によって工事が完成される。忠政の子忠刻の妻が徳川千姫で、忠刻と千姫の館は西の丸内と城主居館の東側に設けられた。幕府はこの頃、伏見城を破却、その遺材は姫路にも運ばれ、三の丸造営に多く利用されたらしい。平成21（2009）年には大規模な改修工事がはじまり同27（2015）年に修理を終えた。

三木城（みき）

別名 釜山城　**所在** 三木市上の丸町　**遺構** 堀、土塁、井戸　**史跡** 国指定史跡

明応元（1492）年、別所則治がそれまでの釜山城を修築して入城。代々相続し、元亀元（1570）年に別所長治が13歳で継いだときは、毛利氏に属して、三木城は山陽道の入口を守る要所となっていた。天正6（1578）年3月、中国攻めの秀吉は三木城を包囲し、籠城戦となった。同8（1580）年1月、長治は一族の死と城兵の生命を交換に開城、四子と妻を刺し、自刃した。この後、秀吉が入城して修築するが、黒田孝高の進言に姫路城に移った。本能寺の変後、中川秀政が居城し、朝鮮出兵で清秀が戦死すると、豊岡城の杉原伯耆守が城代をかね次々変わった。慶長3（1598）年池田輝政が姫路城主となって、その支配下にあり、一国一城令で廃城となった。

八上城（やかみ）

別名 高城　**所在** 丹波篠山市八上内　**遺構** 石垣、土塁、堀切　**史跡** 国指定史跡

相模波多野庄の波多野氏は藤原秀郷の裔と、応仁の乱後、元清（稙通）の代に丹波富士と呼ばれる朝路山に築城、八上高城と称した。以後、八上城を本拠として勢力を張ったが、天文23（1554）年松永久秀のために一時、城を失い、永禄9（1566）年秀治らはこれを回復した。天正3（1575）年信長の命をうけた明智光秀が丹波平定に着手したが、波多野氏滅亡後も川上城は存続して、明智光秀や羽柴秀勝の城代が支配した。慶長7（1602）年前田茂勝が5万石で入封するが、同13（1608）年に改易。翌14年に松平康重が入城するが、篠山城の築城により廃城となった。

戦国大名

兵庫県の戦国史

　応仁の乱が始まると、東軍総帥の細川勝元は嘉吉の乱で没落していた赤松政則に命じて西軍山名宗全の分国だった播磨・備前を攻めさせた。赤松政則は山名軍を播磨から駆逐して回復、実質的に播磨を支配することになった。文明15年（1483）、赤松政則はさらに山名氏の本拠但馬に侵攻したが宗全の子政豊に大敗、これを機に重臣浦上氏が台頭した。

　浦上氏は備前三石城（岡山県備前市三石）を本拠に備前東部から播磨西部に勢力を持ち、次第に守護赤松義村を凌ぐ力を持った。やがて義村と対立、永正18年（1521）には義村を攻めて破り、その子政村を形式的に推戴するのみとなった。一方、赤松氏を破った山名政豊も但馬守護代垣屋氏と対立。永正元年（1504）には垣屋続成が山名政豊を攻めている。

　天文6年（1537）出雲の尼子氏が播磨に進出。以後度々侵攻して赤松政村は淡路や堺に逃亡、代わって浦上宗景が天神山城（岡山県和気町）に拠って尼子氏と対峙し、独立した大名となっていった。

　播磨国内では守護代の別所氏と龍野赤松氏（守護家の一族）が、周囲の国衆層を被官化して東西8郡ずつを支配した。

　摂津では有力氏族だった池田氏が織田信長に降り、のちに池田氏が内訌で没落すると、家臣の荒木村重がこれに取って代わった。

　天正5年（1577）毛利氏が播磨に進出を開始、一方織田信長は豊臣秀吉に中国計略を命じ、秀吉はまず但馬に侵攻した。この際、別所長治は一旦信長に通じたものの、翌6年離反して毛利方につき、さらに摂津有岡城の荒木村重も謀叛。激しい戦闘の末に同7年有岡城、翌8年に三木城が落城。秀吉は翌年には淡路も制圧し、現在の兵庫県域はほぼ信長の版図となった。

　そして本能寺の変後、秀吉は天正年間中に摂津・播磨・但馬・丹波・淡路に次々と自らの家臣を配置、豊臣政権における大名配置が固まった。

Ⅰ　歴史の文化編

主な戦国大名・国衆

赤井氏

丹波の戦国大名。清和源氏。井上満実の三男家光が保元3年（1158）に丹波国芦田荘に流されて芦田氏を称したのが祖。源平合戦の際、家光の子道家は源頼朝に属して丹波半国の押領使となり、代々氷上・天田・何鹿の3郡を領した。建保3年（1215）為家は父朝家から丹波国氷上郡赤井村（丹波市青垣町）を分けられ、赤井野の南山麓の後屋に城を築き、以後赤井氏を名乗った。戦国時代には丹波の有力国衆となっており、守護細川氏の重臣でもあった。細川氏の没落後、庶流で荻野氏を継いでいた直正が黒井城に拠って赤井一族を統括し、丹波を代表する戦国大名に成長した。元亀元年（1570）織田信長に降って3郡を安堵されたが、翌年山名氏を攻めたことから、信長の命を受けた明智光秀が丹波攻略を開始した。この戦乱の最中、天正6年（1578）直正が病死、翌7年に落城した。

赤松氏

播磨の守護大名。名字の地は同国赤穂郡赤松（赤穂郡上郡町赤松）で村上源氏の子孫というが、はっきりしたことはわからない。建久4年（1193）頃、則景が佐用荘の地頭となり、以後西播磨に勢力を持った。しばらくは宇野氏を称しており、家範のときに赤松氏を名乗るようになったらしい。元弘3年（1333）則村（円心）は後醍醐天皇の令旨に呼応して苔縄城で挙兵。尊氏が建武政権を離脱すると、白旗城（上郡町）を築城して尊氏に従い、室町幕府の創立後、則村は播磨、嫡子範資は摂津、次子貞範は美作の守護となった。以後、幕府の四職の一つとなって播磨・摂津・備前・美作の四国の守護を兼ねた。一族および土豪層を家臣団として形成し、その子満祐は6代将軍足利義教と対立、嘉吉元年（1441）将軍義教を殺したため、山名氏・細川氏らに討たれて没落した（嘉吉の乱）。長禄2年（1458）になって政則が再興、文明元年（1469）置塩城（姫路市夢前町宮置）を築城。応仁の乱では東軍に属して播磨・備前・美作の守護を回復した。政則の没後、七条家（範資の末裔）出身の女婿義村が継いだが、永正3年（1506）から同10年にかけては、政則の妻だった洞松院尼（管領細川勝元の娘）が義村に代わって分国支配をしていたとみられる。やがて守護代の浦上氏が台頭して圧迫されるようになり、大永元年（1521）に義村が浦上村宗に殺され、

さらに永禄2年（1559）義祐が浦上宗景によって追放された。

安宅氏（あたぎ）　淡路国の戦国大名。紀伊安宅氏の一族。正平5年（1350）足利義詮の命で淡路島の海賊を討ち、以後由良城（洲本市由良町）に拠って水軍を率いた。室町時代には淡路一国をほぼ支配していた。戦国時代には三好長慶の弟の冬康を養子に迎えて三好一族に連なり、大阪湾の制海権を握って畿内に大きな力を持った。しかし、永禄7年（1564）冬康は兄長慶によって切腹させられている。その後、天正9年（1581）清康のときに豊臣秀吉に降って没落したとされるが、冬康没後安宅氏を継いだのは神五郎（甚五郎）で、淡路の国衆を率いて秀吉に降ったともいう。

足立氏（あだち）　丹波国氷上郡の国衆。武蔵足立氏の庶流という。承久の乱後、遠元の孫の遠政が丹波国氷上郡佐治郷（丹波市青垣町佐治）を与えられて丹波足立氏の祖となったと伝える。山垣城（丹波市青垣町城山）に拠る。天正7年（1579）基助のとき、豊臣秀長に敗れて落城した。

荒木氏（あらき）　摂津の戦国大名。藤原北家秀郷流波多野氏の一族で、氏義が丹波国天田郡荒木（京都府福知山市堀荒木）に住んで荒木氏を称したという。伊丹城に拠った伊丹荒木氏と、摂津花隈城に拠った花隈荒木氏の2流がある。伊丹荒木氏は高重（義村）が摂津国人だった池田勝正に仕えたのが祖。永禄11年（1588）勝正とともに織田信長に降り、やがて池田氏が内訌で没落すると、子村重は池田氏に代わって台頭、天正元年（1573）茨木城主となった。さらに高槻城の和田惟政を追い、槇島城で挙兵した足利義昭を討って信長から摂津一国の支配を認められた。翌年には主家池田勝正を追放、さらに伊丹城主伊丹忠親を滅ぼして伊丹城に拠り、同城を有岡城と改称した。同6年信長に叛いて毛利方に寝返り、10カ月の籠城後、落城。自らは落城前に逃亡し、本能寺の変後は堺に住んで茶の宗匠となっている。一方花隈城の荒木元清は村重のいとこにあたり、村重に仕えて1万8000石を領す一方、馬術家として知られ荒木流を興した。天正8年（1580）に伊丹城落城後は豊臣秀吉に仕えたが、文禄4年（1595）秀次に連座。子孫は馬術家として幕府に仕えた。

Ⅰ　歴史の文化編　41

伊丹氏（いたみ）　摂津国河辺郡の国衆。藤原北家利仁流で、加藤氏の一族という。伊丹城（伊丹市）に拠り、室町初期から国人領主として活躍した。雅興（元扶）は細川氏に従うが、享禄2年（1529）細川高国の家臣柳本賢治に敗れて落城、遺児康直は上野国に逃れた。

魚住氏（うおずみ）　播磨国明石郡魚住荘（明石市魚住）の国衆。大中臣姓。南北朝時代に魚住城を築城し、赤松氏に属した。康正2年（1456）嘉吉の乱で滅んだ赤松氏を再興するために大和国吉野の南朝攻撃に赴いたなかに、魚住彦四郎・主計亮がみえる他、応仁元年（1467）には山名方として兵を率い上京してきた魚住長秀が大内政弘と摂津で戦って討死するなど、室町時代も播磨を代表する国人の一人であった。戦国時代は魚住城に拠って、三木別所氏に従い、天正8年（1580）吉治のとき別所氏とともに滅亡した。

宇野氏（うの）　播磨赤松氏の一族。名字の地は播磨国佐用郡宇野郷（佐用郡佐用町）。『太平記』には赤松則村を助けて活躍する宇野宗清の名がみえる。南北朝時代は同郡広瀬（山崎町）に住み、播磨守護代をつとめた。応仁の乱後長水城（宍粟市）城主となるが、天正8年（1580）の三木城落城後も、宇野民部は織田信長に従わなかったため、信長の命を受けた豊臣秀吉に攻められて落城した。

太田垣氏（おおたがき）　但馬国朝来郡の国衆。但馬国造日下部氏の子孫という。南北朝時代頃から活動がみえ、室町時代には竹田城（朝来市和田山）に拠って山名氏の被官となり、山名四天王の一つといわれた。応永7年（1400）には通泰が備後守護代となって以後世襲、通泰は但馬守護代もつとめている。戦国時代には生野銀山を支配していた。永禄13年（1570）太田垣輝信は織田信長のもとに伺候したが、天正元年（1573）には毛利氏に通じ、同5年豊臣秀吉に攻められて落城した。その後は秀吉に仕えたが詳細はよくわからない。

荻野氏（おぎの）　丹波国氷上郡の国衆。『荻野氏系図』では宇多源氏としているが、丹波の戦国大名芦田氏の一族ともみられ不詳。室町時代は幕府の奉公衆をつとめ、細川氏の被官でもあった。やがて何鹿郡にも勢力を伸ばして延徳

元年（1489）には大槻氏とともに位田城に拠り、須智氏らと丹波国一揆を起こし、細川氏の命を受けた守護代上原氏と激しく戦った。その後、細川氏が澄元と高国に分裂すると荻野氏も分裂している。戦国時代には赤井氏に属し、朝日城荻野氏と、黒井城荻野氏に分かれていた。天文11年（1542）赤井時家の二男直正が朝日城荻野氏を継ぎ、同23年には叔父にあたる黒井城の荻野秋清を殺して荻野氏を統一。さらに兄の赤井家清が死ぬと赤井家も合わせて、赤井直正となった。

垣屋氏（かきや）　但馬国気多郡の国衆。桓武平氏で相模土屋氏の一族。南北朝時代に重教が山名時氏に従って下向したといい、隆国が楽々前城（豊岡市日高町）を築城して拠った。熙忠は山名時熙のもとで但馬守護代となり、その3人の子が越前守家・越中守家・駿河守家の3家に分かれた。惣領の越前守家は代々但馬守護代となり、山名氏が播磨守護となると、播磨守護代もつめとめた。戦国時代、続成は山名致豊の重臣として活躍、文亀2年（1502）に致豊が但馬守護となると、その守護代として実権を握り、永正9年（1512）亀城を築城して本拠とした。また、同族の遠忠は山名政豊のもとで播磨守護代となっている。その後、但馬の有力国人である田結庄是義と対立、元亀元年（1570）続成は是義に敗れて自刃。子光成は天正8年（1580）豊臣秀吉の但馬侵攻の際に降り、因幡で1万石を領した。光成の子恒総は因幡国岩井郡浦住（鳥取県岩美郡岩美町）の木山城主となる。関ヶ原合戦で西軍に属して自刃、滅亡した。

菅氏（かん）　淡路国三原郡の国衆。鎌倉時代初めに菅道忠が志知城（南あわじ市志知）を築城したという。以後、淡路の土豪としてその名がみえ、室町時代は細川氏に属した。戦国時代は野口氏とも称し、天正9年（1581）に長宗我部元親が阿波に侵攻すると、織田信長に属している。

久下氏（くげ）　丹波国氷上郡の国衆。私市党久下氏の一族。承久の乱後、直高が丹波国氷上郡栗作郷（丹波市山南町）の地頭となって下向したといわれる。南北朝時代に時重は足利尊氏に従い、建武4年（1337）丹波国新屋荘（柏原町）などの所領を認められている。金屋村（丹波市山南町金屋）に屋敷を構えて、玉巻城（丹波市山南町玉巻）に拠り、観応元年（1350）には頼

直が守護代となるなど、丹波を代表する国人に成長した。代々足利将軍家の直臣だったが、丹波守護となった細川氏と対立し、室町時代後期には没落。戦国時代も将軍家との関係を保つ一方、丹波内藤氏に属し、天正7年（1579）重治のとき、明智光秀の丹波侵攻で滅亡した。

櫛橋氏　播磨国印南郡の国衆。相模櫛橋氏の一族か。南北朝時代、伊朝は赤松氏に属しており、以後代々赤松氏に仕えた。嘉吉元年（1441）の嘉吉の乱では貞伊が討死、応仁の乱以降は別所氏に属し、永禄年間以降は志方城（加古川市志方町）に拠った。天正6年（1578）の豊臣秀吉の播磨攻めでは、三木城の別所長治に与して志方城に籠城、敗れて滅亡した。なお、伊定の娘は黒田孝高に嫁ぎ、長政を産んでいる。

黒田氏　播磨国飾東郡の国衆。永正8年（1511）近江黒田氏の高政が将軍足利義稙の怒りを買い、備前国邑久郡福岡（岡山県瀬戸内市長船町福岡）に移り住んだのが祖と伝える他、赤松円心の弟円光を祖として播磨国多可郡黒田（西脇市黒田庄町）発祥であるという説あるが詳細は不明。播磨黒田氏の祖は高政で、その子重隆がメグスリノキを煎じた家伝の目薬の調合と低利の融資で財を成したのが事実上の初代である。職隆は赤松氏に属した御着城主小寺政職に仕えて家老となり、政職の死後は小寺氏を称して姫路城（姫路市）に拠った。その子孝高（如水）は織田信長に仕え、天正6年（1578）には信長に謀反を起こした荒木村重の説得に有岡城に赴き、そのまま幽閉された。この際、主君だった小寺政職も離反したため、以後は黒田氏に復した。翌年有岡城落城の際に家臣の栗山利安によって救出され、以後は豊臣秀吉のもとで参謀として活躍した。天正15年（1587）の豊臣秀吉の九州平定後、豊前中津12万石に入封した。

小寺氏　播磨赤松氏の一族。赤松頼範の四男宇野将則の末裔。鎌倉時代は播磨国佐用荘（佐用郡佐用町）の地頭で、室町時代は赤松氏の被官となった。嘉吉の変以降赤松氏の奉行人となる。戦国時代は御着城（姫路市）城主で、のちの黒田孝高（官兵衛）が一時養子となっていたことで知られる。則職は赤松氏の宿老の一人だったが、永正17年（1520）赤松氏の岩屋城主中村氏攻めに従って敗れ、討死した。永禄12年（1569）の織田信長の播磨

攻めでは一旦従ったものの、天正6年（1578）に別所長治が叛旗を翻すと、別所氏とともに毛利方に転じた。同8年に落城して毛利氏のもとに逃れ、江戸時代は旧臣黒田氏を頼って福岡藩士となった。

酒井氏 丹波国多紀郡の国衆。桓武平氏で、相模国の出であるという。承久の乱後政親が酒井郷（丹波篠山市）を賜って土着、一族で酒井党を形成した。室町時代は細川氏に従った。一族は多紀郡内に広がり、戦国時代は高仙寺城、矢代城、波賀野城、油井城、栗栖野城などに拠っていた。明智光秀の丹波攻めで滅亡した。

塩川氏 摂津国河辺郡の国衆。鎌倉時代は幕府の御家人。清和源氏で、源満仲の女婿塩川仲儀の末裔と伝える。文明年間（1469〜87）細川京兆家の被官となった。戦国時代、政年は山下城（一庫城、川西市山下）に拠って細川氏に従い、永禄11年（1568）に織田信長が摂津に侵攻した際に、国満が信長に従った。天正6年（1578）に荒木村重が信長に叛いた際には村重に従っている。その後、豊臣秀吉に従ったが、同12年能勢氏と対立、九州攻めの最中の同14年末に地黄の能勢氏を攻めて秀吉の怒りを買い、国満が自刃させられて滅亡した。

宿南氏 但馬国養父郡の国衆。日下部姓で朝倉氏の一族。鎌倉時代に宿南荘（養父市宿南）の地頭となったという。南北朝時代は宿南城に拠って南朝に属していたが、のち北朝に転じた。室町時代には守護山名氏の重臣となり、戦国時代に山名氏が没落すると宿南城で独立した。天正5年（1577）信久のとき豊臣秀吉の但馬侵攻に敗れて落城した。

田結庄氏 但馬国城崎郡の国衆。桓武平氏という。平盛継は源平合戦後に但馬国城崎郡気比に隠れ住み、子盛長が同郡田結荘（豊岡市出石町田結庄）に住んで田結庄氏を称したと伝える。盛長はのち樋爪郷宮井（豊岡市）に移って樋爪郷の公文職となり、その子盛行のときに再び田結荘に戻った。室町時代には守護山名氏に従い、戦国時代是義は鶴城（豊岡市）に拠って山名氏四天王の一つといわれた。是義は織田信長方に与し、天正3年（1575）毛利氏方の垣屋光成と戦って敗れ、滅亡した。

田公氏　但馬国二方郡の国衆。名字の地は同郡田公郷（美方郡新温泉町）で、古代豪族日下部氏の子孫。日下部田公氏と宮吉田公氏の2流がある。宮吉田公氏は山名氏に仕えて、室町時代には因幡国の守護代をつとめた。天正5年（1577）綱典のとき豊臣秀吉の但馬攻めで城山城が落城、山名豊国のもとに逃れた。江戸時代も交代寄合となった山名家に仕えた。

畑氏　丹波国多紀郡の国衆。武蔵国の出で、新田義貞の重臣として活躍した畑六郎左衛門時能の末裔といい、南北朝時代に丹波国曾我部郷畑村（丹波篠山市）に移り住んだと伝える。戦国時代、守能は大淵館（丹波篠山市大淵）に拠って波多野氏に従った。天正7年（1579）波多野氏が明智光秀に敗れて降り、この戦いで守能の子守国・能国兄弟も討死して滅亡した。

波多野氏　丹波の戦国大名。藤原北家秀郷流で相模波多野氏の一族というが系譜関係は不詳。また、石見吉見氏の一族で吉見清秀が細川勝元に仕え、母方の名字を継いで波多野氏を称したともいうなど、出自については諸説ある。応仁の乱の際、波多野秀長が細川勝元に与して各地を転戦し、乱後、丹波国多紀郡を与えられて入部した。永正12年（1515）植通が八上城（丹波篠山市）を築城、やがて細川氏の支配を脱して独立し、丹波国全域を支配した。永禄3年（1560）には正親町天皇の即位式の際に、秀治が兵を率いて上洛し、朝議に参列している。その後は反織田信長勢力の中心となり、天正7年（1579）明智光秀によって落城、処刑された。

波々伯部氏　丹波国何鹿郡の国衆。『八木町誌』では藤原北家としており、同国多紀郡波々伯部保（丹波篠山市）の開発領主とみられ、鎌倉初期の承久年間から同地に波々伯部氏がいたことが知られる。元弘元年（1331）には波々伯部為光が波々伯部城を築城、足利尊氏の挙兵に参じた。以後、守護細川氏に従い、南北朝時代には船井郡に進出、やがて八木城主内藤氏の家老となった。戦国時代になると何鹿郡に勢力を広げ、小畑城（京都府綾部市）に拠った庶流もある。天正7年（1579）明智光秀の丹波攻略で猪崎城主塩見氏とともに滅亡した。

別所氏　播磨の戦国大名。赤松氏の庶流で、赤松則村（円心）の弟の円光

の子敦光が同国印南郡別所（姫路市別所）に住んで別所氏を称したのが祖。室町時代は赤松氏に従い、則治は東播磨三郡の守護代であった。戦国時代になって赤松氏が没落すると、長治は三木城（三木市）に拠って東播磨8郡を支配した。天正5年（1577）織田信長に通じて豊臣秀吉に従ったが、翌年に離反して毛利方に通じ、同8年豊臣秀吉に敗れて自刃し嫡流は滅亡した。

間島氏（まじま）　播磨国明石郡の国衆。赤松氏の一族。宇野則景の子景能が祖で、景能は赤松則村に従って六波羅を攻め、のち播磨国明石郡平野荘（神戸市西区）を領した。南北朝時代には摂津守護代もつとめた。嘉吉の乱では坂本城に籠城して赤松氏とともに一旦滅んだが、康正2年（1456）南朝からの神璽奪還に功をあげ、赤松氏のもとで加賀国守護代をつとめた。応仁の乱後播磨国平野荘に戻る。豊臣秀吉の播磨侵攻の際に氏勝が従って福中城主となり、天正11年（1583）には淡路岩屋城（淡路市）城主となった。しかし豊臣秀次に連座、関ヶ原合戦では西軍に属して帰農した。

三木氏（みき）　播磨国飾西郡の国衆。伊予河野氏の庶流。河野直通の五男通近は浮穴氏を称していたが、南北朝時代に恩賞として讃岐国三木郡を賜って三木氏に改称したという。その後、細川氏に追われて播磨の赤松氏を頼り、恋浜城に拠ったと伝える。室町時代後期に赤松氏が衰退すると、通武が英賀城（姫路市）の城主となった。通規の弟3人は、土井家・堀内家・井上家となって三木氏四本家といわれ、さらに分家の薮内家・山崎家・町ノ坪家を合わせて七頭宰と称した。天正8年（1580）豊臣秀吉が播磨に進出した際、通秋は毛利氏と結んで抵抗、敗れて落城した。

森本氏（もりもと）　摂津国川辺郡の国衆。伊丹氏の庶流で「杜本」とも書く。伊丹氏から摂関家領橘御園のうち大路村（伊丹市）の下司公文職を譲り受け、森本を本拠とした。南北朝時代には基長が北朝に属して伊丹氏とともに各地を転戦。以後も戦国時代中期まで活躍した。永正8年（1511）の和泉深井の戦いでは伊丹氏に属して細川澄元と戦い、森本新左衛門尉・新次郎が戦死している。その後、森本因幡守は細川晴元に従っている。

八木氏（やぎ）　但馬の戦国大名。日下部姓。朝倉高清の子高清が但馬国養父郡

八木谷（養父市八鹿町）を本拠として八木氏を称したのが祖。鎌倉時代には但馬の有力御家人となり、一族は但馬各地に広がっていた。惣領家は八木城に拠って、八木但馬守を称していた。室町時代には但馬守護山名氏に仕えて重臣となり、山名四天王といわれた。戦国時代になって山名氏の勢力が衰えると自立している。天正8年（1580）豊信のとき豊臣秀吉の但馬攻めで落城、山名氏とともに没落した。

山名氏

山陰の守護大名。清和源氏。新田義重の長子義範が上野国多胡郡山名（群馬県高崎市山名町）に住んで山名氏を称したのが祖。南北朝時代には幕府を支える有力大名の一つとなり、元中6年・康応元年（1389）惣領の時義が死去した時点で山名一族の領国は、時義の但馬・伯耆・隠岐・備後、義理の美作・紀伊、氏清の山城・和泉・丹波、満幸の丹後・出雲、氏家の因幡の12カ国を数え、日本全国の6分の1を保有して六分一殿と呼ばれた。このため、3代将軍義満は山名一族の勢力を削ぐために、山名氏の惣領権をめぐる内訌を利用して、康応元年（1389）に氏清・満幸に時熈・氏幸を討たせ、さらに明徳2年（1391）には満幸を追放した。満幸は氏清や義理とともに挙兵したものの、大内氏を中核とする幕府軍に敗退（明徳の乱）、山名氏の領国は但馬・因幡・伯耆の三カ国のみとなるなど一時その勢力が衰えた。しかし、その後は次第に勢力を回復し、応永6年（1399）の応永の乱では大内氏討伐に活躍、嘉吉元年（1441）の嘉吉の乱で赤松義祐を討って再び10カ国の守護を兼ねるまでに回復した。応仁の乱では持豊が西軍の総帥をつとめて京の戦乱のなかにあるうちに、各地の領国は国人層の台頭で奪われていった。戦国時代はさらに尼子氏や毛利氏によって侵食されて所領は因幡国・但馬国のみとなっていた。天正8年（1580）豊臣秀吉によって但馬出石城が落城、山名宗家は滅亡した。一方、鳥取城主の豊国（禅高）は豊臣秀吉に通じたが、毛利方の吉川元春の意向を汲んだ家臣によって城を追放され大名としての山名家は一旦滅亡した。末裔は交代寄合となった。

名門／名家

◎中世の名族

赤松氏
あかまつ

播磨の守護大名。同国赤穂郡赤松（上郡町赤松）発祥。各種系図では村上源氏の子孫となっているが、はっきりしたことは分からない。1193（建久4）年頃、則景が佐用荘の地頭となり、以後西播磨に勢力を持った。鎌倉末期には悪党として活動していたとみられる。

1333（元弘3）年則村（円心）は後醍醐天皇の令旨に呼応して山陽道からいち早く応じ、苔縄城で挙兵。足利尊氏と共に六波羅を攻略して後醍醐天皇を迎えた。尊氏が建武政権を離脱すると、白旗城（上郡町）を築城して尊氏に従い、室町幕府の創立後、則村は播磨、嫡子範資は摂津、次子貞範は美作の守護となった。

以後代々北朝方として活躍。義則は室町幕府の四職の一つとなって播磨・摂津・備前・美作の四国の守護を兼ねた。一族および土豪層を家臣団として形成し、その子満祐は6代将軍足利義教と対立、1441（嘉吉元）年将軍義教を殺したため、山名氏・細川氏らに討たれて没落した（嘉吉の乱）。

58（長禄2）年になって政則が再興、69（文明元）年置塩城（姫路市夢前町）を築城。応仁の乱では東軍に属して播磨・備前・美作の守護を回復した。

政則の没後、七条家（範資の末裔）出身の女婿義村が継いだが、1506（永正3）年から13（同10）年にかけては、政則の妻だった洞松院尼（管領細川勝元の娘）が義村に代わって分国支配をしていたとみられる。

やがて守護代の浦上氏が台頭、圧迫されるようになり、20（永正17）年には家督を子の晴政に譲ったが、翌21（大永元）年に義村が浦上村宗に殺され、さらに59（永禄2）年義祐は浦上宗景によって追放された。

Ⅰ　歴史の文化編　　49

◎近世以降の名家

青山家
あおやま

篠山藩主。上野国吾妻郡青山郷（群馬県吾妻郡中之条町青山）の出で、公家花山院家の一族と伝えるが不詳。忠成は徳川秀忠の側近となって関東入国では江戸町奉行として5000石を知行し、原宿から渋谷にかけての広大な地を賜った。関ヶ原合戦後常陸江戸崎藩1万5000石を立藩。忠俊は1615（元和元）年老中となり、20（同6）年には武蔵岩槻5万5000石に加増されたが、3代将軍家光にしばしば諫言（かんげん）したため、25（寛永2）年に除封（じょほう）となった。34（同11）年長男宗俊が家光から許されて再出仕、48（正保5）年に信濃小諸藩3万石で再び諸侯に列した。以後各地を転々として、1748（寛延元）年に丹波篠山藩5万石に転じた。1827（文政10）年忠裕の時に6万石に加増。84（明治17）年忠誠の時に子爵となる。

芥田家
あくた

姫路城下（姫路市）の旧家。清和源氏新田氏庶流という。南北朝時代に新田義貞に従って播磨に入り、播磨国加西郡在田荘芥田（加西市上芥田・下芥田）に住んで芥田氏を称したと伝える。戦国初期に家久が赤松氏に属して武将として活躍、中興の祖となった。天文年間（1532〜1555）頃同郡野里村（姫路市野里）の鋳物師の棟梁となって鋳物市場を独占、永禄年間（1558〜1570）家久は将軍足利義輝のお声掛かりで、「芥田」の読みを「けた」から「あくた」に変えたと伝える。以後、小寺氏を経て、豊臣秀吉に仕え、江戸時代は代々五郎右衛門を称して播磨国内の梵鐘の鋳造を独占し、姫路町の大年寄もつとめた。

池田家
いけだ

播磨福本藩（神河町）藩主。池田輝政の四男輝澄が1615（元和元）年播磨国宍粟郡で3万8000石を与えられて山崎藩を立藩したのが祖。31（寛永8）年には弟の輝興が嗣子なく没したため、その所領から2万5000石を加えられて6万3000石となった。しかし、伊木伊織と小河四郎右衛門の両家老の対立からお家騒動となり、40（同17）年改易された。63（寛文3）年政直が播磨福本藩1万石として再興したものの、嗣子のないまま死去、弟の政武が7000石を継いで交代寄合となった。1868（慶応4）年喜通の時、高直しなどで1万1500石となり、福本藩を再興した。84（明治17）年徳潤

の時男爵となる。

大西家

播磨国印南郡見土呂村（加古川市）の豪農・豪商。綿花栽培で豪農となり、以後は木綿問屋を営む傍ら、干鰯や呉服も取り扱い、酒造業も行った。1819（文政2）年には一族合わせて石高99石余りを集積、村高の40パーセントを所有する大地主であった。明治時代にも兵庫県を代表する大地主の一つであった。1918（大正7）年に建てられた同家別宅は「名庭園料亭みとろ苑」（加古川市上荘町）として公開されている。

小笠原家

播磨安志藩（姫路市）藩主。1716（享保元）年に豊前中津藩主小笠原長邕が6歳で死去して断絶した後、長邕の弟の長興が翌年播磨国宍粟・佐用・赤穂3郡で1万石を与えられ、宍粟郡安志に陣屋を置いて安志藩1万石として再興したのが祖。1884（明治17）年貞孚の時子爵となる。

奥藤家

播磨国赤穂郡坂越村（赤穂市坂越）の豪商。644（皇極天皇3年）秦河勝が蘇我入鹿に追われた際に、坂越浦で河勝を迎えたという伝承を持つ旧家。戦国時代に商人に転じ、1601（慶長6）年には酒造業を始めた。江戸時代には坂越浦で廻船問屋を経営した他、地主として土地の集積も行い、大庄屋でもあった。現在も奥藤酒造として銘酒「忠臣蔵」の醸造元である。

長部家

灘の酒造家。元は摂津国今津村（西宮市）で大坂屋と号した干鰯商を営み、1711（正徳元）年に初代長兵衛が酒造業を創業。64（明和元）年4代目文次良の時酒銘「万両」が登場、寛政年間には江戸との取引を始め、1805（文化2）年には今津村南組庄屋となっている。11（同8）年5代目長兵衛の時から「長部」の名字を名乗った。84（明治17）年には「万両」を「大関」と改めた。1935（昭和10）年株式会社に改組して長部文治郎商店となる。さらに62（同37）年大関酒造、91（平成3）年大関と改称した。

織田家

丹波柏原藩（丹波市）藩主。織田信長の二男信雄の子孫。信雄は1590（天正18）年の小田原攻めの後、秀吉から三河・遠江・駿河への移封を命じられたが、これを拒否して下野国烏山に配流された。後徳川家康の斡旋で許されたものの、関ヶ原合戦には参加しなかった。そして、1615（元

和元）年に大和国・上野国で5万石を与えられ、大和松山藩5万石を立藩。五男高長（信友）は大和の3万石を継いでいる。4代信武は家老2人を斬殺、さらに発狂して95（元禄8）年自害したため、丹波柏原2万石に減転となった。1884（明治17）年信親の時に子爵となった。

金川家（かながわ）

播磨国印南郡天下原村（加古川市）の豪商。代々木綿商を営む。文化年間（1804〜1818）甚左衛門は、姫路藩家老河合道臣（寸翁）と図って、それまで大坂に集められていた播州木綿を直接に江戸へ売るように改め、加古川河原に木綿の晒場を設けて玉川晒と称して販売。その功績で名字帯刀を許された。

嘉納家（かのう）

摂津国兎原郡御影村（神戸市東灘区）の酒造家。御影沢の井の水で酒をつくって後醍醐天皇に献上したところ、「嘉納」の名字を賜ったと伝える。本嘉納といわれる本家は、もともとは廻船業や網元などをしていたが、1659（万治2）年に祖治郎太夫宗徳が副業として酒づくりを始め、中期には酒造業に専念した。維新後、8代目治郎右衛門が現在の基礎を築いた。また、灘校の創立者としても知られる。

　1743（寛保3）年には分家の白嘉納家が酒造業を開始、47（延享4）年清酒「白鶴」が誕生した。1934（昭和9）年には7代目治兵衛が国宝2件、重要文化財22件を所蔵する白鶴美術館を創立している。

　講道館の創設者嘉納治五郎も一族である。

岸本家（きしもと）

播磨国印南郡高砂町（高砂市）の豪商。元は印南郡大国村（加古川市西神吉町）の出で、木綿商を営んでいた。江戸時代初期に3代目道三の七男道順が分家して高砂町に進出したのが祖。高砂家3代目の博高の頃から富商となり、4代克寛と5代克孝は高砂町の大年寄となる一方、姫路藩の木綿専売を取り扱って士分にも取り立てられた。幕末には酒造業も営んでいる。

北風家（きたかぜ）

摂津国八部郡兵庫（神戸市）の豪商。第8代孝元天皇の曾孫彦也須命の末裔と伝える旧家で、南北朝時代に南朝に属して北風の強い日に足利尊氏の軍船を焼いたことで新田義貞の軍忠状を賜り、以後「喜多風」と

改称、後「北風」に改めた。以後、代々兵庫に住んで七家に分かれ、江戸時代には加賀藩の要請で北前航路を開き、兵庫随一の北前問屋となった。

幕末に北風家を継いだ正造は、母が有栖川宮家の老女だった関係から、勤皇派を助け、維新後は私財を投じて治安維持につとめたが、1885（明治18）年に破産している。

京極家
きょうごく

豊岡藩主。1622（元和8）年京極高三が3万5000石を分知されて丹後田辺を立藩したのが祖で、68（寛文8）年に但馬豊岡（豊岡市）に転じた。1884（明治17）年高厚の時に子爵となる。高厚・高義・高光と3代続けて貴族院議員となっている。

九鬼家
くき

三田藩主。志摩の戦国大名九鬼氏の子孫。紀伊国牟婁郡九鬼（三重県尾鷲市九鬼町）発祥。出自は藤原氏、源氏など諸説あるが、熊野別当氏の一族か。九鬼嘉隆は豊臣秀吉に仕えて志摩鳥羽で3万石を領し、関ヶ原合戦では西軍に属して答志島で自害。東軍に属した子守隆は、戦後2万石を与えられて父の遺領と合わせて鳥羽5万5000石となった。1632（寛永9）年守隆が死去した際、長男の良隆が廃嫡されていたことから、三男隆季と五男久隆の間で家督相続争いが起こり、翌年幕府の裁定で久隆が3万6000石を継いで摂津三田に転封となった。

13代隆義は藩校造士館を創立、フランス式の軍事調練を取り入れた他、川本幸民や白洲退蔵らを登用したことで知られる。1884（明治17）年子爵となる。

工楽家
くらく

播磨国印南郡高砂（高砂市）の旧家。江戸中期の船頭御影屋松右衛門が祖。松右衛門帆を発明したことで知られる。1791（寛政3）年択捉島に波止場を築造した功で「工夫を楽しむ」という意味で工楽の名字を賜った。初代・2代と2代にわたって全国の港湾整備に尽力した。

国府寺家
こうでら

姫路城下（姫路市）を代表する豪商。播磨国司の末裔で、中世には飾東郡志深荘（姫路市）に政所を置いて国政を見ていたという。同地は代々国府寺家が所領、江戸時代には国府寺村と呼ばれていた。

1609（慶長14）年姫路城主池田輝政より城下本町に屋敷を拝領、以後藩

主が代わっても代々姫路町の大年寄をつとめた。祝賀の際には町人の惣代として藩主に伺候し、1752（宝暦2）年名字帯刀が許され、73（安永2）年には藩から50石10人扶持を与えられている。

小西家
摂津国川辺郡伊丹郷町（伊丹市）の酒造家。祖は一色氏に仕えた小西石見守といい、1550（天文19）年伊丹に転じて薬種業の傍ら濁酒の醸造を始めた。92（文禄元）年からは清酒業を本業とし、慶長年間に創業したとされる。本来は筒井氏で薬屋と号していたが、6代目の時に小西屋と改称。代々新右衛門を称した本家の他、代々四郎右衛門を名乗る向小西家もあった。

　また、西成郡伝法（大阪市此花区）には廻船問屋をつとめる分家もあって、一族で江戸への輸送・販売も行っていた。2代目宗宅が始めた清酒「白雪」が著名。現在の小西酒造である。

近藤家
播磨国加東郡太郎太夫村（小野市）の豪農・豪商。一五家に及ぶ近藤一門を形成、特に近藤仁左衛門家は酒造と干鰯商で財を成した。五代目亀蔵には全盛期を築き、文政～天保年間（1818～1844）には1800石・800石・750石積の船を各一隻ずつ所有し、松前との取引を行うなど、西日本を代表する豪商であった。1805（文化2）年には幕府から近藤家一門に6000両の御用金が課せられ、うち3000両を亀蔵家が負担している。

酒井家
播磨姫路藩主。酒井忠世は徳川秀忠の家老となって父とは別に上野那波藩1万石を立藩。1616（元和2）年上野伊勢崎5万2000石となり、翌年には父の遺領も継ぎ、さらに老中となって前橋12万2500石の藩主となった。

　孫の忠清は大老を15年間つとめて「下馬将軍」といわれ、15万石に加増された。しかし、同年4代将軍家綱が死去した際に、有栖川宮幸仁親王を将軍に迎えようとして失敗、5代将軍綱吉の就任で失脚した。

　1749（寛延2）年忠恭の時に播磨姫路15万石に転封。維新後、忠惇は家督を養子の忠邦に譲って徳川家と共に駿河に移り、久能山東照宮の宮司となった。1884（明治17）年の華族令施行当時は文子が当主だったため、87（同20）年に忠興が継いで伯爵となった。この時、別家となっていた忠惇も男

54

爵となっている。忠正は後に農林大臣、貴族院副議長を歴任した。

　なお、江戸時代を代表する画家の一人酒井抱一は、姫路藩主酒井忠以の弟である。

桜井家

尼崎藩主。桜井松平氏の一族。1590（天正18）年の徳川家康関東入国の際に家広が武蔵松山1万石を領したのが祖。1601（慶長6）年忠頼は遠江浜松5万石を領したが、09（同14）年にいったん没収。22（元和8）年忠重が上総佐貫1万5000石で再興し、33（寛永10）年駿河田中2万5000石、35（同12）年遠江掛川4万石、39（同16）年信濃飯山4万石、1706（宝永3）年再び掛川4万石を経て、11（正徳元）年忠喬の時尼崎4万石に入封した。明治維新後、忠興は松平氏から桜井氏に戻し、1884（明治17）年子爵となる。

仙石家

出石藩（豊岡市）藩主。清和源氏土岐氏の支流という。秀久が豊臣秀吉に仕えて1580（天正8）年淡路洲本（洲本市）で5万石を領した。85（同13）年讃岐高松に移るが、翌年の九州出兵で島津氏に敗れて所領を没収される。90（同18）年小田原征伐で徳川家康に属して功を挙げ、信濃小諸5万石で再興した。関ヶ原合戦後、信濃上田6万石を経て、1706（宝永3）年政明の時但馬出石（豊岡市出石町）5万8000石に入封。この時、上田から蕎麦を出石にもたらし、出石蕎麦として名物となった。1835（天保6）年久利の時に「仙石騒動」で3万石に減知となった。84（明治17）年政固の時に子爵となる。

建部家

播磨林田藩（姫路市）藩主。宇多源氏佐々木氏の末裔というが不詳。寿徳（高光）が織田信長に仕えて近江守山で500石を領したのが祖。子光重は関ヶ原合戦で西軍に属したが、義父池田輝政の請いで許された。その子政長は大坂の陣で功をあげて1615（元和元）年摂津国川辺・西成両郡で1万石を与えられて諸侯に列し、尼崎藩を立藩した。17（同3）年播磨林田（姫路市）に移され林田藩となった。3代政宇は伏見奉行、寺社奉行を歴任、画家としても知られた。1884（明治17）年秀隆の時に子爵となる。

辰馬家

西宮市の豪商。灘の銘酒「白鹿」の醸造元。1666（寛文6）年に

I　歴史の文化編　　55

酒造業を始めたという旧家で、代々吉左衛門を名乗った。幕末には西宮を代表する豪商となり、分家の北辰馬家は清酒「白鷹」の醸造元でもある。

一族からは西宮市長なども輩出している。

田淵家

播磨国御崎新浜村（赤穂市）で川口屋と号した大塩田地主で塩廻船問屋。江戸時代初期に尾崎村で塩問屋を経営しており、1673（延宝元）年に初代市兵衛（政憲）が大規模塩田の開発された御崎新浜村に移り住んで、77（同5）年塩問屋を創業した。1748（寛延元）年には赤穂藩の蔵元となった。宝暦年間（1751〜1764）に藩主森忠洪を迎えるためにつくられた茶亭・明遠楼と庭園は「田淵氏庭園」として国の名勝に指定されている。

丹羽家

三草藩（加東市）藩主。清和源氏一色氏の一族。氏明が尾張国丹羽郡丹羽荘（愛知県一宮市）に住んで丹羽氏を称したという。氏次の時に徳川家康に仕えた。関ヶ原合戦では東軍に属し、1600（慶長5）年三河伊保藩（愛知県豊田市）1万石を立藩。38（寛永15）年美濃岩村2万石に転じたが、氏音の時にお家騒動が起こり、1702（元禄15）年越後高柳1万石に減転となった。42（寛保2）年領地を播磨に移され、46（延享3）年加東郡三草に陣屋を置いて三草藩1万石となった。1884（明治17）年氏厚の時に子爵となる。

箱木家

摂津国八部郡山田荘衝原村（神戸市北区山田町）で「千年家」と呼ばれる旧家。藤原姓という。中世は山田荘の地侍で衝原氏を称し、戦国時代衝原与一左衛門藤豊は別所氏に属し、豊臣秀吉との戦いの際に三木城で討死。江戸時代は帰農し、箱木家を称して代々庄屋をつとめた。806（大同元）年3月11日上棟のことを記した文書があり、江戸時代からすでに「千年家」と呼ばれていた。1967（昭和42）年国の重要文化財に指定されたが、77（同52）年の呑吐ダムの建設により解体移転、その際の調査で日本最古の民家であることが確認されている。

一柳家

播磨小野藩主。伊予河野氏の一族で、大永年間（1521〜1528）河野通直の庶子宣高が美濃国厚見郡西野村（岐阜県岐阜市）に移って土岐氏に仕え、一柳氏を与えられたという。伊予西条藩主一柳直盛の二男直家

が1636（寛永13）年播磨国加東郡で5000石を分知されたのが祖。同年さらに伊予国宇摩・周布郡で2万3600石を与えられ、合わせて小野藩2万8600石として立藩した。42（同19）年直家が急死、直次が末期養子となって継いだため1万石に減知となった。1884（明治17）年末徳の時子爵となり、貴族院議員をつとめた。

本多家

播磨山崎藩（宍粟市）藩主。姫路藩主本多政朝の三男政信は、1639（寛永16）年政勝の養子となり、53（承応2）年に大和国のうちで1万石を与えられ郡山城内に住んだ。79（延宝7）年忠英が所領を播磨国宍粟郡に移されて山崎に陣屋を置き、山崎藩を立藩した。1884（明治17）年貞吉の時に子爵となる。

松平家

明石藩主。1624（寛永元）年結城秀康の六男直良が2万5000石を分知されたのが祖。35（同12）年越前勝山3万5000石、44（正保元）年越前大野5万石を経て、82（天和2）年直明が播磨明石6万石に転じた。1840（天保11）年11代将軍家斉の子斉宣を養子に迎えて8万石となり、10万石の格式を与えられた。84（明治17）年直徳の時に子爵となる。

円尾家

龍野城下（たつの市）の豪商。戦国時代、孫右衛門は龍野城主赤松村秀に仕える武士だったが、赤松氏の滅亡後いち早く醤油醸造を始めた。1746（延享3）年には京にも進出、幕末には近隣の大豆農家と直接契約、また塩田地主と共同して自家用の塩田を開くなど、近代的なシステムをつくり上げていた。幕末の与左衛門は龍野町の惣年寄もつとめている。維新後も円尾合名会社として、1962（昭和37）年まで醤油醸造を続けた。

森家

赤穂藩主。相模国愛甲郡毛利荘（神奈川県厚木市）発祥で清和源氏。源義家の六男（七男とも）義隆が森冠者を称したことに始まるという。可成は1564（永禄7）年織田信長に従って美濃金山城（岐阜県可児市）城主となり、長男長可（長一）・三男蘭丸（成利）も共に信長の家臣となった。長可は長久手の戦いで戦死、弟忠政は信濃川中島12万石を領し、1600（慶長5）年関ヶ原合戦では徳川家康に従って、戦後美作津山18万6500石に入封。

97（元禄10）年衆利が将軍拝謁の道中の伊勢桑名で発狂し改易された。

その後、隠居していた長継が改めて備中国西江原2万石で再興を許され、1706（宝永3）年長直が播磨赤穂2万石に転じた。1884（明治17）年忠儀の時に子爵となった。

森家

三日月藩（佐用町）藩主。津山藩主森長継の四男長俊は、1676（延宝4）年同国勝田郡の新墾地1万5000石を分知され、97（元禄10）年播磨国佐用郡三日月に移って三日月藩を立藩した。1884（明治17）年長祥の時子爵となる。

山名家

村岡藩（香美町）藩主。守護大名山名氏の末裔。鳥取城を追放された山名豊国は、1582（天正10）年に豊臣秀吉に仕えてお伽衆となった。関ヶ原合戦では東軍に属して1601（慶長6）年但馬国七美郡で6700石の采地を与えられて交代寄合となり、同郡兎束に陣屋を置いた。3代矩豊の時陣屋を同郡村岡に移した。1868（明治元）年義済の時1万1000石に加増されて諸侯に列し、84（同17）年義路の時男爵となる。

山邑家

摂津国兎原郡魚崎村（神戸市東灘区）の酒造家。「桜正宗」の醸造元。1717（享保2）年伊丹荒牧で荒牧屋と号して酒造業を創業。大坂・伝法を経て、幕末に魚崎に転じた。1867（慶応3）年の兵庫開港に伴う兵庫商社設立に際しては、山邑太左衛門が世話役として参加するなど、灘五郷を代表する蔵元であった。同家住宅（ヨドコウ迎賓館）は国の重要文化財である。

脇坂家

竜野藩主。近江国浅井郡脇坂荘（滋賀県長浜市湖北町）の出で、安治が豊臣秀吉に仕えて賤ヶ岳合戦で活躍、七本槍の一人となって淡路洲本で3万石を領したのが祖。関ヶ原合戦では西軍に付いて小早川秀秋に属したが、開戦後東軍に寝返っている。

その後、伊予大洲藩5万3500石、1617（元和3）年信濃飯田5万5000石を経て、72（寛文12）年安政の時に播磨竜野5万3000石に転封。1836（天保7）年安董は西の丸老中となり、翌年には本丸老中となっている。子安宅も老中となって大老井伊直弼を補佐した。84（明治17）年安斐の時に子爵となる。

博物館

伊丹市昆虫館
〈チョウ温室〉

地域の特色

　近畿地方の西部にあり地方最大の面積をもつ県。北は日本海、南は瀬戸内海に面し、本州で二つの海に面する県は、両端に位置する青森県と山口県を除けば唯一である。人口は約544万人（2021（令和3）年8月現在）で南部に集中している。県庁所在地は神戸市。29市12町があり村はない。県は摂津（神戸・阪神）、播磨、但馬、丹波、淡路の五つに大きく分けられる。神戸、阪神、播磨は人口が多く工業が盛ん、但馬、丹波、淡路は豊かな自然に囲まれた農林水産業の盛んな地域である。日本海側は豪雪地帯で、瀬戸内海側は温暖で降水量が少ない。スキー場の多い鉢伏高原、有馬温泉や城崎温泉などの温泉地、国宝で世界遺産の姫路城など観光地も多い。平安時代には兵庫の地に港がつくられ瀬戸内海を往来する船の寄港地となり、室町時代には明（現在の中国）との貿易港としても発展した。江戸時代には兵庫の港は北前船の基地として、日本海沿岸もその寄港地として賑わった。博物館は県南部に特に多く、個性的な小規模博物館も多い。日本の水族館発祥の地ともいわれ、1897（明治30）年に初めて水族館を名乗った神戸市の和田岬水族館、波の大水槽、熱心な調査研究、ボランティアとの協働などで知られた神戸市立須磨海浜水族園などがあった。1995（平成7）年の阪神・淡路大震災の経験を継承する博物館、篠山層群周辺で地域を野外博物館とする「丹波地域恐竜化石フィールドミュージアム」の取り組みもある。兵庫県博物館協会には142の博物館などが加盟し、情報共有や研修会、共同出展事業などを行っている。

主な博物館

神戸市立博物館　神戸市中央区京町

　旧市立考古館と旧南蛮美術館を統合した人文系の博物館として1982（昭

I　歴史の文化編　59

和57）年に開館した。旧外国人居留地に35（昭和10）年に建てられた横浜正金銀行神戸支店の建物を利用している。神戸が国際的な港町として栄えてきたことを踏まえ「国際文化交流―東西文化の接触と変容」を基本テーマとしている。国宝桜ヶ丘銅鐸などの考古資料、重要文化財の聖フランシスコ・ザビエル像を含む美術資料、古地図資料など、約7万点の資料を所蔵している。常設展示は、神戸の文化交流を資料や写真、模型、ジオラマで解説した「神戸の歴史展示室」と、国宝など注目度の高い資料を展示する「コレクション展示室」に分かれており、館内には図書や映像ライブラリのある情報コーナーや体験学習室もある。大規模な特別展や企画展も年に複数回開催している。学校との連携授業や貸出教材の他、移動博物館車「おきしお夢はこぶ号」、連続講座やジュニアミュージアム講座なども開催している。

竹中大工道具館　神戸市中央区熊内町

　日本唯一の大工道具の博物館。大手総合建設会社である株式会社竹中工務店により1984（昭和59）年に設立され、2014（平成26）年に現在の場所に移転した。大工道具を中心とした資料を約3万5千点所蔵し、収集保存、調査研究を通じて後世に伝える活動を行っている。常設展示は大工道具をめぐる世界の広がりと豊かさが感じられるよう、「棟梁に学ぶ」「道具と手仕事」「名工の輝き」など七つのコーナーで構成しており、道具などの実物資料ばかりでなく、使用映像や技術を示した精巧な模型や、触ったり香りを嗅いだりできる展示もある。鑑賞とともに理解のしやすさと体験を伴う楽しさを兼ね備えた展示は、子どもから専門家まで幅広い利用者に対応する。木工作家や技法などに焦点を当てた企画展や巡回展も開催している。大工さんから手ほどきを受ける木工体験や学校向けのプログラム、ボランティア活動の受け入れも行っている。

阪神・淡路大震災記念人と防災未来センター　神戸市中央区脇浜海岸通

　きた阪神・淡路大震災の経験を語り継ぎ、その教訓を生かして防災・減災の世界的拠点となるべく2002（平成14）年に開館した。防災に関する実践的な研究を行うほか、阪神・淡路大震災に関する資料を約19万点収蔵し、関連刊行物も収集している。資料室では公開も行っている。展示室は大き

く3層に分かれている。「震災追体験フロア」では映像や音響での展示や震災直後の街の原寸大ジオラマで震災の凄まじさを追体験できる。「震災の記憶フロア」では震災関係資料が提供者の体験談とともに壁面に並ぶ。復興過程をたどるコーナーもある。「防災・減災体験フロア」では世界でいま起こっている自然災害の様子や、防災に関する企画展示を行っている。ボランティアによる解説や、団体向けの「語り部」による震災体験の語りもある。自治体の首長や職員を対象とした専門的な研修も行っている。

神戸市立王子動物園　神戸市灘区王子町

1928（昭和3）年に開園した諏訪山動物園を前身とし、51（昭和26）年に神戸産業博覧会の跡地を利用した王子公園に開園した。現在は約130種800点の動物を飼育展示している。動物エリアは「象・猛獣エリア」「類人猿エリア」など八つに分かれており、キリンの目線から観察できる「きりんテラス」や放し飼いにされたヤギやガチョウなどがいる「ふれあい広場」などがある。また、国内唯一のジャイアントパンダとコアラが同時に見られる動物園として知られていたが、パンダは中国へ返還されることが2020（令和2）年に発表された。動物科学資料館には動物の生体や食べ物、体のつくりなどの充実した展示があり、図書室も併設している。園内には動物エリアの他、遊園地、重要文化財の洋館である旧ハンター住宅など多彩な見どころがある。また、約480本のソメイヨシノがある神戸市内有数の桜の名所としても知られている。

兵庫県立歴史博物館　姫路市本町

1983（昭和58）年に姫路城跡内に開館した郷土の歴史を扱う博物館。建物は丹下健三の基本設計によるもので「白鷺城」とも呼ばれる姫路城をイメージしている。「交流博物館」を目指して2007（平成19）年にリニューアルした。無料ゾーンの1階には、鎧の着付けなどの体験ができる昔の民家風のスペース、大規模な図書スペースと県の歴史展示、季節ごとに変わる収蔵資料の展示がある。2階は年数回の特別展が開催されるギャラリーの他、姫路城と城下町、祭り、江戸時代から現代までのおもちゃなどの常設展示がある。連続講座やロビーコンサートなどのイベント、交流やボランティア活動に参加できる友の会もある。ホームページ内にはネットミュー

ジアム「ひょうご歴史ステーション」があり、デジタル展覧会、学校向けの情報、学芸員紹介、ブログなどが充実している。

兵庫県立考古博物館　加古郡播磨町大中

　大中遺跡公園「播磨大中古代の村」に2007（平成19）年にオープンした考古学の博物館。県の考古学の拠点として調査研究を行いながら、展示や事業では参加体験型のスタイルを採っていることが特徴である。常設展示のテーマ展示では、縄文時代、弥生時代の暮らしから社会の成り立ち、交易などを、実物資料のみならず模型やジオラマ、参加型展示と分かりやすい解説で、幅広い層の人々に楽しめ理解しやすいような工夫がなされている。加えて体験展示「発掘ひろば」には発掘体験ができるコーナーなどがあり、子どもたちが楽しみながら学べるようになっている。出土品整理作業や収蔵棚で資料を見るスペース、図書室などもある。開館以来、講座や学校向けの学習プログラム、ボランティアなどの事業にも積極的に取り組んでいる。

兵庫県立人と自然の博物館（ひとはく）　三田市弥生が丘

　「人と自然の共生」をテーマにした自然史系博物館。深田公園にあり、1988（昭和63）年に開催された公園都市博覧会の建物を活用している。常設展示は「歴史をたどる地球・生命と大地」や郷土の自然を紹介する「兵庫の自然誌」、人と自然の共生を考えるコーナーなどがあり、フロアスタッフによる展示室ツアーやイベントも開催している。本館外にある「ひとはく恐竜ラボ」では、篠山層群から発見された恐竜化石のクリーニング作業を公開している。常設以外にも企画展や研究員によるトピックス展も開催する。研究員の一部は兵庫県立大学自然・環境科学研究所の教員を兼務している。調査研究や収蔵管理の成果を展示や多様なセミナーで公開するほか、シンクタンクとしても活動している。野生植物保全を目的として絶滅危惧植物の種子保存や栽培、増殖などを行うジーンファーム事業も展開。移動博物館車「ゆめはく号」で県下各地への出張も行っている。

神戸市立森林植物園　神戸市北区山田町上谷上字長尾

　六甲山地の一角に1940（昭和15）年に開園した植物園。142.6ヘクタール

の敷地に日本の代表的な樹木や世界各地の樹木約1,200種を植栽し、生きた植物本来の姿を樹林として観覧できる。原産地別の樹林の他、あじさい園、つつじ・しゃくなげ園などもあり、花や紅葉も楽しめる。企画展、自然観察会や講習会、バードウォッチングやコンサートなどバラエティに富んだ催しも年間を通じて開催している。

神戸市立青少年科学館（バンドー神戸青少年科学館）

神戸市中央区港島中町

　神戸ポートアイランド博覧会に出展された施設を終了後に増改築して1984（昭和59）年に開館した。「ふれる・つくる・つながる」を基本理念に、六つの展示室と天体観測室、直径20メートルのプラネタリウムがある。各種イベントの他に1年間科学館に通う「神戸市少年少女発明クラブ」など四つのクラブを毎年実施している。

白鶴酒造資料館　神戸市東灘区住吉東町

　日本を代表する酒どころの一つ灘五郷にある酒造会社、白鶴酒造株式会社の資料館。建物は大正時代に建てられ、1969（昭和44）年まで実際に使われていた酒蔵を改造して用いている。伝統的な酒造りの世界を通じて「日本のこころ」を伝えるため、作業工程を人形を用いた再現展示で順を追って分かりやすく解説しつつ、昔ながらの道具も展示している。利き酒コーナーもある。

伊丹市昆虫館　伊丹市昆陽池

　野鳥の飛来地として知られる昆陽池公園内にある昆虫を主に扱う博物館。一年中約1千匹の蝶が舞い飛ぶチョウ温室など多様な生きた昆虫の展示が見どころで、昆虫の暮らす環境を再現したジオラマや巨大なミツバチ模型、日本と世界の昆虫標本などもある。体験型の特別展や「虫のうんこ」「昆虫食」など個性的なテーマの企画展も開催している。学校への授業、友の会活動、市街地で鈴虫などを展示する「鳴く虫と郷町」などの地域での事業の他、絶滅の危機に瀕した昆虫の生息域外保全にも取り組んでいる。

I　歴史の文化編　　63

市立伊丹ミュージアム（I'M）　伊丹市宮ノ前

　日本三大俳諧コレクションの一つとされる柿衞文庫、伊丹市立美術館、伊丹市立工芸センター、伊丹市立伊丹郷町館、伊丹市立博物館を統合し、歴史・文化・芸術の総合的な発信拠点として2022（令和4）年に開館した。各分野の資料の収集保存と活用、展覧会、講座やイベント、旧岡田家住宅・酒蔵（国指定重要文化財）などの継承と公開で多彩な芸術文化を広く発信し、これらを通して「人」と「まち」をつなげる活動を行う。

宝塚市立手塚治虫記念館　宝塚市武庫川町

　日本を代表する漫画家、手塚治虫の記念館。手塚マンガを再現した空間に、ゆかりの品や作品資料などの展示、オリジナルアニメの上映などがある。本人の映像やアニメを検索して視聴できるコーナー、2千冊が閲覧できるライブラリー、制作体験ができるアニメ工房なども備えている。

玄武洞ミュージアム　豊岡市赤石

　国の天然記念物である「玄武洞」の前にある、石をテーマにした博物館。1972（昭和47）年に開館し、2018（平成30）年にリニューアルオープンした。展示室では玄武洞と山陰海岸ジオパーク、美しく珍しい石や鉱物、数々の化石の他、国の伝統工芸品である豊岡杞柳細工を展示している。随時できる体験メニューの他、施設内にはレストラン、ショップ、菓子工房もあり、玄武洞周辺の観光拠点ともなっている。

日本玩具博物館　姫路市香寺町中仁野

　現館長の井上重義氏が収集した郷土玩具を公開するため1974（昭和49）年に「井上郷土玩具館」として開設し、84（昭和59）年に改称した日本を代表する玩具博物館。日本と世界約160カ国の郷土玩具や玩具資料など、合わせて約9万点を所蔵し、調査研究、成果の発信を行っている。常設展、年数回の特別展や企画展、館外展を開催するほか、さまざまなイベントも開催している。また、館長が名付け親である「ちりめん細工」の伝承と普及にも取り組んでいる。

明石市立天文科学館　明石市人丸町

　1960（昭和35）年に開館した、時と宇宙を展示する科学館。建物は東経135度日本標準時子午線上に位置し、地上54メートルの展望塔は標識を兼ねている。展示室は子午線のまち明石、暦や時計、太陽系や銀河系、宇宙開発などの展示がある。プラネタリウムはカールツァイス・イエナ社製で、現在も活躍する日本で最も古いプラネタリウムである。「熟睡プラ寝タリウム」などの企画や、地域でも知名度が高いオリジナルヒーロー「軌道星隊シゴセンジャー」など話題に事欠かない科学館である。

赤穂市立歴史博物館（塩と義士の館）　赤穂市上仮屋

　赤穂城跡に隣接する歴史博物館。塩づくりの歴史を国指定有形民俗文化財である製塩道具を中心に展示するほか、赤穂義士の史実や文化、赤穂の城や城下町、400年以上の歴史があり日本三大上水道の一つとされる「旧赤穂上水道」についての展示を行っている。

赤穂市立海洋科学館・塩の国　赤穂市御崎

　兵庫県立赤穂海浜公園内にある、海洋と塩、赤穂についての博物館。塩について歴史的、科学的な視点から紹介し、赤穂と海についても分かりやすく解説している。「塩の国」は揚浜式塩田・入浜式塩田・流下式塩田や釜屋などを復元した施設で、伝統的な方法を用いた塩づくりを見学できるだけでなく、実際に塩づくりや塩田作業を体験することができる。

芦屋市立谷崎潤一郎記念館　芦屋市伊勢町

　『痴人の愛』『細雪』などの作品で知られる文豪谷崎潤一郎の生涯や作品について知ることができる記念館。原稿、写真や手紙、初版本など約1万3千点の資料を収集し展示するほか、旧邸をイメージしてつくられた日本庭園も見どころ。谷崎文学や関連する文豪などをテーマにした特別展を季節ごとに開催している。

野島断層保存館　淡路市小倉

　北淡震災記念公園内にあり、1995（平成7）年に起きて甚大な被害をもた

Ⅰ　歴史の文化編　　65

らした阪神・淡路大震災で地表に現れた野島断層をありのままに保存展示している。地震の凄まじさとともに、得た教訓と備えの大切さを伝えている。断層による地形の変化を詳しく観察できるだけでなく、断層の真横でもほとんど壊れなかった家もメモリアルハウスとして展示され、週に1回体験談の語りが行われている。

姫路科学館　姫路市青山

1993（平成5）年に開館した、自然史、理工、宇宙などを扱う総合科学博物館。鳥類、昆虫などの小林平一コレクションを中心とした自然史標本、物理実験機器の姫路高等学校コレクションなどの資料を収蔵している。常設展示は自然、科学、宇宙の各フロアと、世界第5位の大きさを誇るプラネタリウムがある。各種講座の他、プラネタリウムコンサート、ロボットイベント、自然系ジュニア学芸員講座など、多彩な教育事業も展開している。

篠山チルドレンズミュージアム　丹波篠山市小田中

閉鎖された中学校を活用して建設された、子どものための博物館。校舎のみならず野外や林も展示やワークショップに活用するスペースとなっている。触れる展示や懐かしいおもちゃなどの展示、絵本の部屋、各年齢に合わせたおもちゃが入っている「ひみつボックス」などで、天候にかかわらず楽しむことができる。工作や料理など多様なワークショップも開催。3月〜12月の土日祝と夏休み期間中の水木金のみ開館している。

姫路市立水族館　姫路市西延末

手柄山中央公園にあり、山の上の水族館として知られる。1966（昭和41）年に開館し2011（平成23）年に拡張リニューアルした。播磨の里地、里海の水族を中心に展示しており、展示の仕方に工夫が凝らされており飽きさせない。新館にはかつてこの地にあったモノレールの展示があり、本館の屋上には子どもが入れる小川のあるビオトープもある。カメやペンギンの餌やりショー、企画展などの催しも随時開催している。

淡路人形浄瑠璃資料館　南あわじ市福甲

500年の歴史があって江戸時代に繁栄し、現在は国指定重要無形民俗文

化財でもある淡路人形浄瑠璃を扱う資料館。名門の市村六之丞座から譲り受けた人形、舞台、歴史資料などを保存している。各種資料展示の他、名場面の展示もある。淡路ゆかりの作家の作品展なども開催している。

兵庫県立コウノトリの郷公園・豊岡市立コウノトリ文化館

豊岡市祥雲寺

　天然記念物であり国内個体群が絶滅したコウノトリの、飼育や増殖、放鳥（再導入）による野生化に向けての研究・環境づくり、環境教育などを行っている施設。公開エリアでは生態展示しているコウノトリを観察できる。豊岡市立コウノトリ文化館では展示や展示解説、調べ学習、自然観察プログラムなどを行う。敷地内には兵庫県立大学大学院「地域資源マネジメント研究科」もある。

Ⅰ　歴史の文化編　　67

名字

〈難読名字クイズ〉
①日外／②五百旗頭／③雲丹亀
／④神呪／⑤九会田／⑥茉莢／
⑦芥田首／⑧尺一／⑨曲尺／⑩
萋羅／⑪赤対／⑫十都／⑬南畝
／⑭紫合／⑮弘原海

◆地域の特徴

　兵庫県も大阪府などと同じく、西日本を代表する名字である田中と山本が飛び抜けて多く、3位以下を大きく引き離している。関西から中国・四国にかけては、この2つが1位・2位を占めているところが多い。関西の他府県をみても、大阪府・京都府・滋賀県は兵庫県と同じく1位田中、2位山本で、奈良県と和歌山県は逆の1位山本、2位田中。いずれにしても、関西ではこの2つの名字が圧倒的に多いことを示している。

　3位の井上も西日本一帯に多い名字だが、県単位で3位というのは、福岡県と並んで全国最高順位。ルーツは各地にあるが、県内には信濃源氏の流れを汲む名家播磨井上氏があった。

　兵庫県の特徴の一つとなっているのが5位の藤原。藤原は全国に広く分布する名字だが、兵庫県は実数では全国一多い（人口比では岡山県が最多）。とくに県中央部に多く、旧黒田庄町（西脇市）では7人に1人が藤原さんだった。富士原・藤藁・不死原など、漢字のバリエーションも多い。また、隣

名字ランキング（上位40位）

1	田中	11	橋本	21	村上	31	池田
2	山本	12	藤本	22	西村	32	森本
3	井上	13	岡本	23	林	33	長谷川
4	松本	14	山口	24	清水	34	渡辺
5	藤原	15	高橋	25	上田	35	谷口
6	小林	16	大西	26	木村	36	岸本
7	中村	17	岡田	27	森	37	福田
8	吉田	18	藤田	28	佐藤	38	中島
9	前田	19	山下	29	伊藤	39	坂本
10	山田	20	藤井	30	足立	40	中川

の大阪府では3割近くが「ふじはら」だが、兵庫県では「ふじはら」は6％ほどしかいない。

12位の藤本も瀬戸内海沿岸に多い名字で、実数では兵庫が日本一。こちらも中央部に多く、旧黒田庄町やその隣の多可町中区に多い。

40位以内で最も独特の名字は30位の足立。この名字は神戸市をはじめ、姫路市や明石市といった県内の人口の集中地区には少ない。一方、丹波市では圧倒的な最多となっているほか、多可郡の旧加美町（多可町）でも最多、その隣の神河町にも多く、この地域だけで全県の足立さんの半数以上が住んでいる。

足立一族は武蔵国足立郡（東京都足立区・埼玉県南部）を本拠とする武士で、ルーツは藤原北家とも、古代豪族である武蔵国造の末裔ともいい、はっきりしない。源頼朝が挙兵した際、足立遠元が頼朝に仕えて幕府の御家人となり、孫の遠政が丹波国氷上郡佐治郷（丹波市）を与えられて、丹波足立氏の祖となったものだ。

41位以下では、53位黒田、54位小西が比較的兵庫県に多い。

101位以下では高見、荻野、赤松、細見、畑が独特。いずれも、とくに珍しい名字というわけではないが、他県ではそれほど上位には入っていない。このなかでは高見は最も独特の名字といえる。現在でも加西市で最多となっているほか、旧上月町（佐用町）でも最多だった。また、丹波市の旧市島町など県内各地に広がっている。

● **地域による違い**

兵庫県は瀬戸内海の淡路島から日本海側にまで広がる大きな県で、江戸時代以前は、摂津・播磨・丹波・但馬・淡路と実に5つもの国に分かれ、県内には16もの小藩が分立し、淡路は徳島藩の一部であった。そのため今でも地域によって名字の分布は違っている。

大部分が旧摂津国に属していた神戸・阪神地区は、大都市とそのベッドタウンのため特徴は少ない。また、この地域に県内の人口のかなりの割合が住んでいることから、県全体のランキングとほぼ一致している。

神戸市と芦屋市では山本が最多で、残りの7市町では田中が最多。地域全体を通じて、全県でも上位のこの2つの名字が飛び抜けて多い。また、尼崎市には沖縄出身者が多く、比嘉、大城といった沖縄の名字の分布を調べると、沖縄以外では尼崎市に集中していることがわかる。

Ⅰ　歴史の文化編　　69

旧播磨国は東西で違う。東播磨の東端は神戸市にまで及び、ベッドタウン化された地域も多いことから特徴は乏しいが、田中と山本はこの地域でも多い。田中は明石市と加古川市で最多で、全11市町のうち9市町でベスト10入り。山本も10市町でベスト10に入っている。

　しかし、東播磨地区を代表する名字は藤原だろう。藤原は西脇市・三木市・加東市では最多、小野市と播磨町では2位となるなど、田中を上回ってこの地域では最多である。

　神戸市西区と接する明石市では、橘・桜井・水田などが多く、とくに橘は全県の3割弱、水田も約2割が明石市だけに集中している。

　西脇市・三木市・加東市の3市ではいずれも藤原が最多。藤原は播磨東部にきわめて多く、旧黒田庄町（西脇市）では実に人口の13％強、旧東条町（加東市）でも9.7％を占めていた。西脇市の笹倉・高瀬・徳岡・来住、三木市の神沢・常深、加東市の小紫・神戸・阿江・時本、小野市の多鹿・蓬萊・住本・久語、播磨町の平郡・中作などが独特の名字である。

　加西市の最多は高見。高見は兵庫県を代表する名字の一つで、加西市では圧倒的な最多である。この他にも古角・常峰・是常などが多く、播磨地区ではユニークな分布である。

　西播磨地区でも11市町のうち姫路市など6市町では山本が最多となっているほか、三木・黒田・後藤などが多い。宍粟市では小林が最多で、3位に春名、5位に志水が入っているのが独特。春名は兵庫県西部から岡山県東部にかけてのみ集中している名字で、全国の約4割が兵庫県にあるという兵庫県を代表する名字の一つ。宍粟郡の旧千種町（宍粟市）と佐用郡の旧南光町（佐用町）で最多だった。志水は旧安富町（姫路市）に集中している。

　丹波国は京都府とまたがっており、兵庫県に属するのは現在の篠山市と丹波市。現在でも篠山市では酒井が最多で、畑や細見など京都府北部と共通する名字が多い。長沢や山内が多いのも特徴。

　丹波市では平成大合併で、氷上郡に属する6町が合併してできた。足立が圧倒的に多く、合併前の旧青垣町では人口の4割近くが足立さんだったほか、旧氷上町や旧柏原町でも最多だった。旧市島町では荻野、旧春日町では細見と独特の名字が最多で、最南端の旧山南町だけは最多が藤原となっていた。合併後の丹波市では、最多が足立で、以下、荻野、芦田、細見という順になっている。

また、丹波市の尾松・久下・矢持・十倉・婦木、篠山市の河南・波部など独特の名字も多く、とくに婦木は全国の約6割が丹波市に集中している。

　但馬国は南部と北部で名字がやや違う。南部は丹波と共通する名字が多く、朝来市では足立が最多。安保・椿野が多いのも特徴で、とくに椿野は全国の過半数が朝来市だけに集中しているという独特の名字。安保は埼玉県をルーツとして現在では秋田県に多い名字で、県内では朝来市のみに集中している。

　北部では「〜垣」という名字が目立つ。但馬地区全域から鳥取県東部や京都府北部にまで広がる西垣、豊岡市から京都府福知山市にかけて集中している谷垣をはじめ、豊岡市の森垣・小田垣・井垣、新温泉町の高垣などが多い。

● 淡路島の名字

　離島の名字は本土と違って独特であることが多い。というのも、離島はどうしても人の行き来が少なくなり、新しい名字が流入してこないからだ。しかし、淡路島は島とはいいながら淡路国という一国として扱われているだけではなく、瀬戸内海にあって古くから人の行き来が多かったため、それほど独特の名字が多いというわけではない。

　平成の大合併以前、淡路島には11の自治体があり、各自治体の最多は、洲本市＝山本、五色町＝斉藤、南淡町＝阿部、三原町＝榎本、西淡町＝原、緑町＝長尾、東浦町＝森、津名町＝高田、淡路町＝長野、北淡町＝浜田、一宮町＝石上、とすべて違っていた。現在でも、洲本市が山本・中野・田中、南あわじ市が山口・阿部・榎本、淡路市が森・高田・浜田と、島内3市のベスト3はすべて異なっている。

　なお、独特の名字としては、南あわじ市の居内・納、洲本市の鯛・炬口、淡路市の戎・宗和・凪・東根などがある。このうち、炬口は洲本港近くの地名がルーツである。

● 源氏の嫡流摂津源氏

　「源平藤橘」といわれる四大姓のうち、武家の中心といえるのが源氏である。源氏とは皇族が天皇家を離れた際に天皇から賜った姓で、その始祖となる天皇によって、清和源氏、村上源氏、嵯峨源氏、宇多源氏など多くの流れがある。

　このうち最も栄えたのが清和天皇の末裔にあたる清和源氏で、源頼朝を

はじめ、足利尊氏、新田義貞、武田信玄、今川義元、吉良上野介などはみな清和源氏の末裔。さらに徳川家康や蝦夷の松前家など、自称しているものまで含めると、かなりの数に及んでいる。

　清和源氏はあまりにも数が多いため、通常はその本拠とした場所をとって、常陸源氏、甲斐源氏、信濃源氏、美濃源氏、大和源氏、摂津源氏、河内源氏などと区別している。摂津源氏は、清和源氏の祖源経基の長男満仲の子孫のため、系図上では摂津源氏が清和源氏の嫡流とされる。

　この摂津源氏が本拠地としたのが摂津国川辺郡多田荘、現在の兵庫県川西市付近である。摂津源氏の嫡流は多田に住んだことから、やがて多田を名字とした。多田一族はその後没落して清和源氏嫡流の地位を失い、代わって河内源氏が武家源氏の棟梁となった。源頼朝は河内を本拠とはしていないが、河内源氏の嫡流である。

　摂津源氏の一族には、平氏政権のもとで源氏として唯一活躍した源頼政がいるほか、能勢氏、田尻氏、溝杭氏、平岡氏などが末裔。また、土岐氏に代表される美濃源氏は摂津源氏の庶流にあたる。

◆兵庫県ならではの名字

◎阿江

　兵庫県独特の名字で、全国の7割以上が県内にある。県内でも大半が西脇市と加東市に集中している。赤松氏の一族で、元は阿閇氏と書いた。阿閇重兼は天正6（1578）年別所長治に従って三木城に籠城、開城後は加東郡河高村（加東市）で帰農した。子正友は、その子九郎兵衛とともに姫路城主木下家定の命で加古川を開鑿し、加古川の水運を開いた。以後、代々滝野舟座を管理した。

◎太田垣

　兵庫県北部独特の名字。但馬国朝来郡には古くから太田垣氏がおり、但馬国造日下部氏の子孫という。南北朝時代頃から活動がみえ、室町時代には竹田城（朝来市和田山）に拠って山名氏の被官となり、山名四天王の一つといわれ、備後守護代や但馬守護代を務めた。戦国時代には生野銀山を支配していた。天正5（1577）年豊臣秀吉に攻められて落城、以後はよくわからない。

◎嘉納

　御影の旧家で、御影沢の井の水で酒を造って後醍醐天皇に献上したとこ

ろ、天皇が嘉納（進物を受け取ること）したため、嘉納の名字を賜ったと伝える。本嘉納といわれる本家は江戸初期に材木商の副業として酒造りを始め、中期には酒造業に専念した。本家の本嘉納家が「菊正宗」、分家の白嘉納家が「白鶴」で知られる。また灘校の経営家としても有名。

◎神吉 (かんき)

全国半数以上が県内にあるという兵庫県独特の名字。印南郡神吉荘（加古川市）がルーツで、現在でも加古川市周辺に集中している。中世には印南郡の国人に神吉氏がいた。清和源氏といい、神吉城に拠って、戦国時代は三木別所氏に従っていた。天正6（1578）年頼定の時、落城し討死した。

◎久下 (くげ)

丹波地区の名字。武蔵七党私市党の出で、私市家盛の弟為家が武蔵国大里郡久下郷（埼玉県熊谷市）に住んで久下氏を称したのが祖といわれるが、異説もある。承久の乱後、直高が丹波国氷上郡栗作郷（丹波市山南町）の地頭となって下向した。南北朝時代に時重は足利尊氏に従って玉巻城（丹波市山南町玉巻）に拠り、丹波を代表する国衆に成長した。天正7（1579）年重治のとき、明智光秀の丹波侵攻で滅亡した。

◎上月 (こうつき)

播磨国佐用郡上月（佐用郡佐用町）がルーツで、赤松氏の一族。延元元（1336）年上月城を築城、代々赤松氏の重臣として活躍したが、嘉吉元（1441）年の嘉吉の乱で没落した。全国の半数以上が県内にあり、とくに姫路市と加東市に集中している。

◎辰馬 (たつうま)

灘五郷の一つ西宮の名家。本家は「白鹿」、分家の北辰馬家は「白鷹」の醸造元として有名である。明治維新後は、辰馬汽船や、興亜火災海上保険を経営するなど、実業界でも活躍する一方、地元西宮市長なども出しているほか、甲陽学院高の経営でも知られる。

◎依藤 (よりふじ)

兵庫県独特の名字。播磨国加東郡の国人に依藤氏があり、応仁の乱の際、則忠は赤松政則に従って活躍し、以後豊地城（東条城、小野市）に拠って赤松氏に従う。永禄2（1559）年別所氏に滅ぼされ、一族は江戸時代に帰農して庄屋を務めた。現在も西脇市周辺に集中している。

I　歴史の文化編　　73

◆兵庫県にルーツのある名字

◎英保

播磨地方の名字で、姫路市や宍粟市にある。播磨国飾磨郡英保郷（姫路市）がルーツ。中原姓で同地の地頭を務めていた。室町時代には赤松氏に属し、美作守護代も務めた。

◎阿万

淡路国三原郡阿万荘（南あわじ市）がルーツで、水軍を率いた。南北朝時代、南朝方の武士に阿万六郎左衛門尉の名がみえる。現在でも南あわじ市に多い。

◎魚住

播磨国明石郡魚住荘（明石市魚住）をルーツとする名字。同荘の魚住氏は大中臣姓で、南北朝時代に魚住城を築城し赤松氏に属した。室町時代には播磨を代表する国衆の一人であった。戦国時代は魚住城に拠って三木別所氏に従ったが、天正8（1580）年吉治の時別所氏とともに滅亡した。現在は明石市から三木市にかけてと淡路市にある。

◎淡河

播磨国美嚢郡の国衆に淡河氏がいた。北条時房の孫時治が同郡淡河荘（神戸市北区淡河町）を領して淡河氏を称したのが祖。戦国時代は国人として淡河城に拠り、別所氏に属した。天正7（1579）年落城した。本来は「おうご」だが、現在は「おごう」とも読み、神戸市付近にある。

◎加集

淡路国三原郡の国人。同郡賀集郷（南あわじ市）発祥。賀集氏の一族。天正11（1583）年賀集盛政が加集杢之助と改称、同13年洲本城主となった脇坂安治に仕えた。元和3（1617）年脇坂氏が信濃飯田に転じた際に、盛親が木下陣屋代官となって箕輪1万石を領した。以来3代にわたって箕輪を治め、新田開発に成功するなど名代官として知られた。寛文12（1672）年播磨竜野に移った。現在は神戸市などにある。

◎瓦林

中世、摂津国武庫郡の国衆に瓦林氏がいた。同郡瓦林荘（西宮市）がルーツで、河原林とも書く。瓦林正頼は応仁の乱では東軍に属し、のち細川高国に仕えた。越水城を築城して拠っていたが、三好之長に敗れて落城、高国に内通の嫌疑をかけられて自刃した。一族の瓦林越後は荒木村重に仕え、

茶人としても知られた。現在は少なく、西宮市に集中している。

◆珍しい名字

◎国府寺（こうてら）

姫路城下を代表する豪商に国府寺家があった。播磨国司の末裔で、中世には飾東郡志深荘（姫路市）に政所を置いて国政をみていたという。慶長14（1609）年に姫路城主池田輝政より城下本町に屋敷を拝領、以後藩主が替わっても代々姫路町の大年寄を務めた。

◎田結庄（たいのしょう）

兵庫県独特の珍しい名字。但馬国城崎郡に古くから田結庄氏がおり、桓武平氏という。平盛継は源平合戦後に但馬国城崎郡気比に隠れ住み、子盛長は同郡田結荘（豊岡市出石町田結庄）に住んで田結庄氏を称したと伝える。室町時代には守護山名氏に従い、戦国時代是義は鶴城（豊岡市）に拠って山名氏四天王の一人といわれた。現在も豊岡市付近にある。

◎田（でん）

丹波国の旧家に田家がある。坂上田村麻呂の子孫という田村忠助が名字の田村を省略して田と称したのが祖。忠助は織田信包に仕えて丹波国氷上郡柏原（丹波市柏原町）に移り、のち帰農した。江戸初期の女流俳人田捨女は忠助の孫にあたる。明治維新後、田健治郎は官僚となり男爵を授けられた。

◎波々伯部（ははかべ）

丹波国多紀郡波々伯部保（篠山市）をルーツとする名字。藤原北家という。波々伯部保の開発領主とみられ、鎌倉初期の承久年間から同地に波々伯部氏がいたことが知られる。なお、地名は「ははかべ」だが、名字は「ほうかべ」ともいう。

◎寄神（よりがみ）

神戸市付近に多い名字。寄神とは海上から漂着した神のこと。淡路市の産土神貴船神社は通称寄神神社といい、近くには寄神という浜辺もあり、これに因むか。

〈難読名字クイズ解答〉
①あぐい／②いおきべ／③うにがめ／④かんの／⑤くあいた／⑥ぐみ／⑦けたしゅ／⑧さかくに／⑨さしがね／⑩しほら／⑪しゃくつい／⑫とそ／⑬のうねん／⑭ゆうだ／⑮わだつみ

Ⅰ　歴史の文化編　75

Ⅱ

食の文化編

米／雑穀

地域の歴史的特徴

1876（明治9）年には兵庫、飾磨、豊岡、名東の4県が統合されて現在の兵庫県の姿になった。北部は日本海、南部は瀬戸内海に面し、淡路島の先には紀伊水道が広がっている。この地には天智天王の昔、唐や新羅に備えた武器庫があった。兵は武器、兵庫は武庫ともいい、県名は兵器庫、武器庫の置かれた地に由来する。

1840（天保11）年、魚崎郷と西宮郷で酒造りをしていた櫻政宗の6代目山邑太左衛門は、西宮の梅の木蔵の井戸水を魚崎でも用いて仕込んだところ西宮と同様に優良な酒ができた。これによって、灘地域などの酒造家は皆、宮水（西宮の水）を使うようになった。

灘一帯の酒造地を灘五郷とよぶ。現在の範囲は、西宮市今津、西宮、神戸市東灘区魚崎、御影、神戸市灘区西郷である。「灘の生一本」で知られ、酒造りに適した宮水が湧く。神戸市中央区の松尾神社には「酒の神」が祀られている。

酒米好適米の「山田錦」発祥の地である多可町中区には山田錦誕生のきっかけをつくった山田勢三郎の頌徳碑が建立されている。多可町は山田錦誕生70周年の2006（平成18）年に「日本酒で乾杯のまち」を宣言している。

コメの概況

兵庫県の耕地面積に占める水田の比率は91.3％と9割を超えており、全国で富山県、滋賀県に次いで高い。水田は、瀬戸内海に流入する河川流域の平野や、県北部や中部の盆地や平地に広がっている。降水量が少ないこともあって、兵庫県内のため池の数は4万3,000余カ所で全国の21.9％を占め、全国で最も多い。

水稲の作付面積の全国順位は13位、収穫量は14位である。収穫量の多

い市町村は、①豊岡市、②丹波市、③神戸市、④篠山市、⑤姫路市、⑥三木市、⑦加西市、⑧加東市、⑨南あわじ市、⑩小野市の順である。県内におけるシェアは、豊岡市8.0％、丹波市7.3％、神戸市6.3％、篠山市5.8％などで、県内各地に広がっている。豊岡市は、「コウノトリ育む農法」など環境創造型農業を提唱しており、市内では農薬に頼らないアイガモ農法なども拡大している。

　兵庫県における水稲の作付比率は、うるち米81.7％、醸造用米16.6％、もち米1.8％である。作付面積の全国シェアをみると、うるち米は2.2％で全国順位が埼玉県、長野県、滋賀県、熊本県と並んで14位、醸造用米は29.6％で全国一、もち米は1.1％で福井県、島根県と並んで23位である。県南西部の播磨平野でつくられるコメは播磨米として知られている。播磨平野は日本酒の原料となる酒米「山田錦」の産地でもある。

知っておきたいコメの品種

うるち米

（必須銘柄）キヌヒカリ、コシヒカリ、どんとこい、日本晴、ヒノヒカリ
（選択銘柄）あきたこまち、あきだわら、かぐや姫、きぬむすめ、たちはるか、中生新千本、にこまる、ハナエチゼン、ヒカリ新世紀、兵庫ゆめおとめ、フクヒカリ、ほむすめ舞、みつひかり、ミルキークイーン、むらさきの舞、ゆうだい21、ゆかりの舞、夢ごこち、夢の華

　うるち米の作付面積を品種別にみると、「コシヒカリ」が最も多く全体の43.0％を占め、「ヒノヒカリ」（22.1％）、「キヌヒカリ」（18.9％）がこれに続いている。これら3品種が全体の84.0％を占めている。

- **コシヒカリ**　主産地は但馬、丹波、阪神各地域である。収穫時期は8月下旬～9月上旬である。2015（平成27）年産の1等米比率は78.8％だった。食味ランキングは、2013（平成25）～15（同27）年産については県内全域、2016（平成28）年産については県北産が最高の特Aである。
- **ヒノヒカリ**　主産地は播磨地域である。収穫時期は10月下旬である。2015（平成27）年産の1等米比率は80.7％だった。県南産「ヒノヒカリ」の食味ランキングはAである。
- **キヌヒカリ**　主産地は播磨、阪神、淡路各地域で、県中南部を中心に栽

Ⅱ　食の文化編　　79

培されている。収穫時期は9月中旬～9月下旬である。

● **きぬむすめ**　県南産「きぬむすめ」の食味ランキングは2015（平成27）年産で初めて最高の特Aに輝いた。

もち米

（必須銘柄）はりまもち、マンゲツモチ、ヤマフクモチ

（選択銘柄）なし

　もち米の作付面積の品種別比率は「はりまもち」が最も多く全体の35.9％を占め、「ヤマフクモチ」（19.2％）、「マンゲツモチ」（16.4％）がこれに続いている。この3品種が全体の71.5％を占めている。

● **はりまもち**　兵庫県が「中生新千本と兵系26号のF1」と「兵系糯30号とにしきもちのF1」を交配し1986（昭和61）年に育成した。玄米は細長く、やや小粒である。

醸造用米

（必須銘柄）五百万石、山田錦

（選択銘柄）愛山、伊勢錦、いにしえの舞、白菊、新山田穂1号、神力、たかね錦、但馬強力、杜氏の夢、野条穂、白鶴錦、兵庫北錦、兵庫恋錦、兵庫錦、兵庫夢錦、フクノハナ、辨慶、山田穂、渡船2号

　醸造用米の作付面積の品種別比率は「山田錦」が最も多く全体の87.8％を占め、「五百万石」（3.8％）、「兵庫夢錦」（2.0％）がこれに続いている。この3品種が全体の93.6％を占めている。

● **兵庫夢錦**　兵庫県が「菊栄」「山田錦」の交配種と「兵系23号」を交配して1993（平成5）年に育成した。西播磨地区に適する。

知っておきたい雑穀

❶小麦

　小麦の作付面積の全国順位は16位、収穫量は18位である。栽培品種は「シロガネコムギ」などである。主産地はたつの市、姫路市、神河町、加西市などである。

❷六条大麦

　六条大麦の作付面積の全国順位は9位、収穫量は10位である。栽培品種

は「シュンライ」などである。作付面積では、稲美町が県全体の67.9%を占めてリードし、加古川市（18.4%）、加東市（3.1%）と続いている。

❸はだか麦

はだか麦の作付面積の全国順位は11位、収穫量は12位である。作付面積では、福崎町が県全体の93.6%と大宗を占めている。

❹トウモロコシ（スイートコーン）

トウモロコシの作付面積の全国順位は13位、収穫量は14位である。主産地は丹波市、豊岡市、明石市などである。

❺そば

そばの作付面積の全国順位は24位、収穫量は26位である。主産地はたつの市、姫路市、佐用町、豊岡市、三田市などである。

❻大豆

大豆の作付面積の全国順位は18位、収穫量は20位である。県内のほぼ全市町で広く栽培されている。主産地は篠山市、たつの市、加東市、姫路市、丹波市などである。丹波地方は、粘土質の土が大豆の栽培に適しているため、古くから黒大豆が栽培されてきた。大粒で「丹波篠山黒豆」とよばれている。この黒豆は京料理にも欠かせない食材である。栽培品種は「サチユタカ」「青大豆」「丹波黒」「早生黒」などである。

❼小豆

小豆の作付面積、収穫量の全国順位はともに北海道に次いで2位である。主産地は丹波市、神河町、篠山市、香美町などである。

コメ・雑穀関連施設

- **淡山疏水**（神戸市、稲美町）　この地域は瀬戸内海に面する印南野台地である。淡山疏水は、1891（明治24）年に完成した26.3kmの淡河川疏水と、1919（大正8）年に完成した11kmの山田川疏水からなる。これによって、新田開発が進み、畑作が中心だった台地での米作への転換が進んだ。戦後、国営東播用水農業水利事業を行い水源を補強した。

- **東条川用水**（篠山市、三田市、加東市、小野市）　神戸市の北に位置し、加古川左岸に広がるこの地域はかつて干ばつの常習地帯だった。1947（昭和22）年に国営東条川農業水利事業が始まり、鴨川ダム、鴨川導水路やため池群が築造された。今日では、「播州米」の他、酒米の「山田錦」

Ⅱ　食の文化編　　81

を産出する農業地域に変貌している。

- **いなみ野ため池ミュージアム**（明石市、加古川市、高砂市、稲美町、播磨町）　東播磨地域のため池群の池一つ一つを展示物、全体を博物館と見立てている。非かんがい期に上流で取水した水を、数多くのため池をつくって貯め、池を水路で結んで反復利用する水利システムを構築している。少雨のうえ、地形的に河川からの取水の困難な地域ならではの知恵である。
- **西光寺野台地のため池群**（姫路市、福崎町）　西光寺野は馬の背状の台地のため、用水が不足し、江戸時代からため池を築造してきたが、決壊が何度も発生した。このため、上流の岡部川から非かんがい期に取水し、主なため池6カ所を整備してかんがいを行う大事業に取り組み、1915（大正4）年に完工した。今日、ため池群は200万 m³ を超える貯水量をもち、300 ha 以上の耕地を潤している。
- **尼崎市立田能資料館**（尼崎市）　史跡公園内に、弥生時代の小区画水田をイメージした田んぼをつくり、多様な古代米を育てている。5月に直播と種まき、6月に田植え、7月と8月に稲の観察、10月稲刈り、11月収穫した稲を脱穀して炊飯し試食、といったスケジュールである。

コメ・雑穀の特色ある料理

- **神戸牛ステーキ丼**（神戸市）　神戸市には明治の初めから外国人が住むようになり、彼らの好む食べ物が発達した。但馬牛の子牛をもとにした神戸ビーフのステーキもその一つで、神戸名物になっている。そのステーキをご飯の上にのせたどんぶりである。
- **たこ飯**（明石市）　タコが旬の夏場には、ナマダコの足や頭をぶつ切りにし、コメ、しょうゆ、水とともに炊き込む。冬場は、干しダコを使う。軽く火にあぶり、熱いうちに刻んで、しょうゆ、酒に一晩漬けて柔らかくする。それをコメとともにつけ汁ごと炊く。
- **鯛茶漬け**（明石市）　明石海峡で獲れるマダイは明石ダイとよばれる。これを三枚におろして、上身、下身の皮をむいて薄い刺し身にする。これにしょうゆ、みりん、すりごまを合わせたたれに付ける。ご飯に刺し身をのせ、ネギ、ワサビなどを入れ、熱いお茶をそそぐ。
- **黒豆ご飯**（丹波篠山地方）　黒豆は、昼夜の気温差の大きい同地方の特

産である。3合分の場合、米2.5合、もち米0.5合を混ぜてとぎ、炊飯器に20分くらいつける。生の黒豆は弱火で10分程度炒り、炊飯器に塩とともに入れて炊き、炊き上がったらよく混ぜてむらす。丹波地方の家庭でよく食卓に上がる食べ方である。

コメと伝統文化の例

● **清水のオクワハン**（明石市） 一般的にはサナブリとよばれる田の神を送る祭りの一種である。桑の木でつくった小さな鍬（オクワハン）を「上の田」の水の取り口で水につけた後、水田を歩き、田植えの終わったことを祝う。明石市の指定登録文化財である。開催日は毎年6月下旬の日曜日。

● **神事舞**（加東市） 上鴨川住吉神社の神事舞は、五穀豊穣などを願って約700年続いている伝統芸能である。田楽、扇の舞、能舞などが奉納される。国指定重要無形民俗文化財である。開催日は毎年10月第1週の土曜と日曜。

● **養父のネッテイ相撲**（養父市） 養父市奥米地の水谷神社の祭りで行われる作物の実りを感謝し、悪霊を鎮める習俗である。氏子の成年男子2人が向き合って四股を踏み、互いの首を抱え込んで一回りするといった所作を繰り返す。奥米地の各戸が10組に分かれ、順に世話役を務める。開催日は毎年10月第2週の月曜日。

● **海上傘踊り**（新温泉町） 江戸時代から伝承される雨乞いの踊りである。徳川時代末期に大干ばつの際、農夫の五郎作が三日三晩、冠笠をまとって踊ったところ大雨が降って飢饉から脱したことが起こりである。現在はたくさんの鈴を付けた絵模様の傘を用いる。開催日は毎年8月14日。

● **出石初午大祭**（豊岡市） 但馬に春の到来を告げる五穀豊穣、商売繁盛を願う祭りである。会場は出石城跡内の稲荷神社とその周辺である。江戸時代から400年余りの伝統がある。出石の藩主が年に一度、初午の日に城の大手門を開放して、城内の稲荷神社に町民の参詣を認めたことが始まりである。1日目の宵宮は子ども成長祈願祭など、2日目は本宮、3日目は後縁祭である。開催日は毎年3月第3土曜日を中心とした前後3日。

Ⅱ　食の文化編

こなもの

明石焼き

地域の特色

　近畿地方の北部に位置し、かつての播磨・但馬・淡路の3つの国と摂津と丹波の一部に当たる。北は日本海に面し、中央部は中国山地、南部は瀬戸内海に面する播磨平野があり、それぞれの気候は全く共通性がない。淡路島は、播磨灘と大阪湾に面する地域に分けられる。県庁の所在地の神戸市は、兵庫県の西部に当たり、古くから瀬戸内海航路の要港であった。兵庫は神戸の旧名である。奈良時代頃から賑やかな港だったが、幕末に開港の場のひとつとして発展した。同じ開港の地でも横浜はアメリカ文化の匂いがあるのに対して、神戸はヨーロッパ文化を感じる街であった。

　北部は山がちで、日本海沿岸まで山が接近し、冬は寒く、降雪の多い日本海式の気候である。南部は、東を六甲山地と西を播磨平野が占め、瀬戸内海に面していて、降水量は少なく、冬は瀬戸内海の影響で暖かい。沖合には淡路島がある。中央部は、山間地で、夏は暑く、冬は寒い内陸型の気候である。江戸時代には瀬戸内海では干拓して農地や塩田として利用した。

食の歴史と文化

　江戸時代には地場産業として伊丹・池田(のちの灘)の酒造業、赤穂の製塩業、龍野の醤油・手延べ素麺が栄えていた。

　龍野地区は揖保川とその流域の平野で栽培される小麦を利用した淡口醤油、素麺を作るのに適していて、現在でも続き栄えている。灘は江戸時代から酒造業が盛んなのは、酒米の「山田錦」の栽培に適していることと、気候や水質が酒造りに適していることから発展したといえる。

　漁業については、日本海側ズワイガニ、スルメイカ、ホタルイカ、カレイのほか深海魚のノロゲンゲが漁獲され、瀬戸内海ではマダイ、イカナゴ、スズキ、アナゴ、ハモなどが漁獲される。

　兵庫県の代表的伝統料理には明石焼き、アナゴ料理(アナゴの蒲焼き)、

荒湯豆腐、播州素麺、ぼたん鍋、サワラの味噌漬けなどがある。

「明石焼き」は「明石玉子焼き」といい、たこ焼きである。薄く溶いた小麦粉の生地に卵を入れて、中心にタコ片を入れて焼く。大阪のたこ焼きのように硬くなく、熱いうちにふわふわのたこ焼きを鰹節と昆布のだし汁に浸して食べるもので、大阪のたこ焼きが男性的な食感なら、明石のたこ焼きは女性的な食感であるといえよう。播州素麺は「揖保の糸」の名で知られている素麺である。龍野でとれる小麦と近くを流れる揖保川の水を利用した手延べ素麺で、江戸時代の中期の文化年間（1804～18）に始めている。

知っておきたい郷土料理

だんご・まんじゅう類

①たかきびだんご

城崎郡地域では、ハレの日にはもち米の粉のだんごを作るが、食べたいときには、だんごをモロコシ（タカキビ）の粉で作る。モロコシも寒ざらしにしてから粉にすると虫がつきにくくなる。

たかきびだんごは、米粉のだんごの粉とタカキビの粉を混ぜ、捏ねて、丸めて作る。これをみそ汁やぜんざいに入れて食べる。

②よもぎだんご

篠山では、春になってヨモギが芽を出し始めると、芽を摘み、茹でて、晒して絞り、乾燥させる。原料の粉は、寒ざらししたくず米の粉でだんごの生地を作る。だんごが蒸し上がる前にヨモギを入れる。だんごの生地は丸太ん棒で形を整え、輪切りにし焼いて食べるか、熱いうちにちぎって餡を入れることもある。お雛様にはヨモギだんご、白だんご、キビ入りだんごの三色として、菱形に切って、菱餅にする。

③かしわもち

うるち米の粉を湯で捏ねて蒸し、臼で搗き、だんごの生地を作る。一口大にちぎった生地で小豆餡を入れて柏餅の形に包み、柏の葉を当てて蒸す。草餅用に用意したヨモギを入れて搗き、草餅のような生地にするものもある。端午の節句に作り供える。篠山町ではかしわもちを作るときの米粉は湯を加えて蒸したものを、のばすときに各農家で各自工夫した小道具を使

Ⅱ　食の文化編　　85

うのがこの町のならわしであった。

④やくもち

　ミョウガの葉が大きくなる季節に、ミョウガの葉で包んで作る餅で、間食に利用する。小麦を皮ごと挽いた赤い粉を使うのが特徴である。この赤い小麦粉に塩を入れ、水を加えて餅の生地を作る。生地で小豆餡やエンドウマメの餡を入れて包み、さらにミョウガの葉で包んで蒸す。

⑤瓦せんべい

　神戸市の小麦粉せんべい。瓦せんべいの発祥は、神戸市亀井堂総本店といわれている。明治6（1873）年に、これまで神戸元町の松花堂本店に奉公していた松井佐助が、独立して亀井堂総本店を開店して瓦せんべいを焼いたのが、瓦せんべいの由来と伝えられている。現在、名物の瓦せんべいは東京・神奈川・香川にもある。東京の亀井堂は、神戸の亀井堂の流れであり、「葵の紋」の焼き目があり、高松の瓦せんべいは松平藩の玉藻城の瓦形を模している。

　瓦せんべいは、小麦粉に砂糖・卵・蜂蜜・重曹を混ぜ合わせ、水を加えて練った生地を鉄板の上で押し焼きしたものである。焼きたての温かいうちは軟らかいが、冷える小麦粉の中で飴状に砂糖が固まるので、パリッとした食感となる。

⑥炭酸せんべい

　宝塚から有馬一帯に沸きでる炭酸水には、沢山の重曹が含まれている。小麦粉・でん粉・砂糖をこの湧き水で練ると、湧き水の中の重曹が膨張剤となる。この生地を薄焼きしたせんべい風に仕上げたものである。この重曹はアルカリ性なので、生地の小麦粉のフラボノイドが発色して黄色になるのもこのせんべの特徴である。丸く大形でサクサクした食感である。

⑦かしわもち

　兵庫県下の柏餅は、餡を包んだ蒸した餅は、サルトリイバラで包む。兵庫県では、柏餅を「バタコ」といっている。柏の葉の代わりにサルトリイバラのほか、クマザサや楢の葉も使う。

お焼き・焼きおやつ・お好み焼き・たこ焼き類

①明石焼き

　明石の玉子焼きともいわれている。薄い濃度に溶いた小麦粉の生地に、明石産の明石ダコ・卵黄を入れて、やわらかい食感のだしまき風に焼き、熱いうちにカツオ・コンブのだし汁をつけて食べる。皮のふわふわした食感とタコの歯応えが魅力ある美味しさになっている。

　江戸時代中期の天保年間（1830～44）に、江戸の鼈甲細工師の江戸屋岩吉が、金比羅参りの帰りに明石に立ち寄り、卵白の粘着力を利用して、つげの木から明石珠を作り評判となったという。明石の住人の向井氏が、明石珠を作るときに余った卵黄にコンニャクを入れて、明石の卵焼きを作り出したのが、明石焼きのルーツであると伝えられている。

　生地には溶き卵の入った薄い生地で、出来上がりがソフトで、だし汁をつけて食べる。明治時代の中頃に創作されたらしい。

②肉天

　賽の目に切った牛肉の筋肉やコンニャク、ジャガイモなどを砂糖と醤油で煮ておく。水で薄い濃度に溶いた小麦粉を鉄板に流し、その上に煮た具をのせ、削り節や青ネギを散し、さらにその上に小麦粉の生地を流して、両面を焼く、お好み焼きのようなもの。

麺類の特色

　兵庫県の播州の手延べ素麺は「揖保の糸」の商品名で知られている。この平野では揖保川の水に恵まれ、小麦の生産が多い。この小麦を利用し、龍野を中心に播州素麺や淡口醤油が作られている。播州地区では江戸時代中期の文化年間（1802～18）の頃、冬の農作業の副業として素麺づくりが始められた。

　但馬の静かな城下町出石には「出石・手打ち皿そば」がある。城下町ブームで町内には「皿そば」の店が乱立している。出石でそばが作られるようになったのは、宝永3（1706）年に信州の上田から国替えになって出石に移った仙石氏がそば職人を連れてきたことが始まりと伝えられている。信州のそばが出石に伝わってから300年以上がたち、出石に根付いている。出石の土と水に馴染み、黒くやや太めの麺であり、淡白で素朴な味が特徴。昭和の中頃までは、冬の4カ月のみの営業で、春から秋にかけては、そば

粉の保存性から品質が劣化するので、食べられなかった。

めんの郷土料理

①播州そうめん

　播州で生産している良質の小麦、赤穂の塩、揖保川の水が、喉越しのよいそうめんを作り上げている。

②にゅうめん

　冬は温かいにゅうめんを食べる。ダイコン、ネギ、サトイモ、水菜などの野菜、川魚などの具を入れたみそ汁に、茹でた温かいそうめんを加える。

③鯛めん

　祝いごとや祭りには、鱗と内臓を除いた鯛を丸ごと大鍋で煮て、皿に盛る。煮汁は酒、醤油、砂糖などで調味する。鯛の煮汁でそうめんを煮て、鯛の回りに盛る。

④年越しそば

　年越しそばは、除夜の鐘を聞きながら、油揚げ、豆腐、ゴボウ、キノコの入ったそば汁に入れて食べる。

⑤なさそば（奈佐そば）

　但馬地方の出石・奈佐・床瀬地方のそばで、つなぎにヤマイモを入れる手打ちそば。

⑥皿そば

　豊岡市の出石のそばで、中くらいの大きさの平皿に盛られて提供される。そばちょこに卵や山芋にネギなどの薬味を加え、そばつゆと一緒に食べるのが、出石の皿そばの食べ方といわれている。1回で20枚も食べる男性もいる。一皿が普通の店のもりそばの半分程度の量である。黒いそばを濃厚なそばつゆで食べるのがよい。

⑦ばち汁

　バチのみそ汁ともいわれている。バチとは三角形の三味線のバチの形に似ているそうめんの生地を、みそ汁の具にすることから、ばち汁という。すなわち、そうめんのめん線を作った後に残る三角形の生地をみそ汁の具にする。

▶ 淡路島特産の鳴門オレンジはシェア100%

くだもの

地勢と気候

　兵庫県は、北は日本海に面し、南は瀬戸内海、太平洋を望んでいる。県土の中央部のやや北寄りを中国山地の延長である播但山地が横断している。その東部は丹波高地で、県土を日本海側と瀬戸内側に分けている。瀬戸内側には沖積平野が広がっている。

　気候も播但山地を境に、冬に降水量の多い北側の日本海型と、冬は乾燥した晴天が続き雨の少ない南側の瀬戸内型に分かれる。南側のうち、南東部は大阪湾に面し、六甲山地の影響で梅雨の時期に局地的に大雨が降ることがある。南西部は播磨灘に面し典型的な瀬戸内型の気候である。淡路島は春先から梅雨期に霧が多く発生する。

知っておきたい果物

サンショウ　サンショウの栽培面積の全国順位は3位、収穫量は5位である。主産地は篠山市、丹波市、香美町、神戸市などである。

　神戸市北区有馬町は、江戸時代からのサンショウの産地である。この地域で採れる「有馬山椒」を材料にして、地元ではサンショウ入りの佃煮、サンショウオイル、サンショウみそなどを商品化している。

イチジク　イチジクの栽培面積の全国順位は4位、収穫量は5位である。主産地は川西市、神戸市、小野市、淡路市、洲本市、南あわじ市、太子町などである。出荷時期は8月〜10月頃である。

　1909（明治42）年に広島県の苗業者だった桝井光次郎が米国から北米原産のドーフィン種を持ち帰り各地で試行錯誤を繰り返しながら、果樹地帯だった川西で新品種の栽培に成功し、「桝井ドーフィン」をつくり出した。これによって、川西市は現代イチジク発祥の地とされる。現在、川西市のイチジク産地は市の南部地域に集中している。完熟したものを朝採りして

Ⅱ　食の文化編　　89

京阪神の市場を中心に出荷している。

太子町産のイチジクは「太子いちじく」として出荷される。

ビワ

ビワの栽培面積、収穫量の全国順位はともに8位である。主産地は洲本市、淡路市、南あわじ市などである。「淡路びわ」として6月～7月頃に出荷している。

クリ

クリの栽培面積の全国順位は7位、収穫量は12位である。主産地は猪名川町、丹波市、篠山市、宝塚市などである。出荷時期は9月～10月である。

「クリの王様」ともいわれる「銀寄」は北摂地方の原産である。川西市などで生産される「北摂栗」は1000年以上の歴史があり、朝廷や将軍家にも献上されていた。

ナツミカン

ナツミカンの栽培面積の全国順位は12位、収穫量は15位である。主産地は淡路市、洲本市、南あわじ市などである。

ユズ

ユズの栽培面積の全国順位は17位、収穫量は13位である。主産地は神河町、姫路市、養父市などである。出荷時期は10月～11月頃である。神河町産のユズは「神崎の柚子」として知られる。

ブドウ

ブドウの栽培面積の全国順位は14位である。収穫量の全国順位は茨城県と並んで16位である。主産地は神戸市、三木市、加西市などである。

加西市は古くからのブドウの産地で、「マスカット・ベリーA」「ピオーネ」「藤稔」などを生産している。「マスカット・ベリーA」は同市で昭和初期から栽培されている。加西市産の「マスカット・ベリーA」は「加西ゴールデンベリーA」として地域ブランドに登録されている。兵庫県の「ひょうご安心ブランド」の認定も受け、土づくりを基本とし、農薬や化学肥料の使用を逓減する生産態勢を整えている。ハウスものと露地ものがある。

サクランボ

サクランボの栽培面積の全国順位は、埼玉県、福井県、京都府、鳥取県、島根県、熊本県と並んで18位である。収穫量の全国順位は埼玉県、岐阜県、鳥取県、香川県、高知県、熊本県と並んで19位である。主産地は豊岡市、養父市、朝来市などである。

ミカン

ミカンの栽培面積、収穫量の全国順位はともに20位である。主産地は淡路市、南あわじ市、赤穂市、洲本市などである。

赤穂市産の「赤穂みかん」は市街を望む山の中腹で栽培されており、11月にはミカン狩りが楽しめる。

イチゴ

イチゴの作付面積の全国順位は10位、収穫量は21位である。主産地は神戸市、豊岡市、洲本市などである。

桃

桃の栽培面積、収穫量の全国順位はともに22位である。主産地は加東市、川西市、養父市、神戸市などである。

リンゴ

リンゴの栽培面積、収穫量の全国順位はともに24位である。主産地は西脇市、三木市、小野市などである。

カキ

カキの栽培面積の全国順位は30位、収穫量は25位である。主産地は神戸市、淡路市、養父市などである。

ブルーベリー

ブルーベリーの栽培面積の全国順位は31位、収穫量は16位である。主産地は養父市、洲本市、丹波市などである。

日本ナシ

日本ナシの栽培面積の全国順位は35位、収穫量は32位である。栽培品種は「二十世紀」などである。主産地は神戸市、新温泉町、豊岡市、養父市、丹波市などである。

ウメ

ウメの栽培面積の全国順位は、長崎県と並んで33位である。収穫量の全国順位は40位である。主産地はたつの市、三田市、淡路市などである。

ナルトオレンジ

漢字を入れて鳴門オレンジとも書く。古くは鳴門ミカンとよばれた。淡路島固有の中晩生種で、兵庫県だけで産出する。主産地は淡路市、洲本市などである。

江戸時代、徳島藩は阿波国（現在の徳島県）と淡路国（淡路島）を領有していた。淡路島は徳島藩の領地だったのである。現在の洲本市で武士が庭で栽培していた無名のかんきつに、鳴門海峡にちなんで鳴門と冠して命名したのも徳島藩の藩主だった。その後、1871（明治4）年の廃藩置県によって淡路島は兵庫県に編入された。

ナルトオレンジは香りが強く、酸っぱくて独特のほろ苦さがある。1945（昭和20）年頃の栽培面積は100ha以上だったが、現在はその1割程度に減少している。出荷時期は5月～8月頃で、個人的な市場への出荷や直売

が中心である。

メロン　　主産地は明石市、加古川市、西脇市、三木市などである。なお、姫路市西部で大正時代から栽培されている「網干（あぼし）メロン」はマクワウリの仲間である。果重は150ｇ前後のだ円形で、果色は緑白色、果肉は淡緑色である。糖度は15～16度である。

スモモ　　スモモの栽培面積の全国順位は、愛知県、長崎県と並んで29位である。収穫量の全国順位は40位である。主産地は明石市、加古川市、高砂市などである。

ナンコウ　　漢字では南香と書く。農林統計によると、ナンコウの全国のまとまった産地は、収穫量で約90％を占める宮崎県と、約10％の兵庫県だけである。主産地は淡路市などである。

キウイ　　キウイの栽培面積の全国順位は、京都府と並んで32位である。収穫量の全国順位は鳥取県と並んで33位である。

不知火　　不知火の栽培面積、収穫量の全国順位はともに19位である。主産地は洲本市、南あわじ市、淡路市などである。

ネクタリン　　ネクタリンの栽培面積、収穫量の全国順位はともに19位である。主産地は豊岡市、養父市、朝来市などである。

パッションフルーツ　　主産地は西脇市、三木市、小野市、加西市などである。出荷時期は7月～10月頃である。

地元が提案する食べ方の例

栗蒸し（篠山市）

　蒸しわんに、一塩のアマダイの切り身を入れ強火で蒸し、中まで火を通す。硬く泡立て、ゆでクリを混ぜた卵白をかけて再び蒸す。取り出して熱い吸い物汁をかけ、ユズの小口切りなどを浮かす。

栗もち（篠山市）

　クリはゆがいて、2つに割ってスプーンで中身を取り出し、つぶすか、裏ごしする。砂糖、塩を加えて煮て、クリあんにする。もちをついて回りにまぶすか、中にクリあんを入れる。

栗と小エビのマヨネーズあえ（篠山市）

　鬼皮のままゆでて中身をスプーンで取り出し塩で味をつけたクリと、殻付きのままゆでて殻をむき、塩、コショウした小エビをマヨネーズソース

で和え、レタスの上に盛る。

みかんとレタスのサラダ（洲本市）

　サラダ油、酢、塩、コショウ、卵でドレッシングをつくり、白菜、タマネギ、キュウリ、ミカン、リンゴを和える。卵を固ゆでにし、白身は短冊に切り、黄身は裏ごしして飾る。

レモンとレーズンのバタークッキー（洲本市）

　バターに砂糖を加えてすり混ぜ、全卵、レモン表皮を入れて乳化させる。振るった小麦粉を混合し、絞れる固さにする。プレートに星口金で渦巻き状に絞り、レーズンを散らし、焼く。

　　消費者向け取り組み

● みとろフルーツパーク　加古川市

Ⅱ　食の文化編　　93

魚　食

地域の特性

　瀬戸内海は関門海峡、明石海峡、鳴門海峡、豊予(ほうよ)海峡により外海と通じる内海といえる。瀬戸内海には、大小3,000の島が浮かび、複雑な海岸線や岸壁などを形成している。海底は砂泥や岩礁であり、静かな瀬戸内海で栄養分が豊富であり、魚介類の餌が豊富に存在し、食用とする魚介類も多い。ただし、産業排水、生活排水、高速道路などの建設、船舶の航行により海水や海底は汚染され、1960年代以来の産業開発や経済発展の以前に比べれば、水産資源は減少している。瀬戸内海は、産業構造の変化から江戸時代から塩田としていた地域はマダイやクルマエビの養殖場に使われるようになった。瀬戸内の静かな島々にはイカダや生け簀を設置したカキやハマチ、タイの養殖の格好の場所となっている。関門海峡や鳴門海峡の激流は、干満の差を利用した自然の力で、外洋と内海の栄養分やその他の成分の交換も行われているのである。

魚食の歴史と文化

　瀬戸内海に面する県は中国地方の兵庫県、岡山県、広島県、山口県の一部、四国の香川県、愛媛県であり、各地の食文化が存在している。兵庫県は、貿易港の神戸を抱えていることから外国の文化の影響を受けているところが多い。瀬戸内海に面する地域では、瀬戸内海で漁獲される魚介類に関連する日本的な伝統食品や郷土料理がある。「イカナゴの釘煮」「サバずし」「たこめし」、そして庶民的な「たこ焼き」（別名「明石焼き」「卵焼き」）がある。兵庫県には瀬戸内海に面する地域と日本海に面する地域、また丹後・但馬の山間部がある。これら三者の地勢や気候は全く違う。寒暖の差や積雪の多い地域や少ない地域がある。このため、地域により魚介類ばかりでなく野菜類などの食材にも違いがある。

94

知っておきたい伝統食品・郷土料理

地域の魚介類
瀬戸内海の海底は岩礁や砂泥で形成されているところが多いので、貝類、エビ・カニ類、タコ類、シャコなど定着性や小回遊の魚介類が多く生育している。外洋からはイカナゴ、カタクチイワシ、サワラなど表層を回遊する魚類が索餌や産卵のため季節回遊してくる。カキ、マダイ、ハマチなどの養殖ものも入手できる。マダイのように、春の産卵期には鳴門海峡の渦の中を回遊して瀬戸内海に入り、季節の「明石のタイ」となる。

瀬戸内海の春は、アサリ・ハマグリ・トリガイ・イカナゴ・サヨリ・マダイ（小ダイ）・カレイ（小ガレイ、デビラ）・サワラ・小エビ・クルマエビ・シャコ・ワカメが出回る。初夏から夏にかけては、イイダコ・キス・イサキ・ハモ・カワハギ・コチ・オコゼ・ハマチ・タコが、秋から冬にかけてはマイワシ・カタクチイワシ・ボラ・メイタガレイ・ヒラメ・イタボガキ・フグが出回る。

兵庫県の面する日本海では、早春にはブリ・カレイ・アマエビ・シロウオ・マダイ、夏から秋にかけてスルメイカ・サバ・サザエ、冬にはカキ・ズワイガニ・グジ（アマダイ）が出回る。珍しい魚としては、体表が粘質物で覆われているノロゲンゲが9月〜翌年5月までの間に漁獲されることもある。

兵庫県の魚市場にはシラス、イカナゴ、アナゴ、スズキ、カレイ、サワラ、ニギス、ハモが水揚げされる。

川魚としては、夏になるとアユが出回る。

伝統食品・郷土料理

①イカナゴの料理

● いかなごのくぎ煮　イカナゴの解禁の春は阪神間〜東播磨の沿岸地域では各家庭でいかなごのくぎ煮を作り、出来上がったものは親戚や知人に季節の便りとして贈る。生鮮イカナゴの稚魚を醤油・砂糖・味醂・ショウガなどで煮詰めた調味加工品である。1930年代（昭和の初め頃）に、兵庫県神戸市垂水区で作られたのが発祥とされている。「くぎ煮」は生鮮原料から作ったもので、煮干原料（かなぎちりめん）から作るものは

Ⅱ　食の文化編　　95

「佃煮」と区別している。小型のものは煮干に加工され、飴煮もイカナゴの煮干から作る。

② サバの料理

● さばずし　兵庫県の山間部では、秋祭りやその他のお祝いの日には、塩サバを使った棒ずしを作り祝う。瀬戸内海側の明石や宝塚でもサバの棒ずしを作ることもある。

● 祭りずし　コノシロとボラ、塩抜きした塩サバを酢で締めて、飯の上にのせ、すし箱に入れて重しをかける。3日頃から食べられる。姫路の秋祭り用のすし。

● 粕汁　塩サバ、根菜類、コンニャク、油揚げをだし汁で煮込み、すり鉢でよくすった味噌と酒粕の混合物を加えたもの。但馬地方の郷土料理。

③ タコ

● たこ飯　夏にはタコをいれたたこ飯を作る。干したマダコを使うこともある。明石地区では、干しマダコを保存食として作る。

● 明石焼き　明石の「たこ焼き」である。タコを入れた卵焼きをたこ焼き用の鉄板で焼くから「卵焼き」の名もある。淡味のだしをつけて食べる。

④ 魚の野焼き

● 宝楽焼き　海女たちが新鮮な海の幸を野焼きしたのが始まり。黒石を敷き詰めた鍋に魚介を入れ、丸ごと蒸し焼きにしたもの。

⑤ アナゴの料理

● 八幡巻き　高砂、赤穂はアナゴの名産地である。アナゴでゴボウを巻いたもの。兵庫県はアナゴが獲れるので、名物土産品としてアナゴ焼き（アナゴの蒲焼きのようなもの）がある。アナゴ専門店では刺身・天ぷら・煮つけなどいろいろな料理が提供される。

● 素焼き　素焼きはワサビ醤油で食べる。

● 蒲焼き・天ぷら　アナゴを蒲焼きや天ぷらにして食べる。

⑥ ブリ料理

● ツバスの酢煮　ブリは大きくなるにつれてツバス、ハマチ、メジロ、ブリと呼び名が変わる出世魚である。そのツバスの大きさのものを酒・味醂・醤油で煮て、少々酢を加えた酢煮である。明石の郷土料理。

⑦ マダイ料理

● 活き造り　明石のタイは活き造りで食べる。

- **浜焼き**　江戸時代からタイの塩釜焼きは作られていた。江戸中期の『倭訓栞』（安永 6（1777）年）に「鯛など塩を焼く釜の下に生ながら土に埋けて後焼くなり、その味いたってよろし」とある。タイの浜焼きは、尾頭付きのマダイを塩田の塩釜で蒸し焼きしたのが始まりである。瀬戸内海各地で作られている。明治時代になり、塩の専売法により浜焼き禁止された。現在はチダイやキダイで、調理場で作ることが多い。

⑧**イイダコ料理**
- **タケノコと炊き合わせ**　姫路産のイイダコは頭をタケノコと炊き合わせにする。
- **頭の天ぷら**　イイダコの頭を天ぷらにして食べる。

⑨**アユ料理**
- **アユの踊り食い**　兵庫県加東市を流れる加古川上流滝野川の名物料理。5〜6 月に獲れる全長 4〜5cm の稚アユを活きたまま酢味噌で食べる。風味付けに辛子、木の芽、タデを用いる。

⑩**その他**
- ・春のアサリは酒蒸し、夏のハマチ・クロダイ、秋のメイタガレイは洗いに、カワハギはみそ汁の実にする。
- ・トラフグは薄造り、から揚げ、雑炊などで食べる。
- ・夏のイカは刺身・照り焼き・丸焼きで賞味する。
- ・ズワイガニは茹でて三杯酢または二杯酢で食べる。
- ・ノロゲンゲは一塩干し、吸い物の具で賞味する。

肉 食

加古川かつめし

▼神戸市の1世帯当たりの食肉購入量の変化 (g)

年度	生鮮肉	牛肉	豚肉	鶏肉	その他の肉
2001	41,162	11,594	13,811	12,709	1,203
2006	40,405	9,176	14,874	12,873	1,404
2011	43,240	9,636	15,478	13,846	1,616

　兵庫県は、中国山地の東端の山々を境に、淡路島を含む瀬戸内海に面している地域、日本海に面している地域、瀬戸内海と日本海の間の山地と、大きく3地域に分けられる。それぞれ、気候、風土、農産物や水産物の種類も異なる。

　兵庫県は但馬牛が三田牛などの古くからの銘柄牛となるばかりか、三重県の松阪牛の幼牛となっている。また、兵庫県の一部の丹波地方の山々には野生の鳥獣が棲息し、これは、丹波地方のマタギ料理や郷土料理となっている。高地地域は、良質の牧草が育ち、畜産が盛んである。神戸牛、但馬牛、三田牛などの肉牛の銘柄牛が多く、ブロイラー、鶏卵、牛乳の生産も多い。山地の丹波地方は、マツタケや丹波黒（黒大豆）の産地であるが、ジビエの材料の野生のイノシシの棲息も多い。兵庫県の瀬戸内海・日本海・山地には全国的に知られている肉牛以外の銘柄食品も多い。たとえば、瀬戸内海ではアナゴ、マダイが水揚げされ、イカナゴの佃煮（くぎ煮）は各家庭で作ることでも知られている。日本海ではズワイガニ、スルメイカが水揚げされるが、近年ハタハタやホタルイカも水揚げされる。

　兵庫県の県庁所在地である神戸市は、1868（慶應3）年の開港以来、多様な外国文化をとりいれ、独自の生活文化や食文化、商業施設などを築き現在にいたる。古くて新しい街として若者に人気がある。1995（平成7）年の阪神・淡路大震災で受けた大きな被害は、市民一人ひとりの復興への努力により、被害を受ける前に比べて、市民の協力の力作として新しい神戸が誕生した。

　世界的な知名度のある銘柄肉牛が県内にあるにもかかわらず、神戸市の

凡例　生鮮肉、牛肉、豚肉、鶏肉の購入量の出所は総理府発行の「家計調査」による

1世帯当たりの各種食肉の購入量に関しては、年度による著しい差がみられない。

　神戸市の1世帯当たりの生鮮肉の購入量に対する各食肉の購入量の割合を求めた結果、牛肉の購入量は、2001年度が28.2％、2006年度は22.7％、2011年度は27.3％であった。2011年度の近畿地方の牛肉の購入量の割合は20.7％であり、神戸市の2011年度の牛肉の購入量は、近隣の購入量より多くなっている。2006年度の生鮮肉、牛肉の購入量減少はBSEなどの牛の感染症や鳥インフルエンザなどの感染が影響していると推測している。鶏肉の購入量の割合は、どの年度も近畿地方と神戸市の購入量の割合がほぼ同じであった。豚肉についても、神戸市の1世帯当たりの購入量の割合は、近畿地方の購入量の割合と著しい差はみられなかった。近畿地方は牛肉文化といわれているが、豚肉や鶏肉の購入量が多い傾向にある。すなわち、日常生活での食肉の利用は、豚肉や鶏肉が多いと考えられる。

知っておきたい牛肉と郷土料理

銘柄牛の種類

❶但馬牛
たじまうし

　神戸牛や近江牛などいろいろな銘柄牛の素牛となっている。黒毛和牛。繊細な肉質と独特のうま味がある。神戸牛や松阪牛の名で知られている肉牛は、但馬地方で生まれたウシ（但馬牛）を全国各地の肥育家に運び、受けた肥育家は各地で丹精こめて肥育し、その結果、高級和牛になる。産地ごとに気候や風土、育て方、餌などが異なるので、肥育されたウシは産地による食感や風味に違いがでてくるのである。つまり銘柄牛の誕生のスタートは但馬牛となる。牛肉は、それを食べる人を幸せにしてくれる。但馬牛の特徴は筋肉の中に脂肪のサシが入っている「霜降り」肉を形成していることである。食べると、舌の上で溶けて、肉本来の味と香りが溶けあって、うま味が発現するのである。

　但馬牛の産地の但馬地方は、兵庫県の北部に位置し、兵庫県内の高く連なる山々に囲まれたのどかな場所である。日本海の海岸線近くから急な絶壁から山となり、平地は少ない。平地は河川や盆地の周辺だけである。冬は雪が多く寒く、夏はフェーン現象のために気温が高くなる日も多い。現

Ⅱ　食の文化編　　99

在、兵庫県内で生産された黒毛和種の和牛をいい、「食肉流通推進協議会」が決めた格付基準により、歩留まり等級が「A」または「B」で、品質等級が「5」または「4」のものであることとされている。兵庫県但馬地方でのウシの飼育についての記録が残っているのは、平安時代初期に編纂された勅撰史書の『続日本紀』（797年撰進、697～791までの編年体の史書）において「牛は農耕、運搬、食用に適する」ということが記載されている。とくに、中世（12世紀末～16世紀末）には食用として利用された。江戸時代以前には、但馬地方では田畑を耕したり、運搬などの役牛として使っていた。ウシは長命で繁殖力が強いことから、ウシの生産が盛んに行われていた。明治時代に入り、神戸、横浜で人気だった牛肉が但馬牛だった。現在の但馬牛は、兵庫県美方郡香美町小代区で生まれ、育った名牛「田尻」号の血統を受け継いでいるもので、1898（明治31）年以降に外国種の牛と交配されてできた血統のウシは受け継がれていない。但馬牛の肉質・資質がよいことから各地方の銘柄牛の素牛としても利用されている。但馬牛で淡路ビーフブランド化推進協議会の基準を満たしている淡路島の淡路ビーフ、但馬牛で神戸肉流通推進協議会の基準を満たしていれば「神戸ビーフ」との呼称でもよく「但馬牛」と名乗ってもよいとのことである。「兵庫県産（但馬牛）」のうち、肉質が高く評価される牛肉は「神戸ビーフ」「但馬牛」のいずれの呼称でもよいことになっている。

❷神戸牛（神戸ビーフ）

　兵庫県南部が産地。海外からの観光客に人気の肉牛。品種は黒毛和種。筋線維が細かく、こまやかなサシが入った最高級の「霜降り肉」を形成している。神戸ビーフは、兵庫県で生産された但馬牛から調製した枝肉が「神戸肉流通推進協議会」の基準を満たした場合に、「但馬牛」の呼称の代わりに「神戸ビーフ」という呼称が用いることができるということである。但馬牛のうち、歩留等級が「A」または「B」等級であることが但馬牛の基準であるが、神戸ビーフにはさらに次の基準が満たされていなければならない。

　メスでは未経産牛、オスでは去勢牛であること。脂肪交雑のBMS値（脂肪交雑の基準で、赤肉にどれだけサシが入っているかを示す値）がNo.6（5以上はかなりサシが入っている）以上。枝肉重量がメスでは230～470kg、オスでは260～470kg。神戸肉流通協議会が認めたもの。

神戸ビーフのルーツは、役畜として買われていた小柄の但馬牛であった。この牛が改良を重ね、肉の断面に脂肪の霜降り（サシ）のある肉質ができるようになってから、本格的な肉用牛の飼養が始まった。「神戸ビーフ」「神戸肉」とよばれるようになったのは1980年代であり、安定した品質のよい肉質ができるようになったのは、1983（昭和58）年に「神戸肉流通協議会」が創設され、「神戸ビーフ」のブランド化にとりかかり、生産・消費・規格などの明確化に取り組んでからである。現在は、アメリカ合衆国ハリウッドでも神戸ビーフは普及しているとのことである。肉の美味しさを知る食べ方は、神戸のステーキ専門店のステーキであろう。

❸三田牛（さんだぎゅう）

　但馬牛として生まれ育った子牛を「三田肉流通推進協議会」が指定した三田市とその周辺の生産農家が、家畜事市場で入手し25か月以上飼養し、三田食肉センターで解体処理した月齢30か月以上の黒毛和牛を「三田牛」と定義されている。そして三田肉流通推進協議会の基準に合格した枝肉は「三田肉」といわれている。牛肉として流通している過程では、「三田肉」といい、飲食店などで提供している過程では「三田牛」の名が使われている。以前から「三田肉」「三田牛」の呼び名で通用していたが、特許庁に「三田肉・三田牛」の地域団体商標を申請していた。2007（平成19）年に特許庁から地域団体商標の申請が許可された。三田牛の一部は、神戸ビーフ（神戸牛）としてのブランドでの販売を目指して飼養しているものもある。三田地区は、四方が六甲山系をはじめとする山々に囲まれ、清澄な空気とミネラル豊富な伏流水に恵まれ、優秀な黒毛和牛を肥育する環境に適している。一日の気温の寒暖の差が大きいので、牛のからだを引き締め、良質の肉質が形成できる地域でもある。三田牛の美味しい料理は、地元の三田ネギと組み合わせた「すき焼き」が最高に美味しい。

❹淡路ビーフ

　但馬牛の枝肉のうち、淡路ビーフブランド化推進協議会が定めて品質評価基準に適合するものが認定される。もともとの但馬牛を淡路地区で最高の品質のウシに誕生させようとして、畜産農家と団体が取り組んで肥育した黒毛和種である。淡路ビーフブランド化推進協議会のもと、品質がよく、手ごろな価格の牛肉を生産した。現在では、「淡路島牛丼」という淡路島特産の淡路タマネギ、淡路米を使った牛丼を、島内の店で観光客を相手に

Ⅱ　食の文化編　　101

つくり、淡路島の名物となっている。

牛肉料理
但馬牛、神戸牛、三田牛の代表的食べ方はステーキ、すき焼き、しゃぶしゃぶ、焼肉などがあげられている。ステーキや焼肉は、サシの脂のあま味と赤肉のうま味、そして滑らかな食感を楽しめる。これらの加熱料理は余分な脂を除き、高級な天然塩でうま味を最高に引き出す牛肉の美味しい食べ方なのである。

- **淡路島牛丼**　兵庫県の淡路島のご当地グルメとして2006（平成18）年に企画・創作された丼ものである。淡路島の特産品の淡路タマネギと淡路島ビーフを炒め煮し、淡路島の米を炊いたご飯の上にのせた地産地消のご当地グルメ品である。島内の加盟店は、それぞれ味つけや盛り付けに特徴がある。淡路島を訪れた観光客のほとんどの人が食べるようである。

- **ぼっかけ**　神戸市長田区の名物料理で、牛すじ肉とこんにゃくを甘辛く炒めたもの。

- **ぼっかけうどん**　うどんに"ぼっかけ"がのる長田の名物のうどん。"ぼっかけ"は、牛すじを甘辛く煮込んだ長田の郷土料理。うどんに"ぶっかけた"ことが転じて"ぼっかけ"とよばれた。

- **すき焼き**　アキレス腱のすじ肉をいったん煮込み、お好み焼き風の具に使う。神戸、六甲、有馬地方の簡単な食べ物。

- **かす**　羽曳野の伝統料理。牛ホルモンを余分な脂が抜けるまで素揚げにしたもので、外側はカリカリで中はプルプルで香ばしい。甘辛に煮たかすをのせたうどんや具に使ったたこ焼きなどがある。羽曳野市は大阪と奈良を結ぶ交通の要所で食肉産業が盛んだった。

- **高砂にくてん**　牛すじとジャガイモを甘辛に煮て天かすなどと合わせて入れたお好み焼き。生地は薄めで広島のお好み焼きに近いが、モチモチしている。

- **加古川ホルモン餃子**　具にホルモンが入った加古川市のご当地グルメ。1cm角のタレに漬け込んだホルモンがごろごろと入っている。

知っておきたい豚肉と郷土料理

銘柄豚の種類

❶姫路ポーク・桃色吐息

　姫路市の養豚農家が生産するこだわりの姫路育ちの三元豚である。ストレスの少ない清潔な施設で、普通より長い期間の飼育をする。そのために、脂肪の質はよく、適量の脂肪含有量となる。飼料はトウモロコシ、大麦、パスタ、洋菓子などエコフィードも加えながら独自のブレンド飼料を給与して、健康状態のよいブタを飼育している。脂肪はさっぱりとし、口溶けがよく、上品なうま味のある肉がつくられている。豚肉の臭みもなく、赤身肉と脂肪層のバランスもよく、女性にも人気の豚肉といわれている。

❷神戸ポーク

　高尾牧場という牧場で飼育しているブタである。餌の原料となるトウモロコシ、パン、動物性の飼料、飲み水にも独自のこだわりをもって利用している。肉質の脂身の味がくどくならないように不飽和脂肪酸を含む飼料も給与している。筋肉の脂肪含量が少ないので、比較的さっぱりした上品な味の肉に仕上げている。品種はケンボロー×デュロック。㈲高尾牧場が飼育、生産。1981（昭和56）年に商標登録。

❸猪豚（ゴールデンポアポーク）

　ゴールデンポアポークは、黒豚、デュロック、ゴールデン神出の交配により誕生した。飼料は、非遺伝子組み換えトウロコシ・大豆を配合し、これに酒粕・緑草を混ぜて与え、約9か月間飼育している。いわゆる、イノシシとブタを交配して生まれた産直豚といわれ、両者の長所を受けついだイノブタである。餌の脂肪には、コレステロールを少なくするように、リノール酸が多くなるように工夫して与えているとのことである。

豚肉料理

　銘柄豚も普通のブタも、豚肉の料理はトンカツ、しゃぶしゃぶ、照り焼き、焼肉、串焼きなどほとんど同じ料理である。特別に「桃色吐息」の食べられる店などと特定している店もある。カレーやトン汁、肉じゃがなどの煮込み料理にも使うが、特別に銘柄豚の肉でなければならないという家庭や店はない。

● **かつめし**　加古川のご当地グルメまたは郷土料理。皿のご飯の上にトン

カツ（またはビーフカツ）をのせ、特製たれかドミグラスソースをかけ、茹でたキャベツを添えたもの。

● **アグー皮付きベーコン**　沖縄のアグーを材料としたベーコン。皮がかたく、そのままでは食べにくい。しっかり焼いて皮の食感を楽しむ。

知っておきたい鶏肉と郷土料理

❶但馬鶏（しんせん但馬鶏）

但馬の大自然の中で、飼育密度を小さくして健康的に飼育した鶏。繊維質の多い植物性原料に限定した低カロリーの専用の飼料を給与し、飼育期間を長くしている。肉質は歯ごたえがあり、鶏肉特有の臭みがなく、コクがある。とくに、良質の雄どりのみに限定している。流通する鶏肉は、ドリップによる品質低下を抑えるために、特殊な冷却を施している。

❷但馬すこやかどり

抗生物質や栄養剤などを添加しないで、ハーブを加えた飼料を給与して、飼育している。鶏舎は徹底した衛生管理をし、HACCPやISO9001のプログラムに従った衛生管理をしている鶏舎で飼育している。

但馬鶏も「但馬すこやかどり」も㈱但馬が生産している。

❸丹波鶏

昔ながらの「かしわ」にこだわった鶏肉の生産を行っている。飼育法も解体の方法も昔ながらの丁寧な方法をとっている。飼料は、独自の天然の飼料を開発し給与している。流通している鶏肉は新鮮で、ジューシーさを保有している。

❹但馬の味どり

豊岡市日高町で飼育している白色コーニッシュ（♂）と白色ロック（♀）の交配種。HACCPなど衛生管理のプログラムを取り入れた鶏舎で飼育している。

❺松風地鶏

兵庫県三田地区で誕生し、飼育している鶏。

鶏肉の料理　焼き鳥（塩焼き、照り焼き）、炒め物、親子丼、肉じゃが、煮込み料理などの料理のほか、鶏そぼろ、ミートソース、オムレツ、オムライス、カツ、ハンバーグ、肉団子など細切れやミンチ肉としても使われる。

から揚げ、水炊きなどの鍋もの、串焼きに使われるほか、内臓はホルモン料理に使われる。

知っておきたいその他の肉とジビエ料理

兵庫県の丹波地方は、野生のシカやイノシシなどが棲息しているところで、この地域のマタギ料理は古くから知られている。野生のシカやイノシシが環境破壊や田畑を荒らすことから、野生の鳥獣類の保護の範囲内で捕獲が行われるようになると、マタギ料理やフランスやイタリアのジビエ料理の食材としての利用も増えた。

西播磨県民局では、西播磨地域で捕獲され適正に処理されたシカ肉はヘルシーな食材として市民に PR している。たとえば、竜田揚げ、生姜焼きなどが提案されている。シカ肉は濃い赤色であるからヘム鉄を含む。そのために、ブタやウシの肝臓（レバー）と同じように、鉄分やそのほかのミネラル類が多い。赤肉はヘム鉄を含むと同時にたんぱく質含有量も多い。脂肪含有量は、牛肉の86分の１と少ないので、エネルギーは小さく、低カロリー（牛肉の３分の１）である。

● **鹿肉の料理**　西播磨県民局では、適正に処理された、脂肪が少なくたんぱく質の多いシカ肉を広く普及すべく、「にしはりまシカくわせ隊」を結成し、調理師学校の協力を得てシカ料理を開発し、県民に提供している。竜田揚げ、生姜焼き、ダイコンとの煮物、つくね鍋、ミートソース、酢豚、炒め物、ビビンバ、シカ団子などいろいろな料理に使われる。一般的で面倒でない料理は炭火焼きである。

❶**ゴールデンポアポーク**

前掲のいのぶた。品種はゴールデン神田×イノシシ×バークシャー×デュロック。嶋本食品サンクリエファームが経営。商標登録なし。

● **イノシシ・イノブタ料理**　マタギ料理ではぼたん鍋が有名であるが、淡路島ではイノブタの独特の料理法を開発している。イノブタの煮込み料理、炭火焼、角煮、カリカリ揚げ、イノブタ丼、柔らか煮、新鮮な野菜との煮込み料理などがある。イノシシ料理では煮込み料理、焼肉料理、しゃぶしゃぶ、味噌煮込みなどが開発されている。カツレツも評判がよいといわれている。

● **ぼたん鍋**　丹波・篠山で捕獲したイノシシのぼたん鍋は、昔からのマタ

Ⅱ　食の文化編　　105

ギ料理として知られている。山間部に伝わる郷土料理。スライスしたイノシシの肉と、季節の野菜、味付けは味噌と山椒を少々入れる。味付け栗入り味噌を使うのが特徴である。明治時代に、旧日本軍の部隊が、イノシシの肉を使った味噌汁を作っていたことが始まりのようだ。ボタン鍋という呼び方の発祥地といわれている。丹波篠山と、静岡県天城山、岐阜県の郡上は、ボタン鍋の三大産地。

● **猪肉とろろ丼**　地元丹波篠山名産の山芋を使用。キメの細かさと粘り強さが特徴の山芋。

地 鶏

▼神戸市の 1 世帯当たり年間鶏肉・鶏卵購入量

種 類	生鮮肉 (g)	鶏肉 (g)	やきとり (円)	鶏卵 (g)
2000 年	40,031	11,126	1,441	34,916
2005 年	36,578	10,653	2,023	27,931
2010 年	44,964	13,876	1,566	29,963

　兵庫県では、丹波地方の豊かな餌をたっぷり食べた鹿肉は低カロリーの肉として注目されている。銘柄和牛の多い地域としても有名である。三田地方の三田牛、神戸市の神戸ビーフ、兵庫県全域で飼育している但馬牛は県外の銘柄牛の「素牛」としても知られている。よく知られている銘柄地鶏は、三田地方で飼育している松風地鶏と多可町で飼育している播州百日鶏である。松風地鶏の霜降り肉が美味しいとの高い評価がある。ブロイラーの飼育も盛んであるのは、神戸港や大阪の空港など海外からのヒナ鶏の輸入の便利な地域であることも考えられる。豚肉では兵庫雪姫ポークなどの銘柄豚がある。卵の質を左右する親鶏の品種・餌・水・飼育環境にこだわっているのが赤穂地方で飼育している「日本一こだわりの卵」（赤玉）である。特別な機能性をもつ特殊卵ではなく、卵かけご飯やスイーツなどにも使われている卵の中で、全国展開している卵であるのも珍しい。兵庫県の高原地域は、良質の牧草が育ち、自然環境が豊かであることが、畜産業が発達した理由である。

　兵庫県の地鶏・銘柄地鶏には、上記の松風地鶏、播州百日どりの他、自然環境のよい但馬地区では但馬地どり（生産者：協和食品）、但馬すこやかどり・但馬の味どり（生産者：但馬養鶏農業協同組合）が生産されている。氷上郡では丹波地どり（生産者：協和食品）、多可郡ではひょうご味どり（生産者：みのり農業協同組合）などがある。地鶏の飼育、加工、出荷まで HACCP システムの衛生管理のもとで生産している養鶏場もある。

　2000年、2005年、2010年の神戸市の 1 世帯当たりの生鮮肉、鶏肉、鶏卵の購入量は、大阪市、京都市とほぼ同じか、やや少ない。やきとりの購

Ⅱ　食の文化編

入金額は大阪市や京都市に比べればやや多い。この理由は、明治政府が貿易港として神戸港を開いたことが、神戸の人を多様な性格に作り上げる基盤となり、その基盤をもとに好奇心と融通性のある性格にも影響し、今でいう中食の惣菜としてやきとりも利用したと考える。

知っておきたい鶏肉、卵を使った料理

● **明石焼き、明石玉子焼き、玉子焼き**　球状の形は大阪のたこ焼きに似るが、天カスやねぎ、紅しょうが、青のりは使わず、出し巻玉子風にふわふわに焼き、熱いうちに鰹と昆布のだしをかけて食べる。江戸中期に流行した掛け軸の風鎮やカンザシの飾りに使われた明石珠は、ツゲの木の板を、卵白で貼り合わせて作った。この製造で余った卵黄を活用したのが明石焼きの始まり。薄い濃度に出汁で溶いた小麦粉（じん粉）の生地に、卵黄を入れ、当初の具は、こんにゃくを使ったが、後に明石名物のタコを入れるようになり今日のかたちとなった。

● **鉢伏鍋**　養父市の鉢伏高原で作られる、鴨とキジ肉、地場産の野菜がたくさん入った鍋。卵の黄身に鴨肉とキジ肉のミンチを混ぜて、団子状にして鍋に入れる。肉団子から鴨とキジの旨みが野菜のスープに加わり美味しい。

● **オムそば**　焼きそばをオムライスのように玉子焼きで包んだ食べ物。兵庫では焼きそばのことをそば焼きとよぶ。

● **味付ゆで卵、マジックパール**　ほど良い塩加減の殻付きのゆで卵。コンビニエンスストアの定番。殻付きなのに殻を割ってみると白身と黄身に薄っすらとほど良い塩味が施されたゆで卵。黄味はしっとり、白身はしっかり仕上がっている。茹でた殻付き卵の内圧と、低温の調味液の浸透圧の差を利用しているようだ。NaClは分子量が小さく卵殻の気孔を通過できる。品質管理などノウハウが多い。西日本マジックパールなどが作る。

● **姫路おでん**　おでんにしょうが醤油をかけて食べるのが姫路流。おでんのだし汁にしょうが醤油を混ぜてもよいし、具にかけてもよい、また、刺身のようにしょうが醤油を具につけながら食べてもよい。具は、練物や牛筋など各店舗で工夫されるが、玉子はしっかり味が付いているのに中は半熟というのが定番。"姫路おでん"の名前は、「姫路おでん探検隊」

という市民グループが命名した。一般に "おでん" は、昆布や鰹節でだしをとり、醤油などで味付けをしたつゆで、ゆで卵や大根、こんにゃくなどさまざまな具材を煮込んだ料理で、具材や味付けは各地で異なる。

- **宝塚ルマンの "たまごサンド"**　関西の "たまごサンド" は、みじん切りのゆで卵をマヨネーズであえた具（フィリング）をはさんだサンドイッチではなくて、玉子焼きをサンドした方が主流。"ルマン" は、1964年創業の宝塚市のサンドイッチ専門店で、たまごサンドに使う玉子焼きは、優しくは軟らかくほぐすように焼かれており、"ルマン" の原点といわれている。エッグサンド、クラブエッグサンド、ハムエッグサンドなどがある。また、宝塚歌劇への差し入れもできる。

卵を使った菓子

- **鶏卵饅頭**　姫路の一色堂で作られる、卵たっぷりの焼き饅頭、白餡。
- **沙羅**　杵屋が作る和菓子で、第20回全国菓子大博覧会「内閣総理大臣賞」を受賞。「沙羅双樹の花の色」と『平家物語』にも詠われた沙羅は開花時期が短く、清楚で可憐な花。この花をイメージして、純白で柔らかな羽二重餅で黄身餡を包んだ。

地　鶏

- **ひょうご味どり**　体重：雄平均4,600g、雌平均3,200g。自家配合飼料により、肉の味はコクがあり、しまりもあり適度な歯ごたえ、キメも細かい。平飼いで飼養期間は平均100日間と長い。県立農林水産技術センターが、薩摩鶏と名古屋コーチン、白色プリマスロックの掛け合わせで作出。ひょうご味どり普及推進協議会が生産する。
- **丹波地どり**　体重：平均3,500g。明るく風通しの良いゆったりした平飼いの開放鶏舎で平均85日間飼育する。長期飼育と適度な運動によりほど良い食感とコク、旨味が生まれる。鶏の健康を考え、飼料には、乳酸菌、オリゴ糖、カテキンを添加し、全期間無薬の専用飼料を使用。ロードアイランドレッドの雄に、ロードアイランドレッドとロードサセックスを交配した雌を掛け合わせて作出。協和食品が生産する。
- **松風地鶏**　体重：雄平均3,200g、雌平均2,200g。明るく風通しの良い平飼い開放鶏舎で、雄は190日間、雌は270日間と長期間飼育する。長期

飼育と適度な運動によりほど良い食感とコク、旨味を生んでいる。飼料原料はポストハーベストフリーの低カロリーな穀物主体の全期間無薬の専用飼料を使用。鶏種は純系名古屋コーチン。松風地どりが生産する。

銘柄鶏

- **但馬すこやかどり**　体重：平均2,900g。植物性原料主体の無薬飼料に、お茶やハーブ、カルスポリンを添加して、安全で安心なコクのある良質な鶏肉を生産。種鶏、ヒナ、飼料、飼育、加工、運送まで一貫した衛生管理を実施。白色コーニッシュの雄と白色ロックの雌を交配。兵庫県食品衛生管理プログラム（HACCPシステム）の認証取得。ISO9001認証取得の㈱但馬が生産する。

- **但馬の味どり**　体重：平均3,000g。植物性原料主体の飼料で、鶏肉特有の臭いの少ない、高たんぱく低カロリーの美味しいヘルシーチキン。平飼いで飼養期間は平均60日間。白色コーニッシュの雄に白色ロックの雌を交配。但馬が生産する。

- **播州百日どり**　体重：平均4,000g。自然の風や太陽の光が入るゆったりとした開放鶏舎で、安全性に優れた専用飼料を給与してじっくり育てた風味ある鶏肉。飼養期間は平均100日間と長い。白色コーニッシュの雄とサッソー種の雌を交配。みのり農業協同組合が生産する。

たまご

- **富士ファームのおいしい赤卵**　ビタミンEが豊富に含まれる赤い殻の卵。卵かけご飯で食べれば黄身のコクと甘みがよくわかるこだわりの卵。富士ファームで生産しウリュウが販売する。「兵庫県認証食品」で「兵庫県食品衛生管理（HACCP）プログラム認定商品。

- **まんてん宝夢卵**　満点ホームラン。毎日食べるものだから新鮮な卵を毎日届けたい。生産者だからできる朝採れのぷりぷりの新鮮卵を提供。うぶこっこ家が生産する。

県鳥

コウノトリ（コウノトリ科） 英名 White Stork。翼を広げると2mにもなる大形の白色の鳥。雛のうちは鳴くが、成鳥は鳴かずに嘴でカタカタと音を出して（クラッタリング）、仲間とコミュニケーションをとる。ドイツなどでは、赤ちゃんを運んで来てくれると言い伝えられている。世界的にも絶滅が危惧されており、日本では特別天然記念物に指定されている。現在、県立コウノトリの郷公園で保護増殖に取り組んでいる。絶滅危惧ⅠA（CR）。

汁　物

汁物と地域の食文化

　兵庫県は、神戸・明石のように瀬戸内海に面している地域から豊岡・但馬の山地を通過し日本海に面する城崎地域へと日本列島の一部を縦断していて、一つの県の中でも瀬戸内海の気候風土、山間部の気候風土、山陰の気候風土と、地域によって完全に気候風土が異なる。瀬戸内海に浮かぶ淡路島、その他の小さな島々も兵庫県に含む島々もある。北部の城崎など日本海沿岸地域は冬には積雪量が多く、曇天や雨の日が多い。郷土料理は、瀬戸内海型、内陸型、日本海沿岸型で食材や調理の方法にも違いがある。

　瀬戸内海に面している地域では魚介類料理が多い。内陸部の平野では小麦の生産量が多く、揖保川の水を利用した素麺や淡口醤油の生産に適し、山間部では山菜料理や「いのしし鍋」などが食べられ、日本海側では「ズワイガニの味噌汁」「ノロゲンゲの澄まし汁」などに出会うことができる。山間部の出石は、そば（皿そば）で知られているところである。ヤマモイモを擦りおろしてそば粉と合わせ、捏ねて、延ばして麺をつくり、これを茹でて冷たくして食べるのが特徴である。「但馬の粕汁」や「丹波の牡丹鍋（いのしし鍋）」は、里でとれた野菜、キノコ、大豆製品などをたっぷり入れた汁物で、寒い日の料理としてよく作られる郷土料理である。千種町の鶏肉を使った「かしわのすき焼き」も汁物として利用することがある。

　かつては、神戸・加古川の周辺では「エイの汁物」を利用していたとの調査もある（富岡典子他『日本調理科学会誌』43巻（2号）、2010年）。

汁物の種類と特色

　汁物の郷土料理には、丹波地方の山地で捕獲されるイノシシの「牡丹鍋」、播州特産の素麺を使った「ちょぼ汁」、キクラゲ、サトイモ、かんぴょうを入れた味噌仕立ての「つぼ汁」、淡路島特産のタマネギを使った「ばち汁」（タマネギ汁）、タイの粗の「タイ潮汁」、ダイコンとその他の野菜を入れ

た味噌汁の「大根汁」などがある。

醤油・味噌の特徴

❶醤油の特徴

龍野の淡口醤油の原料は主な小麦で、揖保川の軟水を仕込み水として醸造している。淡色の醤油であるが、濃口醤油に比べて塩分が濃いのが特徴である。淡口醤油の代表として龍野の「ヒガシマル」が全国的に普及している。但馬・丹波は「濃口醤油」「丸大豆醤油」を醸造している。

❷味噌の特徴

まろやかな味の「淡路島味噌」、丹波・但馬は「白みそ」、芦屋の「白味噌」（甘味噌）、まろやかな「六甲味噌」などがある。

1992年度・2012年度の食塩・醤油・味噌の購入量

▼神戸市の1世帯当たり食塩・醤油・味噌購入量（1992年度・2012年度）

年度	食塩（g）	醤油（mℓ）	味噌（g）
1992	1,951	11,302	5,400
2012	1,714	7,061	4,300

▼上記の1992年度購入量に対する2012年度購入量の割合（％）

食塩	醤油	味噌
87.9	62.3	79.6

神戸市の醤油の購入量は大阪市や京都市より多い。その理由として兵庫県の瀬戸内海に面する地域の特産品で、春には各家庭で作って、知人や親戚にも贈るという「コウナゴのくぎ煮」を作るからと思われる。2012年度の神戸市の1世帯当たり醤油購入量は、1992年度の購入量に比べると62.3％である。京都市の減少の割合とほぼ同じ値である。

地域の主な食材と汁物

兵庫県にある温暖な播磨地方は多種多彩の野菜に、瀬戸内海の海の幸に恵まれている。内陸部の丹波地方は、マツタケや黒豆が栽培され、銘柄牛の但馬牛が飼育されている。日本海の魚介類も賞味できるという県域である。

瀬戸内海、淡路島や家島諸島で漁獲する鮮魚は、家庭料理に利用される。

Ⅱ　食の文化編　　113

イカナゴのくぎ煮は兵庫県の伝統食品であると同時に各家庭のくぎ煮は各家庭の伝統料理となっているものもある。瀬戸内海に面する表日本側と日本海に面する裏日本側、その間の山間部の3つの地域は、食品の素材に違いがある。調理法は表日本は大阪の調理法、裏日本は北陸の調理法の影響を受けているところもある。

主な食材

❶伝統野菜・地野菜

　武庫一寸ソラマメ、富松一寸まめ、尼いも（尼崎）、阪神のオランダトマト、（西宮）、三田ウド（三田）、ペンチンうり（明石）、太市タケノコ、姫路のレンコン（姫路）、御津の青のり（御津）、しそ三尺（キュウリ）（山崎）、平家カブラ（香住）、岩津ネギ（朝来）、丹波黒、住山ゴボウ、ヤマノイモ（篠山）、やまのいも（柏原）、アザミ菜、青垣三尺（キュウリ）（青垣）

❷主な水揚げ魚介類

　（日本海側）ズワイガニ、スルメイカ、ホタルイカ、カレイ、ハタハタ

　（瀬戸内海側）シラス、イカナゴ、マダイ、アナゴ、マダコ、スズキ、サワラ

　（養殖物）ノリ、ワカメ

❸食肉類

　但馬牛、神戸牛、ブロイラー、鶏卵、牛乳

主な汁物と材料（具材）

汁　物	野菜類	粉物、豆類	魚介類、その他
すき焼き	青菜、ゴボウ、ダイコン、ネギ、タマネギ、ジャガイモ		コンニャク、麩、牛肉、牛脂（鶏の脂）調味（醤油／砂糖）
ぼたん鍋	ダイコン、ニンジン、ゴボウ、シイタケ、ネギ、セリ、三つ葉	焼き豆腐	コンニャク、白滝、調味（白味噌、醤油、みりん）
かしわのすき焼き	ゴボウ、ダイコン、ネギ		鶏肉、調味（醤油／砂糖）

ばち汁	タマネギ、ニンジン、干しシイタケ、ネギ	油揚げ、素麺のくず	削り節、調味（淡口醤油／濃口醤油）
ちょぼ汁	ズイキ	ささげ豆、餅粉→団子	削り節、だし汁、味噌仕立て
大根汁	ダイコン、サトイモ、ゴボウ	油揚げ	煮干し（だし）、味噌仕立て
タマネギのかき卵汁	タマネギ		卵、だし汁、調味（塩・醤油）
マダイの潮汁	マダイ		澄まし汁（塩とだし汁）

郷土料理としての主な汁物

- **すき焼き（牛肉とかしわ）** 神戸で牛肉を用いるすき焼きの調理法が創作されたのは、明治時代にはいってからである。1869（明治2）年に、神戸市元町に牛肉すき焼き店・月下亭が開店された。関西のすき焼きは、熱した平鍋に油脂を敷いて牛肉をのせ、色が変わるとすぐに醤油と砂糖で調味し、その後野菜を入れて焼く。生卵をつけて食べるのが関西風である。兵庫県の本来のすき焼きは鶏肉を使うものであった。鶏肉についている黄色の脂肪を熱く熱せられた鉄製の平鍋に敷いて鶏肉を焼き、脂肪がすき焼きの味を豊かにする。

- **すり身だんご汁** イワシやキスなどの魚の身をすり鉢で擦ってできたすり身に、塩、山椒の葉（臭みとり）入れて、さらに擦り込み、団子状にし、味噌か醤油の汁の実にしたもの。

- **かにすき** 日本海側で水揚げされたズワイガニの鍋。

- **ぼたん鍋** 丹波篠山で捕獲したイノシシの味噌仕立ての鍋。丹波篠山は、山の幸に恵まれ、秋には黒豆の枝豆、大粒の丹波栗が採れ、冬にはイノシシが捕獲される。日本のイノシシの代表的産地である。

- **ばち汁** 兵庫県の播州は、揖保の糸で知られる素麺の生産地である。かつて素麺を作るときに、麺を乾燥用の棒に「8」の字に掛けて乾燥させた。製品を作るときに、乾燥棒にかけた曲がった部分と反対側の曲がった部分が残る。これを「バチ」という。この部分の利用にタマネギやその他の野菜との汁物が考えられた汁物である。たくさんのタマネギを使うので、タマネギ汁ともいわれている。野菜たっぷりの汁物なので、学

校給食にも提供されている汁物である。

- **ちょぼ汁**　淡路島の郷土料理で、もち米粉の団子汁である。だし汁にさ
さげ豆、ずいき、もち米粉の団子を入れた味噌仕立ての汁。最後に削り
節を散らす。赤ちゃんが食べる時に、赤ちゃんの口元がおちょぼ口のよ
うになるところから可憐に育ってほしいとの願いと合わせ、つけられた
料理名。材料のささげ、ズイキは産婦の古い血を追い出し、団子は体力
をつけるとの言い伝えから、出産の祝いに作られる伝統料理でもある。
- **大根汁**　寒い日に、体を温める汁物として作られる。材料はダイコン、
サトイモ、ゴボウ、油揚げの味噌汁である。

伝統調味料

地域の特性

▼神戸市の1世帯当たりの調味料の購入量の変化

年　度	食塩（g）	醤油（ml）	味噌（g）	酢（ml）
1988	3,169	14,689	8,066	3,344
2000	1,713	8,568	5,455	3,242
2010	1,624	6,291	3,786	3,106

　兵庫県には、県の東部（尼崎市、川西市、伊丹市）、西部（瀬戸内海側）、北部（日本海側）の3地域に分けられ、それぞれに独特の食品や料理がある。また、それぞれに住む人々の気質にも多様である。東部は大阪に近く、神戸市の気質を感じる。瀬戸内海に面する神戸市は、明治政府が貿易港として統治するためにできた地域である。神戸開港により外国の文化・文明の日本上陸の玄関ともなっていた。明治5（1872）年に、これまで仏教の教えによる肉食禁止が打ち破られると、急速に庶民の食生活にも、牛鍋、牛丼、豚カツ、ビーフカツ、串カツなどの日本風肉料理が登場した。但馬地方は、豊富な牧草に恵まれ、奈良時代から役牛が飼育されていた。現在は肉用の銘柄牛の神戸牛、但馬牛、三田牛などが飼育されている。牛肉料理と調味料の関係をみれば、ステーキは塩・コショウの使い方、デミグラスソースを使用する場合は、各料理店によって工夫されている。牛鍋やすき焼きは、関東と関西ではつくり方にいろいろな蘊蓄を語る人がいる。味付けは醤油がベースになっている。

　兵庫県の調味料には、県の地の利を生かした醤油、塩がある。龍野醤油は、龍野地区で作られている淡口醤油である。原料は濃口醤油と同様に大豆と小麦を使っている。淡口醤油といわれるように製品の色は濃くない。醤油の着色は糖分とアミノ酸によるメイラード反応による。色を濃くしないように大豆の圧力や小麦の炒り方を加減している。製造中に糖分やアミ

ノ酸の生成量を少なくし、メイラード反応を抑えるようにしている。淡口醤油は、濃口醤油に比べて食塩の含有量が多いので、やや塩辛く感じる。主に、素材の色を生かすために、野菜の煮物や京料理に使われる。

　赤穂の焼き塩は、赤穂で作っている食塩である。赤穂では江戸時代前期の元禄年間（1688～1703）である。現在、市販されている「赤穂の焼き塩」は、食塩の専売法が解禁されてから、外国から輸入した塩に苦汁などを加えて天然の塩と同じような組成にしたものである。もともと、赤穂では瀬戸内海地方の浜塩田で作っていたが、瀬戸内海の海域や沿岸の汚染により瀬戸内海の海水を汲み取って製塩する方法は不可能なため、外国の食塩を天然の塩と同じように苦汁を添加したものである。

　瀬戸内海で春から初夏にかけて漁獲されるイカナゴは、神戸地方では醤油・砂糖で調味した液の中に入れて、煮汁がなくなるまで弱火で気長に煮込んだもので、イカナゴの形が釘が曲がったようになるところから、「イカナゴの釘煮」の名のつく飴煮ができあがる。神戸地方では、親戚や友人・知人への贈り物として各家庭でつくる。神戸市の1世帯当たりの醤油の購入量を「家計調査」を参考にして考察すると、神戸の醤油の購入量は、ほかの地域よりも多い傾向がみられる。醤油を使う釘煮の製造と関連がありそうに思える。

　近畿地方の春に旬の魚にはサワラがある。春が旬なので、国字では「鰆」があてられている。4～5月の鯛網が終わると、サワラ漁になる。この魚の味噌漬けは京都の西京漬けが定番であると思われるが、ルーツは兵庫県の味噌漬けであったわけである。

知っておきたい郷土の調味料

　六甲山を背景に大阪湾を望む灘地区は、六甲山からの伏流水が清酒をつくるのに適しているから、酒どころとして有名となっている。兵庫県の播磨平野の揖保川は小麦の栽培を助け、淡口醤油づくりに欠かせないものになっている。丹波高地は丹波黒や丹波クリの産地となっている。日本海の漁港にはズワイガニやホタルイカ、ハタハタが水揚げされるが、冬は積雪が多い。

醤油・味噌

● **龍野の里の淡口しょうゆ** 料理人の間ばかりでなく、食品を取り扱う営業関係の人の間でも、淡口醤油といえば「ヒガシマル」という会社名があげられるほど、淡口醤油＝ヒガシマルの関係になっている。播磨平野と揖保川を擁するたつの市（旧龍野市）周辺は、小麦の栽培の盛んなところである。素麺の「揖保の糸」も、たつの市の名産品である。

おだやかに流れる清流・揖保川、白壁の土塀が残る武家屋敷が、龍野は播磨の小京都とよぶようになったと思える。龍野の里で淡口醤油のヒガシマル醤油㈱が誕生したのは、寛文6（1666）年である。小麦の生産地であることと揖保川の水を利用して淡口醤油は生まれたといえる。大豆と小麦を同量ずつ合わせて麹を作り、これに米麹も加え、食塩水を入れて仕込む。食塩の使用量は濃口醤油に比べると1割程度多い。淡口醤油は濃口醤油に比べるとやや塩辛く感じるのは、食塩の使用量が多いからである。なぜ、淡口醤油の色がうすいかは、仕込み水としている揖保川の伏流水の鉄分含有量が少ないため、製造過程における鉄分の酸化による褐色への変化が少ないからである。また、軟水であるため、だしの味、素材のうま味と色を邪魔することが少ないからである。時代のニーズに合わせ家庭での万能調味料の工夫や家庭での麺類の利用に添うよう、「白だし」「めんつゆ」「惣菜調味料」なども開発している。淡口醤油はやや塩辛いことから使いにくいといわれていたが、健康志向に合わせ塩分の少ない「低塩の淡口醤油」も製造・販売している。

● **龍野伝統の味の醤油を守る** 寛政7（1795）年創業の日本丸天醤油㈱は、揖保郡にあり、龍野の伝統の淡口醤油の味を守りながら、「たれ類」「おだし汁」「みりん」も製造・販売している。明治39（1906）年に設立した矢木醤油㈱もたつの市で淡口醤油の伝統を守りながら「こいくち」「こんぶ（だし醤油）」なども製造・販売している。末廣醤油㈱は、6カ月以上熟成した「龍野本造りうすくちしょうゆ」を製造・販売している。消費者には評判のよい醤油の一つとして紹介されている。末廣醤油は、丹波の黒豆を使った「天然醸造黒豆味噌」「天然醸造丸大豆醤油」も製造・販売し、また醤油を直接スモークした「燻製醤油」は、サーモン料理、ローストビーフ、チーズにかけるとスモークの香りが食材を引き立てる

Ⅱ 食の文化編 119

役目のもつ醤油である。

淡口醤油（丸大豆うすくちしょうゆや低塩丸大豆淡口しょうゆ）のみ製造販売だけでは、企業の発展は難しいためか、めんスープ、そうめんつゆ、ぶっかけそばつゆなどのうどんやそばに合う各種の麺つゆ（液体と粉末の種類がある）、サラダ向きのたれにポン酢も提供している。

● **和歌山の湯浅しょうゆも販売**　明石の「湯浅しょうゆ」は、醤油の発祥の地である和歌山県の「湯浅しょうゆ」を発売しているから、兵庫県でも伝統ある湯浅しょうゆを購入することができる。

● **淡路島の天然醸造の味噌**　保地味噌醸造所は、淡路島に古くから伝わっている製法を守り、歴史とともに歩んできた味噌が「淡路味噌」である。淡路味噌は「麹田舎味噌」といい、健康によいまろやかうま味のある田舎味噌を作っている。

● **但馬・丹波の濃口醤油と味噌**　天保12（1841）年に、瀬戸内海と日本海の中間の但馬で㈲花房商店は設立し、醤油・味噌の製造・販売している。「さしみ醤油」「濃口醤油」「かつお醤油（だし醤油）」などが主力商品である。氷上郡の吉田屋味噌漬物㈱は「たんばみそ」「白みそ」などを製造・販売している。「紫蘇葉巻」は味噌を包んだ漬物の一種である。相生市の㈲金治商店は大豆醤油の「丸大豆醤油」「濃口醤油」「溜まり醤油」を製造・販売している。

● **芦屋蔵造　白味噌（甘味噌）**　原料には米、大豆のほか食塩、清酒を使った米味噌（㈲六甲味噌製造所）。

● **六甲みそ**　関西地方の最高の高級住宅のある芦屋市にある㈲六甲味噌製造所は大正7年に創業している。米・大豆を原料とし、自社の米糀を使って発酵・熟成させている。まろやかな味わいと、まったりした甘味がある。甘酒、赤だし、白みそ、米味噌などを製造・販売している。最近ブームの「塩麹」も作っている。

● **兵庫県の手作り味噌の地域性**　小河拓也氏らの研究によると、兵庫県の手作り味噌は全県的にみれば比較的食塩含量は低く（平均11.3%）で、全糖含有量は高い（平均19.2%）。兵庫県北部（丹波、但馬地方）の味噌の食塩含有量が高く（12%前後）、全糖含有量の低い（14%前後）傾向がみられ、これに対して県南地域（神戸、東播磨、西播磨）の塩分濃度は低く（10%前後）、全糖含有量は多い（20%前後）傾向であると報

告している（兵庫農技研報（農業）、第48巻、50 – 53頁、（2000））。

食酢

● **食酢製造会社**　兵庫県には食酢を製造している会社がいくつかある。㈱トキワ（美方郡）、神野製造元（豊岡市）、実光商店（神戸市）などがある。これらの会社は食酢の製造だけでなく、調味料（味噌、醤油も含む）の販売も行っている。

ソース

● **七星ソース**　兵庫県篠山市にある七星ソース㈱は、お好み焼き、たこ焼き、焼きそば、豚カツなどに向くソースを製造販売しているのは、たこ焼きやお好み焼きをよく食べる消費者の多い大阪に近いという地域性があるからと思われる。

食用油

● **ひまわり油**　ヒマワリは佐用町の特産物である。1本（280ｇ）のヒマワリ油を搾り取るためには、80本のヒマワリの花から16万個の種子を採取して、この種子を使うという。さらっとしてクセがなく、爽やかな風味をもつ油である。素材の味を生かす油なのでドレッシングに使われる。白身魚のカルパッチョに使うと、きれいな風味に仕上がる。ヒマワリ油の構成脂肪酸は約70％がリノール酸なので、サラダ油に比べれば口当たりがあっさりして、健康にもよい。

郷土料理と調味料

● **「かつめし」とソース**　加古川市の郷土料理でご当地グルメの定番料理となっている。ビーフカツとご飯を一緒にして「箸で食べられる洋食」をコンセプトに考えられたという。昭和28（1953）年に加古川市の食堂で最初に提供されたと伝えられている。この「かつめし」は、ドミグラソース系の赤褐色のたれをかけて食べるのが美味しいところから、各種ソース類やタレ類が開発されたようである。

● **サワラの味噌漬け**　関西地方では春が旬のサワラは、5月頃にはサワラ漁が始まる。サワラの味噌漬けのサワラは生きたサワラを締めてつくら

Ⅱ　食の文化編

ないと本当の美味しさがでないといわれている。味噌漬け用の味噌は甘い米味噌をベースに、調味をしたものを使うのが特徴で、それぞれの家庭や料理店で独特の手法がある。

発　酵

山田錦

◆地域の特色

　律令国では、摂津国（西部）、丹波国（南西部）、但馬国、播磨国、淡路国からなり、文化的な多様性を内包している。2018（平成30）年から兵庫五国連邦（U5H ＝ United 5 koku of HYOGO）というプロモーションが行われている。

　南北に長い地域で、近畿地方の府県で最大の面積をもつ。北は日本海、南は瀬戸内海の二つの海に接している。本州で二つの海に接している県は、ほかに青森県と山口県だけである。県を東西に縦走する中国山地によって、南北に地勢や気候が大別される。北側は冬に降水量の多い日本海側気候区に、南側は乾燥した晴天が続き、雨も少なく温和な気候の瀬戸内気候区に分けられる。淡路島や家島諸島などの島々をもち、ため池の数は約4万と、2位の広島県を大きく引き離して日本一である。約半分のため池は淡路島にある。

　東播磨地方では、日本一の生産量の酒米「山田錦」が、西播磨地方では特産品の醤油や素麺に欠かせない小麦が、京都府との県境に位置する山あいの地域の丹波地方では丹波黒豆、大納言小豆、丹波栗、ヤマノイモなどが、淡路島では質の高さで有名な淡路島タマネギが栽培されている。

◆発酵の歴史と文化

　約1300年前に編纂された『播磨国風土記』の一節に「神様にお供えしたご飯にカビが生えてきたので、それで酒を造って、神様に献上し宴を行った」とある。これが日本で初めて麹を使って酒を造ったとされる記述である。この場所は現在の兵庫県宍粟市にある庭田神社と考えられており、日本酒の製造方法は、播磨にその起源をみることができる。

　また、現在の神戸市の東灘区、灘区と西宮市を合わせた地域である灘五郷は、江戸時代から酒造りの近代化が進んだところで、現代の日本酒の形

Ⅱ　食の文化編　　123

を完成させた地域ということができる。日本酒造りに適した米とミネラルが豊富な上質の地下水（宮水）が取れ、寒造りに最適と呼ばれる六甲おろしが吹き、そして製品の水上輸送に便利な港があったことから江戸時代以降、日本酒の名産地として栄えた。寒造りの確立や水車精米機の導入など、新しい技術の発展にも大きな貢献をしてきた地域である。

　濃口醤油が確立された後に新しいタイプの淡口醤油が開発されたのは、県西部の龍野である。龍野醤油の醸造の始まりは、1587（天正15）年と伝えられている。寛文年間（1661〜73年）になり、醤油醸造業者の発案により、醤油醪に米を糖化した甘酒を添加して搾ったところ、色がうすく香りのよい醤油ができた。これが、淡口醤油の始まりである。甘酒を使うというアイデアは、近くに日本酒を造る蔵があったことによるといわれている。この、淡口醤油の独自の風味が京、大阪の上方の嗜好に合い、この当時で年産4万石（7200kℓ）を出荷したといわれている。

◆主な発酵食品

醤油　千葉県、香川県とともに全国三大醤油生産地の一つであり、淡口醤油発祥の地である。醤油造りが発展した背景には、①揖保川の水質が醤油醸造に適していたこと、②播州平野で産出される良質の大豆、小麦、米と赤穂の塩など必要な主原料が容易に入手できたこと、③揖保川を利用した舟便で京都、大阪、神戸の大消費地への輸送ルートに恵まれたこと、④龍野歴代藩主が積極的に産業奨励政策を採ったことなどがある。寛文年間、醤油醪に甘酒を添加して搾ったところ、色がうすく香りのよい淡口醤油が発明された。

　たつの市には、ヒガシマル醤油のほか、末廣醤油、日本丸天醤油、矢木醤油などがある。その他、足立醸造（多可郡）、西海醤油（明石市）、大徳醤油（養父市）、池本醤油（神戸市）、高橋醤油（加西市）、小西醤油（姫路市）、花房商店（豊岡市）、金治商店（相生市）、こむらさき醸造（朝来市）などがある。

味噌　白味噌をはじめ、甘口の米赤味噌、また米味噌と豆味噌をブレンドした味噌などが造られている。黒大豆味噌や麦味噌などを造る橋屋（姫路市）のほか、高瀬味噌販売（尼崎市）、鷹尾商店（宝塚市）、フジタ（加古郡）、大黒屋商店（加西市）などがある。

日本酒

灘五郷は、日本を代表する酒どころで、西郷、御影郷、魚崎郷、西宮郷、今津郷の総称である。現在の神戸市の東灘区、灘区と西宮市を合わせた阪神間の一部地域を指す。日本酒造りに適した山田錦などの酒米とミネラルが豊富な宮水が取れ、製品の水上輸送に便利な港があったことから江戸時代以降、日本酒の名産地として栄えた。大手日本酒メーカーの多くが灘五郷を発祥地および本社としているほか、中小の酒蔵も合わせて20余りの蔵がある。

灘の日本酒造りの歴史は古く、1330（元徳2）年頃から醸造が行われていたという文献も残っている。室町時代に入ると、灘を中心とした地域の日本酒が高く評価されるようになった。この頃に創業した酒蔵のいくつかは、今でも現存している。県別の日本酒の生産量でも、1位は兵庫県である。日本酒の地理的表示（GI）として、2018（平成30）年に「灘五郷」が、2020（令和2）年に「はりま」が指定されている。

灘五郷には、大関（西宮市）、日本盛（西宮市）、白鷹（西宮市）、辰馬本家酒造（西宮市）、沢の鶴（神戸市）、櫻正宗（神戸市）、白鶴酒造（神戸市）、菊正宗（神戸市）、剣菱酒造（神戸市）、神戸酒心館（神戸市）などがある。その他、1601（慶長6）年から酒造りをほぼ400年続ける奥藤商事（赤穂市）、1666（寛文6）年創業のヤエガキ酒造（姫路市）、1797（寛政9）年創業の鳳鳴酒造（丹波篠山市）をはじめ、富久錦（加西市）、井澤本家（加古郡）、西山酒造場（丹波市）、本田商店（姫路市）、灘菊酒造（姫路市）、壺坂酒造（姫路市）、江井ヶ嶋酒造（明石市）、香住鶴（美方郡）など、約70の蔵がある。

みりん

1901（明治34）年に、「日の出白味淋」の製造を始めたキング醸造（加古郡）のほか、髙嶋酒類（神戸市）、小西酒造（伊丹市）などで造られている。

ワイン

神戸市に1983（昭和58）年の最初の仕込み以来、自社畑と市内の契約農家で収穫されたワイン専用ブドウで造り続けている神戸ワイナリーがある。

ビール

キリンビール神戸工場（神戸市）のほか、クラフトビールとしては明石江井島酒館（明石市）、白雪ブルワリービバレッジ長寿蔵（伊丹市）、六甲ビール醸造所（神戸市）、あわぢびーる工房（淡路市）などで造られている。

中華まん（肉まん、豚まん）　小麦粉、水、砂糖、酵母などをこねて発酵させて作った柔らかい皮でさまざまな具を包み、蒸した饅頭である。肉まんは「肉饅頭」の略で、豚肉と、タマネギ、タケノコ、干しシイタケなどの野菜をみじん切りにして煮たものを入れる。西日本では肉まんのことを「豚まん」と呼ぶ。

　神戸中華街（南京町）の老祥記によると、1915（大正4）年に同店が「豚饅頭」として売り出した中国包子が日本の中華まんの起こりであるという。

醤油饅頭　たつの市で造られている醤油の香りがする薄皮の中にあんこが入った饅頭である。江戸時代中期創業の老舗和菓子屋の大三萬年堂などで販売されている。

奈良漬け　ウリ、スイカ、キュウリ、守口大根、その他、野菜を酒粕に漬けたものである。灘の生一本の酒粕で漬け込んだものが販売されている。

◆発酵食品を使った郷土料理など

いかなごのくぎ煮　体長が2〜4cmくらいのイカナゴを、砂糖や醤油、みりん、ショウガなどを入れて炊き上げたものである。でき上がった姿が茶色く曲がっていて、錆びた釘のように見えることから「釘煮」と呼ばれるようになった。神戸や明石を中心とした早春の郷土料理である。

◆特色のある発酵文化

丹波杜氏　杜氏とは、日本酒を造る蔵人の総まとめ人であり、なおかつ酒蔵の最高製造責任者のことである。丹波杜氏は、南部杜氏（岩手県）、越後杜氏（新潟県）とともに日本三大杜氏の一つである。1755（宝暦5）年、篠山曽我部（現在の篠山市日置）の庄部右衛門が池田の大和屋本店の杜氏となったのが、その起源とされている。

　丹波杜氏の出身地は多紀郡（現篠山市）の村々で、厳しい生活の中、農閑期の出稼ぎとして酒蔵で働いた。江戸時代には、伊丹や池田の「剣菱」や「男山」などに出かけ、元禄期（1688〜1703年）の伊丹の酒は、丹波杜氏により造られていた。酒どころの灘の発展は、この丹波杜氏によりなされたといえる。丹波篠山のデカンショ節には、「灘のお酒はどなたがつく

る　おらが自慢の丹波杜氏」と唄われている。

清酒発祥の地　　戦国武将山中鹿之助幸盛の子とされる新六幸元が1600
（慶長5）年頃清酒の醸造法を確立したとされている。それまでの「濁酒」と違い、洗練された澄んだ酒はたちまち人気を博したと記録にある。伊丹市鴻池にある山中家邸宅跡に清酒発祥の由来を記した碑「鴻池稲荷祠碑」があり、「初めて諸白の清酒を造り、大いに販売した」という内容が記されている。

山田錦　　酒造好適米（酒米）の代表的な品種である。2018（平成30）年度では酒米のうち最大の生産量を誇る（推計3万4059トン）。その生産量の約6割は兵庫県で生産されている。1923（大正12）年に兵庫県立農事試験場で「山田穂」と「短稈渡船」を人工交配させて誕生した。1936（昭和11）年に「山田錦」と名付けられ、兵庫県の奨励品種になった。山田錦を酒米に使用した場合の吟醸酒は華やかな吟醸香とまろやかな味わいになるといわれる。

　1985（昭和60）年頃から、酒米に山田錦（Y）を、酵母に熊本酵母（K）を使用し、精米歩合を35％まで高めれば、鑑評会でよい成績が得られるとする「YK35」という公式のような言葉が杜氏の間で使われるようになった。

◆発酵にかかわる神社仏閣・祭り

庭田神社（宍粟市）　　日本酒の製造方法は播磨にその起源があるとされる『播磨国風土記』（716（霊亀2）年頃）の記述に出てくる神社とされている。

◆発酵関連の博物館・美術館

白鶴酒造資料館（神戸市）　　約500点の酒造りの道具を蔵人など等身大の人形を使って工程ごとにわかりやすく展示している。

菊正宗酒造記念館（神戸市）　　国の重要有形民俗文化財に指定された酒造資料などが展示されている。

沢の鶴資料館（神戸市）　江戸時代末期に建造された大石蔵を使って、酒造りの道具や灘酒の伝統文化を展示している。

白鹿記念酒造博物館（西宮市）　日本酒に関連する美術品や文献資料、ならびに酒造りの道具などを展示するとともに、古い釜場、槽場跡を公開している。

櫻正宗記念館（神戸市）　櫻正宗創業300年余りの歴史を語る酒瓶、看板、ラベルなどのコレクションが展示されている。

ブルワリービレッジ長寿蔵ミュージアム（伊丹市）　江戸時代建築の酒蔵を使った小西酒造が運営する、日本酒とビールの博物館である。

丹波杜氏酒造記念館（篠山市）　丹波杜氏の歴史などの資料のほか、近代化によって失われつつある各種の酒造用具類や資料が展示されている。

美味伝承甲南漬資料館（神戸市）　奈良漬けの歴史や、みりん造りに関する道具などが展示されている。

うすくち龍野醤油資料館（たつの市）　菊一醤油の本社として建てられた国登録有形文化財の建物内に、古い道具類などが展示されており、淡口醤油の歴史を学ぶことができる。

奥藤酒造郷土館（赤穂市）　創業が1601（慶長6）年という豪商、奥藤家の、寛文年間（1661〜73年）に建てられた大規模な酒蔵の一角に開設された酒造と廻船の博物館である。江戸時代の酒造道具や廻船に関する道具、資料が展示されている。

◆発酵関連の研究をしている大学・研究所

神戸大学農学部生命機能科学科応用生命化学コース　さまざまな能力をもつ微生物の遺伝子の特徴や制御メカニズムを解明するとともに、微生物を利用した物質生産などの応用研究が行われている。

吉備国際大学農学部醸造学科　醸造を活かした伝統技術と食品開発を学ぶとともに、新たな醸造関連食品の創出にも取り組んでいる。

都道府県トップ10　日本酒生産量

　生産量トップは、「白鶴」や「大関」がある兵庫県である。「灘の生一本」で知られる灘五郷は、山田錦などの酒米、宮水と呼ばれる仕込み水など酒造りに適した土地として有名である。2位は伏見のある京都で、「月桂冠」や「黄桜」といった大手メーカーから「玉乃光」といった銘柄まで揃っている。3位は新潟県で、「久保田」「八海山」などの銘柄がある。4位は埼玉県、5位は東北有数の米どころの秋田県で、「新政」「ゆきの美人」などがある。6位は愛知県で、近年人気急上昇中の「醸し人九平次」が有名である。7位は生酛造りの「大七」といった全国的に有名な銘柄が揃う福島県である。8位は「十四代」や「出羽桜」などで有名な山形県である。9位は山梨県で、10位は山口県である。（2018（平成30）年国税庁間接税酒税都道府県別の製成数量より作成）

和菓子／郷土菓子

かりん糖

地域の特性

本州の近畿圏に属し大阪府に隣接している。北は日本海、南は瀬戸内海と南北に長い県で、中央を日本標準時子午線（東経135度）が通過している。

南部は我が国を支える阪神工業地帯や播磨臨海工業地帯があり、中・北部は農林水産業が主だが、過疎地や豪雪地帯を抱えて地域差が大きい。

県庁の所在地は神戸市、姫路城の姫路市、コウノトリで知られる豊岡市（ここには菓祖神・田道守命を祀る中嶋神社がある）と、兵庫県は地域的には有名だが県名は馴染が薄い。その「兵庫」の由来は、天智天皇の時代（飛鳥時代）に神戸の地に武器庫「兵庫（つわものぐら）」があったことに由来する。旧国名は但馬（たじま）、播磨（はりま）、淡路の国全域と、摂津、丹波の西半分、備前、美作の一部と7カ国にまたがり、江戸時代には18の藩があった。突出していたのは姫路藩（15万石）だが、江戸後期の逼迫した財政を再建したのは河合寸翁（かわいすんのう）で、産業を興し姫路を中心とする菓子文化は、この名家老によって開発された。

地域の歴史・文化とお菓子

姫路藩家老・河合寸翁（かわいすんのう）と姫路の菓子

①産業振興に菓子作り

姫路といえば国宝で世界遺産の姫路城がある。河合寸翁（1767～1841）は、この姫路藩・酒井家の国家老で、江戸後期の逼迫した藩財政を立て直した人として知られている。まず彼がしたことは、農工業を振興し、木綿会所を開設し、木綿、小麦粉、菜種油、砂糖など諸国の物産を城下に集積して商業、物流を盛んにしたことであった。

藩主酒井家は代々当主が教養人で茶の湯を好み、家老寸翁も茶人であったことから産業振興の一環として和菓子作りを奨励した。職人を育てるた

め、藩命で江戸、京都、長崎へと藩士を派遣し製造技術を習得させた。

②「姫路駄菓子」の特色

　全国にその名を馳せた菓子に、「姫路駄菓子」「播州駄菓子」と称された"油菓子"がある。「かりん糖」のことで「オランダ」ともよばれた。姫路藩士たちが、長崎でオランダ人より製法を伝授されたと伝えられている。

　製法は小麦粉に砂糖、水、イースト、塩、重曹などを混ぜて練り合わせ、生地を板状や棒状にして菜種油で揚げ、白砂糖や黒砂糖の蜜でからめて乾燥させる。姫路かりん糖は、元は白砂糖が使われ公家に食されていた。

　姫路かりん糖の特色は、関東のかりん糖より食感が硬いことだ。それは生地を固めに捏ねる「固こね」製法で、後に"駄菓子"とよばれるようになると、堅い菓子は腹持ちがよく、形状も大きくなっていた。

③かりん糖の起源

　かりん糖の材料は小麦粉で、油で揚げることからその起源は、奈良時代に中国から伝わった「唐菓子」とする説がある。また中国菓子に麻花兒（マファール）といってかりん糖によく似た菓子がある。長崎で"よれよれ"とよばれるもので、生地を捻じって油で揚げてある。これは江戸時代に唐船によって長崎に伝えられたとされ、先祖は唐菓子の「索餅」で、素麺のルーツでもあった。

　一方、前述のようにオランダ、ポルトガルからの影響も強い。室町時代後期に書かれたとされる『南蛮料理書』の菓子の部に「こすくらん」というのがあり、かりん糖に似ている。ポルトガルでは「コシュコロインシュ」といって「こすくらん」に極めて似た菓子である。「かりんとう」を「花林糖」と書くところから「金平糖」「金花糖」とともに「南蛮菓子」とする説が有力である。また、かりん糖は日持ちのすることから、戦国期に兵士の保存食として開発されたという説もある。

④江戸のかりん糖との違い

　かりん糖が江戸で流行したのは江戸後期で、天保年間（1830〜43）深川の山口屋吉兵衛が「花りんとう」の名で売り出し、一気に知られるようになった。明治初期には浅草で庶民の菓子として広まり、後に新宿中村屋が品よく作って有名になる。東京を中心にしたかりん糖は、生地の発酵を長めに行っているので、サクッとやわらかく軽い菓子となっている。

　かりん糖は、「青森県」の項でも記したが東北地方でも人気があり、ど

ちらかというと関東のものより姫路系統の硬い食感の物が好まれている。

各地の油菓子

「油菓子」という名の菓子は愛知県下に多い。津島市の津島神社の門前には、参拝土産として江戸時代から売られる「あかだ」「くつわ」がある。由来は神前に供えられたお米の米団子を油で揚げた物で、「くつわ」は渦巻きかりん糖によく似てすこぶる堅い菓子である。

三河湾に沿った蒲郡市形原地区では、雛祭りに「油菓子」を家々で作る。「お振舞い」といって、雛人形を見に来た子供たちにご馳走する。作り方は小麦粉、卵、砂糖、塩、黒胡麻等を混ぜ練り合わせる。1晩寝かせた生地を延ばして適当な大きさに切り、切り込みを入れてひねって成形し、その後油で揚げる。現在は菓子店で作られ販売される。

沖縄の「三月菓子(サングァチグワーシ)」とよく似ていて、沖縄でも初節供の家ではお祝いに親戚や隣近所に配った。

姫路藩主弟の画家酒井抱一と銘菓・玉椿誕生

先に記したように藩主・酒井家は風雅を好む家柄で、"江戸琳派"を確立した画家の酒井抱一(1761～1828)は2代藩主・忠以の弟である。忠以は宗雅と号する大名茶人で、松江藩主・松平不昧とも親交があり、茶会記『逾好日記』に姫路の菓商伊勢屋の「火打焼」(餡入り餅を焼いたもの)がある。

3代藩主・忠道の時代、家老寸翁は伊勢屋の5代目を江戸の幕府御用達の菓匠・金沢丹後大掾のもとに弟子入りさせ、数々の菓子を学ばせた。

そうした中で寸翁は「江戸や京都に劣らない菓子を……」と命じて作られたのが銘菓「玉椿」であった。この菓子は11代徳川家斉の息女・喜代姫と忠道の8男忠学(5代藩主)の婚礼に合わせたもので、1832(天保3)年の婚儀の日に中国の『荘子』の「大椿の寿」(長寿を祝う)に因んで「玉椿」と命名した。黄身餡を薄桃色の求肥で包み粉糖をかけた愛らしい菓子で、町方でも販売することを許した。

「玉椿」や「火打焼」は誕生から200年近く、茶人や一般市民に愛され、伊勢屋本店には家老・寸翁の直筆「玉椿」の額が残されている。寸翁は硯の蒐集家で知られ、その書は伸びやかな見事な筆である。

行事とお菓子

①男女児区別なく「おいり」で祝う宍粟市の雛祭り

鳥取県に近い旧千種町（宍粟市）のかつての雛祭りは、男女児一緒に祝った。初節供の女児にはお雛さんの絵の掛け軸、男児には金太郎や桃太郎を描いた掛け軸、それに土雛や布袋さん、歌舞伎役者人形が親戚から贈られた。部屋に掛け軸を掛け、人形は台を作って飾りご馳走は、菱餅、揚げ寿し（いなり寿司）、あさつきの味噌和え、そして「おいり」。「おいり」は鳥取でつくられている、水飴で固めたものとは違い、玄米を花のように爆ぜさせ、あられや大豆も炒り、混ぜて供える。「ほとぎ」は残りご飯をそうけ（ざる）に集めて干し、炒って砂糖をまぶした物で、子供の人気のおやつだった。

この地方の節供には、無断で子供たちが座敷に上がり込み、お雛様のご馳走を食べ荒らす「雛荒らし」の風習があって、家人公認だったという。

②丹波篠山「お雛さんの"ぼり"」

"ぼり"は、餅を賽の目に切って乾燥させたあられのことで、焙烙で炒り、生姜の絞り汁を入れた砂糖水を煮立ててからめる。お雛さんにはヨモギの菱餅や巻き寿しと一緒に供え、お雛さんの前で「ぼり、ぼり」食べたので"ぼり"とか。京都市内でもあられを「ぼり」とよんでいる。

③「おいり朔日」「あられ朔日」

旧暦5月1日を旧千種町では「おいり朔日」「あられ朔日」といい、雛節供の菱餅の切れ端などをあられにして保存してこの日に備える。田植えのときに身体が冷えたり、下痢をしないようにと願いながら食べる。

④端午の節供の「ばたご」

播磨山地では山帰来の葉を「ばたご」といい、餡入りの団子を包んで蒸したものを"かしわ餅"とよんだ。「ばたご」の葉を山に取りに行くのは子供たちの仕事で、夏には「うまぐい（さるとりいばら）」やクマザサの葉も使う。淡路島ではサルトリイバラを「いびつ」といい、かしわ餅にする。

⑤お盆の「おちつき団子」

丹波篠山では8月13日の仏迎えには、米粉を熱湯で捏ねて団子にして茹で、1つずつ素焼きの皿に柿の葉を敷いてのせて供える。野菜物はサト

イモの葉にのせる。うり、ほおずき、青柿、十六ささげなどを供える。

⑥神戸の地蔵盆の「おせったい」

　毎月の24日は辻々の地蔵さんの供養日で、8月23、24日は「地蔵盆」とも「子供の盆」ともよんだ。この日は御詠歌をうたったり「百万遍」の数珠回しの後、「お接待」といってたくさんの駄菓子が用意されて振る舞われる。昔の子供たちは布袋を作ってもらい、あちこちの地蔵さん回りをし、菓子を貰って半月分のおやつを仕入れるのが「地蔵盆」であった。

知っておきたい郷土のお菓子

- **瓦せんべい**（神戸市）　1873（明治6）年創業の亀井堂総本店の神戸名物。初代松井佐助は古瓦に興味を持ち、神戸ゆかりの湊川神社の瓦紋・楠正成像や菊水を焼き印に瓦煎餅を作った。卵、砂糖、小麦粉を使いハイカラ煎餅とよばれた。
- **樽形煎餅**（神戸市）　1830（天保元）年創業の虎屋吉末の名物煎餅。酒樽の形をした卵煎餅に、灘五郷蔵元の銘酒の商標を焼きこんだ懐かしい味。
- **明石もなか**（明石市）　1818（文政元）年創業の藤江屋分大の名物最中。芭蕉が明石で詠んだ「蛸壺やはかなき夢を夏の月」に因み、鯛（こし餡）・蛸つぼ（粒餡）・短冊（抹茶餡）をかたどっている。「丁稚羊羹」も名高い。
- **明石焼き**（明石市）　たこ焼きのルーツといわれ、卵、出汁、浮粉、小麦粉に蛸を加えて球状に焼いたもので、出汁につけて食べる。地元では「卵焼き」または「タマヤキ」とよばれて江戸末期から親しまれている。
- **ランプ阿免**（尼崎市）　尼崎の名物飴。砂糖を主原料にした棒状の飴で折って食べるもので、竹皮に包まれている。元ランプ屋が飴屋に転業した。
- **沙羅・きぬた**（姫路市）　杵屋の銘菓。「沙羅」は沙羅双樹・夏椿のことで、黄身餡を羽二重餅で包んだもの。「きぬた」（砧）は、巻絹のように黒羊羹を求肥で巻いた棹物。どちらも姫路の銘菓。
- **御座候**（姫路市）　店名・社名も「御座候」。「御座候」は古語で「いらっしゃります」の意。餡を小麦粉の皮で挟むように機械焼きする回転焼きで、全国に店舗をもつ。「あずきミュージアム」は2009（平成21）年

に当社が姫路市内に創設したもの。和菓子に欠かせない小豆にまつわる品種や歴史・民俗などすべてがわかる博物館。里山庭園が眺められるレストランではユニークな小豆料理が楽しめ、予約をすると和菓子やケーキ作りの体験ができる。

● **塩味饅頭**（赤穂市）　明和年間（1764〜71）創業の播磨屋が幕末に創製した銘菓。押し物生地に赤穂の塩を使った塩餡を包み「汐見まん志う」とした。後に「塩味饅頭」と改名。製法も当初は伊部焼の盃を型に使用していた。

● **玉水**（篠山市）　大福堂の銘菓。一見すると薯蕷饅頭のようだが、渋皮付きの丹波栗を丹波つくね芋製の皮で包み蒸し上げたもの。粘り気のある皮と栗が絶妙な味。菓銘は土地の名水「玉水」に因む。

● **純栗羊羹**（篠山市）　城下町・丹波篠山に1913（大正 2）年創業の栗屋西垣の名物。

● **栗の王様**　「銀寄栗」を使い、素材の持ち味を生かした製法で栗そのままのこっくりとした色合いの羊羹。

Ⅱ　食の文化編　135

乾物 / 干物

丹波黒豆

地域特性

　近畿地方の中西部に位置し、神戸市が県庁所在地である。北は日本海、南は瀬戸内海と2つの海に面し、県では青森県、山口県の本州両端を除けば日本では唯一両海に面している関係で、阪神工業地帯の中心として、日本有数の重化学工業地域がある。また、農山漁村地域が中部から北部にかけて占めており、農林水産業も盛んである。

　神戸港は世界有数の貿易港として発展し、六甲山麓に異人館街があり、大都市圏大阪の主要なベットタウンであり、観光、歴史、物産とどの面でも多くの物に恵まれ発展している県である。北部は日本海式気候、南部は瀬戸内海式気候で、北部域は豪雪地帯でもあるが、比較的自然環境も安定している。

知っておきたい乾物 / 干物とその加工品

丹波黒豆　　ブドウ豆とも呼ばれる。兵庫県篠山の黒大豆はおせち料理に欠かせない。色、つや、大きさ、味のよさのどれをとっても他を寄せ付けない品質は、誰もが認めるものである。

　5月末から6月初旬に種をまき、10日ほどで芽が出る。芽が出たらまわりに土を盛り、風などで倒れないように根をしっかり張らせる。後は、夏場に水と肥料を十分にやりさえすれば、11月の半ばに刈り取りを迎えられる。

　夏の昼夜の温度差と土壌、気候風土から、最高に大きい飛び切りブドウ豆と呼ばれ、表面には白い粉状のろう粉が付着している（飛び切りは最高級の意味で使われる）。この粉は中のタンパク質が表面に出てきたものといわれている。

丹波大納言小豆　　小豆の中でもとりわけ上質のものとして古くから京都の高級和菓子に使われ、粒の大きさは北海道産

と比べ、特に大きく、味もよい。平安の昔、官位の位の称号が与えられた。煮ても身割れしにくい。

3代将軍徳川家光の乳母春日局生誕の地である丹波市春日町は、県の北部中央に位置し、大納言小豆の発祥の地と言われ、何百年もの間、この小豆を作り続けている。その集落の春日町東中地区はなだらかな稜線を描く三尾山の麓にある。寒暖の差が大きい盆地の丹波市は、10月ごろから霧が出始める。この時期が大納言の成熟期と重なり、寒い夜は呼吸量が少ないため、光合成で作られた栄養分が減ることなく小豆の中にうま味として溜まる。

一般的な小豆は、完熟するとさやは茶色になるが、東中地区の小豆は黒くなり、濃い赤茶色の豆は、両端が平らで四角い俵型をしており、皮の表面には薄いしわがある。煮ると指の先ほどに膨らみ、おいしい。

割り干し大根

大根を太く縦に切ってひもに吊るし乾燥したもので、主に兵庫県伊丹市郊外などで作られている。品種は冬季青首大根。製法を変えたものはその他、長崎県や岡山県など全国各地で作られている。

朝倉粉山椒

但馬の朝倉山椒は日本の香辛料の絶品として好まれ、八鹿朝倉村の豪農朝倉氏の名前が付き、トゲのない山椒として知られる。原産地は養父市八鹿町朝倉。山城地方史によると、「但馬朝倉より産出する山椒を佳しとなしこれを京都富小路にて売る」とある。江戸時代中期（1730年）、朝倉村今滝より出石藩江戸屋敷に献上したとされている。木にはトゲがなく、雌雄異株のうち雌木になる山椒の実は大粒で、山椒特有の渋味が少なく、まろやかな味と香りが好まれている。

兵庫県産板海苔

浮流し式漁法で、播磨灘、大阪湾での生産量が多い。ここでは特につやのよい海苔が採れる。葉質はしっかりしている。

瀬戸内海沿岸は生産量が多い産地であり、色、つやがよく、また作りがきれいで、ロットがまとまるため、主に業務用として全国的に流通している。寿司海苔、おにぎり海苔の用途が大半を占める。

播州そうめん

兵庫県播州でのそうめんの生産は古く、1418年の斑鳩寺の古文書の記述によれば、伊和神社（穴栗市一宮）社殿の祝言にそうめんを使うとされている。播州そうめんが本格的に作ら

Ⅱ　食の文化編　　137

れたのは、江戸時代の安永年間ごろ（1771年）と考えられ、「揖保の糸」の産地化は、龍野藩が産物の保護育成を始めた文化年間（1804年）に始まったと考えられる。

兵庫県揖保郡太子町の斑鳩寺に残る寺院日記では1418（応永25）年に登場する。約600年も前からこの地でそうめんが食べられていた。手延べそうめんを顕微鏡で観察すると、小麦粉に含まれるタンパク質のグルテンが縄状の方向性を持ち、円形のでんぷん粒を包み込むように伸びていることが確認できる。このようなグルテンの構造は、手延べそうめんの特徴であり、「熟成」と「縄状に麺によりをかけて延ばす作業」を繰り返すことで、茹で伸びにくく滑らかな舌ざわりで腰のある歯切れのよい食感が生まれる。これが揖保の糸のうまさの特徴だ。

手延べそうめん「揖保の糸」は、国家資格手延べ製麺技能士の手により製造されている。その技術と専門的な知識が認証された、熟練と経験を要する技能士による商品で構成されていると製品に表示されている。

明石焼き

今は大阪と交通の便も大変よくなった近郊都市の神戸であるが、粉文化がまったく違う。大阪から兵庫県に来ると、お好み焼きの看板はほとんど見られなくなり、明石焼きの看板に変わる。

兵庫県明石市の名物といえば明石焼きだ。見た目はタコ焼き風だが、明石では「卵焼き」と呼ばれている。生地に卵が使われている。その昔、卵が割れたときに白身は糊づけ状になり、接着剤の役割があることから、お好み焼きとは違う「だし汁」「だし巻き」「卵焼き」の発想が生まれたようだ。黄身をおいしく食べる効果があることから、明石焼きが誕生したようである。塩気の代用として明石海峡の産物であるタコの干物を入れるようになり、「卵焼き」から「明石焼き」となった。ふわふわのだし汁で卵の黄身とマッチした明石焼きは絶品である。近年は、粉文化と一緒にアナゴ焼きなども食べられるようになったようである。

III

営みの文化編

伝統行事

長田神社追儺神事

地域の特性

　兵庫県は、近畿地方西部に位置し、日本海沿岸から瀬戸内海、淡路島までを含む。中国山地東端の山々が県域を北部と南部に分ける。北部は山がちで、日本海沿岸近くまで山地がせまっている。南部は、東を六甲山地、西を播磨平野が占め、瀬戸内海に面する。沖合の淡路島を境に海域が大阪湾と播磨灘に分かれている。北部は雨や雪の多い日本海式、中部の山間地は夏暑く冬寒い内陸型、南部は降水量が少なく冬でも温暖な瀬戸内式と、気候は3つに分かれる。

　江戸時代にはいくつかの藩に分かれ、それぞれ開発を行なった。瀬戸内は干拓で農地や塩田が開かれ、内陸部では、新田開発が進められた。地場産業も奨励され、伊丹・池田（のちに灘）の酒造業、但馬の養蚕・牧畜、赤穂の製塩、手延べ素麺などが発達した。

　瀬戸内側には、阪神工業地帯や播磨工業地帯が発達。また、神戸は国際貿易港で発展をみた。

行事・祭礼と芸能の特色

　秋まつりで、神輿渡御にあわせての屋台山車が、全県的によくみられる。温泉地の城崎あたりでは、それを「だんじり」とも呼ぶ。播磨地方では、それがぶつかり合う「けんかまつり」もみられる。

　伝統的な民俗芸能としては、淡路島の人形浄瑠璃・車大歳神社の翁舞（神戸市）・阿万の風流 大踊小踊（三原郡）・大杉のざんざこ踊（養父郡）・青垣の翁三番叟（氷上郡）・などがある。

主な行事・祭礼・芸能

長田神社追儺式　　2月3日、長田神社（神戸市）で行なわれる節分行事。

140

拝殿の左右に餅花を掛け、2個の泰平餅（大鏡餅）・日本64州にちなんだ64個の小餅と12カ月にちなんだ12個の鬼の餅を俎板にのせ、拝殿に供えつける。

当日夜、海水で身を清め、鬼室（境内北西の隅に設けた土蔵）で装束をつけた鬼役7人が、1人ずつ松明をかざして出てきて「阿吽の舞」と「大刀渡の儀」を行なう。鬼には、それぞれ一番太郎・尻くじり鬼・姥鬼・呆助鬼・赤鬼・青鬼・餅割鬼という名がつけられている。

それが終わると、餅割鬼と尻くじり鬼が出て、拝殿の泰平餅をまさかりや木槌で割ろうとする。そのおもしろい所作が呼びものである。その後、鬼は、群衆に追われて鬼室へ逃げ込む。

生田神社堤灯祭

4月15日・16日に行なわれる生田神社（神戸市）の例祭。生田神社は、神功皇后の創始と伝えられる古社で、その祭礼も盛大に行なわれる。神輿渡御に際して数多くの高張提灯が掲げられることから、堤灯祭と呼ばれるようになった。

このまつりでは、氏子が子どもに高張提灯を掲げさせて詣り、社から神符を受けて、これを堤灯に結んで持ち帰る習慣がみられる。

火柱

栢野薬師堂（洲本市）で、盆の16日に行なわれる火まつりの行事。

堂の前に、竹を心柱にして周囲に柴木を組みあげて竹の輪で固め、高さ5間余り（約9メートル）、周囲8尺余り（約2.5メートル）の大きな木柱をつくる。そして、読経供養の後、長い竹竿の先に藁束をくくりつけたものに火をつけ、木柱に点火する。

伊和神社の祭礼

伊和神社（宍粟市）は、播磨国一宮である。創祀は、成務天皇14（144）年とも欽明天皇25（564）年とも伝わる。主祭神は、『播磨国風土記』でその活躍が描かれている伊和大神（大巳貴神）。神社周辺は、豪族・伊和族の根拠地であったといわれ、伊和族が祭祀したとみられている。なお、風土記では、伊和大神は出雲から来たとされるが、播磨土着の神がのちに大国主神に習合されたとの見方もある。

風鎮祭　「二百十日」の1週間前、8月26日に行なわれる。

立春から数えて210日目の9月1日は、昔からしばしば台風が日本列島を襲った。それを「二百十日」、その10日後を「二百二十日」と呼んで、

Ⅲ　営みの文化編　　141

現在も警戒されている。とくに農家では、この2つの日を厄日として、なかでも二百十日の前7日間を「前七日」と呼んで用心してきた。この時期、伊和神社で行なわれるのが風鎮祭である。

風鎮祭は、文字どおり、風鎮めを願い、五穀豊穣と家内安全を祈念するものである。灯芯を入れ油を注いだ小皿が境内に並べられ、日暮れとともに火が灯される。その光景は、幻想的である。そこから、別名「油万燈祭」ともいわれる。

秋季大祭　10月15日が例大祭。16日は、神輿渡御を行なう神幸祭である。氏子の地域からも5台の屋台（太鼓台）が練り出される。屋台の宮入り、練り合わせのあと、神輿を中心に100人余りの神職や奉仕者の渡御行列が、屋台や参詣者をしたがえて御旅所へ神幸する。

三山祭　61年ごと甲子の年に行なわれる。このほかに、21年ごとに行なわれる「一山祭」もある。

三山とは、白倉山・高畑山・花咲山のこと。一山とは宮山のことである。これらの四山は、伊和神社を囲むように位置する。それぞれに岩磐と祠があり、祭礼ではそれを清めてあらためて祀り直す。氏子は、その日に山を遥拝する。山岳信仰、磐座信仰の名残として重要な伝承である。

灘喧嘩祭　10月14日・15日、松原八幡神社（姫路市）の秋季例大祭の通称。神輿や屋台が激しくぶつかりあうことから、この名で呼ばれる。

まつりでは、一の丸・二の丸・三の丸からなる3基の神輿をぶつけあう神事と、旧灘7カ村の屋台が激しく練りあう勇壮な屋台練りが行なわれる。

このけんかまつりは、「松原八幡神社秋季例祭風流」として、兵庫県と姫路市の重要無形民俗文化財に指定されている。

ハレの日の食事

秋まつりに欠かせないのが、サバの姿ずしやツナシ（コノシロ）の姿ずしである。どちらかというと、日本海側にサバのすしが、瀬戸内側にツナシのすしが多く分布する。

商家の正月は、五段重で祝う。上段は車エビや田づくり、二段目は紅白かまぼこ・焼きアナゴ・ヒラメの鱠など、三段目は数の子や黒豆、四段目は卵焼き・棒ダラの煮付け・ブリの照焼きなど、そして五段目には野菜

の煮しめ、という豪華な重である。

　現代のごちそうといえば、日本海側のカニ料理がまっ先にあげられるだろう。かつては、海べりでは冬の日常的な味覚であったが、近年は高級化してしまった。

　神戸や明石では、春になると、各家庭で釘煮をつくる。イカナゴの佃煮である。それが広く習慣化して定着したのは、近年のことであるが、すでに瀬戸内の筍の料理として有名になった。贈答用にも盛んに用いられている。

寺社信仰

生田神社

寺社信仰の特色

『古事記』によると日本発祥の地は淡路島である。淡路一宮は淡路市の伊弉諾神宮で、日本を生んだ伊弉諾尊と伊弉冉尊を祀っている。淡路は日本の聖なる中心であった。二宮は南あわじ市の大和大国魂神社で、俗なる中心であった大和の神を勧請している。両社は名神大社であった。三宮は伊勢の神を勧請したという淡路市の伊勢久留麻神社とされる。

江戸時代に全国各地を巡業して浄瑠璃文化を普及させた〈淡路人形浄瑠璃〉†は、16世紀に西宮市の西宮神社に仕えていた百太夫という傀儡師が淡路に来て人形操りを教えたのが始まりという。西宮神社は全国のエビス様の総本社とされ、福男選びで有名な年頭の十日戎には毎年100万人を超す参拝者がある。同社は12世紀には西宮市にある名神大社、広田神社の摂社であった。

広田神社は県内で唯一、国家の一大事に奉幣される二十二社に数えられた。創建は神功皇后によるとされ、同様の開創伝承が神戸市の生田神社と長田神社にもある。3社とも摂津国鎮座の名神大社である。生田神社は今も篤く信仰され、県内最多の初詣客を集めている。

県北は旧但馬国で、豊岡市の出石神社と朝来市の粟鹿神社が但馬一宮とされている。粟鹿神社は二宮ともされる。三宮は養父市の養父神社とされ、以上3社に豊岡市の絹巻神社と小田井縣神社を合わせた5社を但馬五社と称し、正月に詣ると大変御利益があるとして多くの人々が巡拝する。養父市の水谷神社も但馬三宮といわれ、〈養父のネッテイ相撲〉‡を伝承している。

県央から南西部は旧播磨国で、牛頭天王総本宮の広峯神社などが鎮座する姫路や、忠臣蔵を伝える大石神社の建つ赤穂など、南部が今は栄えているが、播磨一宮は宍粟市の伊和神社、二宮は多可町の荒田神社、三宮は加西市の住吉神社とされ、いずれも内陸部に鎮座している。

144 　凡例　†：国指定の重要無形／有形民俗文化財、‡：登録有形民俗文化財と記録作成等の措置を講ずべき無形の民俗文化財。また巡礼の霊場(札所)となっている場合は算用数字を用いて略記した

主な寺社信仰

八幡神社
新温泉町久谷。蓮台山の西麓に鎮座。境内は原生林の趣きで、参道が美しい。榊や藪椿が群生し、須田椎は樹齢300年以上、犬四手は県下一の巨木といわれる。品陀和気命を祀り、児屋根命と表筒男命を配祀。山城国の石清水八幡宮より分霊を勧請したのが始まりで、1414年までは蓮台山上にあったと伝える。久斗庄一宮で、勝楽寺が別当であった。境内には薬師堂が残る。例祭は9月15日で、〈久谷ざんざか踊り〉（風流太鼓踊）が行道型で奉納される。6月5日には社頭で〈但馬久谷の菖蒲綱引き〉†が行われ、蓬や菖蒲の生草と稲藁でつくった長さ40m・太さ30cmほどの綱を子ども組と大人組が7度引き合う。日本海沿岸に濃密に分布する五月節供の綱引行事である。麒麟獅子も日本海沿岸に分布し、町内でも浜坂の宇都野神社などに〈但馬の麒麟獅子舞〉‡が伝承されている。

荒御霊神社
養父市葛畑。字村中の山の斜面に鎮座。素盞鳴尊を祀る。昔は隣接する香美町の荒御霊神社と同様に三宝荒神を祀っていたという。1554年の開創とされ、1869年に荒神社から現称に改めた。境内にある〈葛畑の舞台（芝居堂）〉†は17世紀末頃の創建で、1892年に改修して本格的な農村歌舞伎舞台にしたという。1870年結成の葛畑座は1934年に途絶えたが、1964年や2003年に復活公演を実施し、演劇資料館で衣装や道具を展示している。葛畑は古代の山陰道にあり、古くから開けていた。隣には真言宗の般若院福正寺があったが、今は庚申堂のみが残る。木造青面金剛像および童子・夜叉神像が安置され、年に6〜7回やって来る庚申の日には庚申待ちをし、村人が集まって七色菓子を供えて庚申を祀り、灯明を消さないようにして四方山話をしながら一夜を徹夜して過ごす。

二宮神社
養父市大屋町大杉。大杉城址の東麓に鎮座。1656年に瓜原の田中から移ったと伝え、月読命を祀る。大屋地区には加保に一宮神社、筏に三宮神社が鎮座している。霊代（神体）は1827年の再造で、奥山の榁の木でつくったという。豪華な彫刻の本殿は柏原の中井権次橘正貞が1828年に制作した。末社として秋葉大神、四社の宮（青面金剛・賽ノ神・稲荷大明神・加持屋大明神）、山の神、愛宕大神がある。

Ⅲ　営みの文化編　　145

8月16日の大祭には〈大杉のざんざこ踊〉‡が奉納される。太鼓踊の一種で鬼踊ともいう。1649年に庄屋が伊勢参宮をし、帰途に奈良の春日大社へ参詣した際に習得し、氏子繁栄のために踊ったのが始まりと伝える。当社の上段には但馬33-26真言宗大杉山大福寺があり、十一面観音を祀る観音堂では8月9日に数珠引きが行われ、妙見大菩薩を祀る妙見堂では10月1日に祭を営む。

石龕寺（せきがんじ） 丹波市山南町岩屋。聖徳太子が毘沙門天王を祀って開創したと伝える。修験道場として栄え、14～15世紀には山伏が熊野先達として活動していた記録が熊野本宮に残る。境内で市杵島比売命を祀る焼尾神社は寺の鎮守として1241年に弁才天を創祀したものである。山門の金剛力士（仁王）像は国重文で、1242年に肥後法橋定慶が制作した。参道は隣の金屋地区からも延びており、山道の左手に接して室町時代後期築造と推定される〈金屋の十三塚〉†が今も残る。割石を積んだ13基の塚が南北一列に築かれており、足利尊氏が京から当寺へ逃れた際、身代わりに討たれた13人の家臣を弔ったものとの伝説がある。1579年、明智光秀の攻撃で全山焼失したが、後に復興した。聖観音は氷上郡33-13となっている。11月の紅葉祭は護摩供養や武者行列もあり、大勢の参拝客で賑わう。

波々伯部神社（ほほかべじんじゃ） 篠山市宮ノ前。牛頭天王（のち素戔嗚尊）を祀り、丹波の祇園様と親しまれる。当地は太占用の波波迦（上溝桜）を供した部族の居住地で、1098年に田地を京都の祇園観慶寺感神院（のち八坂神社）に寄進したことを機に分霊を勧請したものと考えられている。あるいは播磨国の広峯神社から分霊を祇園社へと遷座する途中、休憩地に一社を設けたともいう。8月第1土日曜日（昔は旧暦6月14日）の例祭には〈波々伯部神社のおやま行事〉‡があり、山車（ダンジリヤマ）が原則毎年奉納され、大会謡の後の大歳森への神幸に供をする。また、原則として3年ごと（2001年以前は辰年と戌年）に胡瓜山が奉納され、謡曲に合わせてデコノボウ12体を操る〈波々伯部神社の祭礼操り人形〉の劇が行われる。

大避神社（おおさけじんじゃ） 赤穂市坂越。宝珠山の南麓に鎮座。聖徳太子の没後、秦河勝は蘇我氏の迫害から当地へ逃れ、千種川下流域を拓いて没したのを、領民が大避（大酒／大荒）大神として祀ったのが始まりという。坂越湾に浮かぶ生島は河勝が漂着した場所と伝え、河勝の墓が営ま

れ、禁足地となっている。10月の例祭は瀬戸内海三大船祭りの一つ〈坂越の船祭〉[†]と称され、天幕や幟、五色の吹き流しで飾った優雅華麗な大規模和船団が生島へと海上を渡御する。昔は河勝が漂着したとされる旧暦9月12日に営まれた。坂越港は古くから瀬戸内往来の要地とされ、17世紀からは廻船業の拠点として栄えた。18世紀に北前船が台頭した後も、赤穂の塩を運ぶ拠点として19世紀まで繁栄を誇った。社奥に建つ真言宗妙見寺は当社の神宮寺で、妙見大菩薩を祀り、廻船業者らから篤く信仰されていた。

射楯兵主神社（いたてひょうず）

姫路市総社本町（ひめじ そうしゃほんまち）。昔は500mほど北の梛本（なぎもと）に鎮座していたが、1581年、世界遺産「姫路城」の改修に際して当地へ遷ったという。本殿の中央は空殿で、東殿に射楯大神、西殿に兵主大神を祀っている。もとは射楯神は因達（いたて）（姫路市新在家本町）に、兵主神は水尾山（姫路市山野井町）に鎮座していたと伝える。1181年に播磨国内174神を合祀して播磨国総社（府中社）と称した。11月15日の例大祭（姫路祭）は総社の祭で、この時だけ中央殿に神籬を設けて九所御霊神を祀る。また、〈播磨総社一ツ山・三ツ山神事（ひとつやま みつやま）〉[‡]として、61年目ごとに五色山（しきやま）という人工の置き山一つをつくる丁卯祭（ていぼうさい）を、21年目ごとに五色山・二色山（にしきやま）・小袖山（こそでやま）の三つをつくる臨時祭を営んでいる。山は高さ18m、径10mで、頂に神々を迎える山上殿（さんじょうでん）を設ける。〈播磨総社「三ツ山」ひな型〉[†]が神門に展示されている。

東光寺（とうこうじ）

加西市上万願寺町（かさい かみまんがんじちょう）。有明山遍照院と号し、薬師如来を祀る。天台宗比叡山延暦寺（ひえいざんえんりゃくじ）の末寺で、法道仙人が開いた満願寺が始まりと伝える。1538年に焼失し、2年後に南ノ坊を再興して現称とした。西隣の有明山万願寺金剛院は北ノ坊を再興したもので、1688年に高野山から恵隆上人（えりゅうしょうにん）を招いて真言宗となった。当寺は若一王子権現（熊野権現）の宮寺（みやでら）として親しまれてきた。同社は現在、若一神社として市杵島姫命（いちきしまひめのみこと）・大山祇命（おおやまつみのみこと）・御祖命（みおやのみこと）を祀っている。当寺は無住であるが、毎年1月8日には地元住民の手によって〈東光寺の鬼会（おにえ）〉[†]が営まれている。修正会（しゅしょうえ）結願（けちがん）の初夜勤行（ごんぎょう）が済むと、42歳の厄年の男が徳太郎と徳次郎の役となり木鍬（くわ）を持って田遊びを演じる。次に19歳の厄年の男が大きな鬼の面を被って赤鬼と青鬼に扮し、松明（たいまつ）や大鉾（おおほこ）を振り回しながら堂内を巡り、1年の災厄を払う。

Ⅲ　営みの文化編　147

住吉神社（すみよし）

加東市上鴨川。創建は不詳だが、賀茂郡の式内社、住吉神社に比定されている。大阪府の住吉大社が所蔵する国重文『住吉大社神代記』によると、同社は9世紀頃に播磨国賀茂郡内に約10万町の杣山を有していたとされ、当社はその一つの拠点として分霊勧請創祀されたのではないかと推測される。当地は播磨国が置かれる以前にあった針間鴨国の中心部と考えられ、隣の平木集落には法道仙人が開いたと伝える西国25の天台宗御嶽山清水寺がある。境内は本殿・割拝殿・長床・舞殿が前庭を挟んで配されており、古い神社の形式を留めている。1493年に建てられた本殿は檜皮葺・三間社流造で国重文となっている。10月第1土曜日に行われる〈上鴨川住吉神社神事舞〉†は宮座制の下に伝承されてきた神事芸能で、中世の田楽や能舞の遺風をよく伝えるものとして貴重である。

車大歳神社（くるまおおとし）

神戸市須磨区。足利尊氏を助けた矢拾地蔵で知られた臨済宗慶雲寺の南に鎮座。昔は西よりの大道（大堂）にあったとも、1397年に摂津国八部郡丹生郷より遷座したとも伝える。古くから車地区の鎮守で、大歳御祖神を祀っている。10月16日の例祭には本社・末社・狛犬など境内13か所に、高野豆腐の上に人参・大根・干椎茸・五万米を載せて金赤色の水引で括ったものを供える。1月15日のトンドの前夜には〈車大歳神社の翁舞〉†が奉納される。この翁舞は呪術性が強く、地元では御面式とよばれ、神体として祀られる面を使って五穀豊穣や天下泰平を祈願している。古態をよく伝承しており、13～14世紀の翁舞に登場していた露払いの稚児が登場し、15世紀以降の能楽の翁（式三番）には登場しなくなったが、14世紀の猿楽の翁には登場していた父尉を含んでいる。

弓弦羽神社（ゆづるは）

神戸市東灘区御影郡家。神功皇后が三韓征伐の帰途、忍熊王の挙兵に際して弓矢甲冑を当地に納め、熊野大神に戦勝祈願したのが始まりと伝える。以来、背後にそびえる山は武庫山や弓弦羽岳とよばれ、後に六甲山と記されたという。根本熊野三所大神として内社に新宮の速玉男神、左社に本宮の事解男神、右社に那智の伊弉冊神を祀った。例祭は10月で、5月に地車祭がある。御影郷は灘の生一本として全国に名を馳せる日本酒の名産地、灘五郷の中心であるため、氏子には酒造関係者が多く、元日には菊正宗・白鶴・剣菱の樽酒が3,000人に

振る舞われる。菊正宗では伝統的な〈兵庫県の酒造習俗〉‡を後世に伝えるべく、1960年に酒造記念館を開館し、〈灘の酒造用具〉†などを展示している。

亀岡八幡神社

南あわじ市阿万上町。淡路島南部の中心地、山城国石清水八幡宮の荘園であった阿万郷に鎮座。郷内11村の産神・氏神・総鎮守と崇められた。最初は海岸近くに祀られたが、大波で海中に没したため、1232年、阿万城（郷殿）の阿万兼友が、亀岡山の麓、古来阿万に鎮座していた松浦高良社の坐す今の地に社殿を造営し、松浦高良大明神を鎮守にしたと伝える。社頭の淡路88-11神宮寺が別当で、隣の同12万勝寺が社僧であった。1952年には島の新しい作物の成功を祈って日本で唯一無二の玉葱神社が境内に創建されている。4月の春祭には15台の布団壇尻が浜ノ宮へ巡幸し壇尻唄を奉納する。9月の秋祭には〈阿万の風流大踊小踊〉†が拝殿で奉納される。昔は雨乞いをして願いが叶った時に願解きとして踊られたもので、多額の費用を要したため百石踊とも称された。

Ⅲ　営みの文化編

伝統工芸

播州そろばん

地域の特性

兵庫県は面積の約8割が山地で、最高峰は氷ノ山(標高1510m)である。河川が扇状地や盆地、平野をつくり、おおむね穏やかな地形だが、一部に険しい山容もみせる。北は日本海、南は瀬戸内海に面し、淡路島や家島諸島なども含む複雑な自然環境の中にある。気候は、中国山地より北は雪や雨が多く、南側は温暖で乾燥している。

飛鳥時代には、摂津、播磨、但馬、淡路、丹波の5カ国が置かれた。平安時代に「大輪田泊」という港が開かれ、平清盛が宋(中国)との貿易港に大改築した。鎌倉時代に港は「兵庫津」と呼ばれ、室町時代に将軍足利義満の遣明船の発着地として発展した。この頃から、塩(淡路)、酒(摂津)、紙(播磨・但馬)、鉄や銅の製造が盛んになった。

江戸時代には、大名領と、天領や旗本領、公家や寺社領など、100を超える領地が分立した。綿、菜種油や織物、金物、柳行李、縫針などの特産品が生まれた。貿易の中心は堺に移るが、京都、大坂と日本海各地を結ぶ北前船の基地となり、高田屋嘉兵衛などの大商人が蝦夷地(北海道)の交易に活躍した。現在でも国際都市・神戸として発展を続けている。

伝統工芸の特徴とその由来

兵庫県の伝統工芸は、種類も由来も多様である。和紙は、奈良時代に播磨紙、鎌倉時代には杉原紙が知られていた。戦国時代には、三木で「播州そろばん」の製造が始められた。また、戦乱で灰燼に帰した三木に呼び寄せられた大工たちの使用した刃物の生産が「三木打刃物」に発展した。

江戸時代には、豊岡の地元の河原で採れるコリヤナギを用いた「豊岡杞柳細工」が盛んになった。篠山藩の「丹波立杭焼」、出石藩の「出石焼」など藩が援助する陶磁器や、城崎温泉の「麦わら細工」、有馬温泉の「有馬人

形筆」など地元の名物となった工芸、自家用の衣服から始まった「丹波布」の織物など、各地の状況に応じた工芸品も発展した。姫路城下では、甲冑師の技術を活かした「明珍火箸」や「姫革細工」が始まり、今も独特な伝統工芸として受け継がれている。

知っておきたい主な伝統工芸品

丹波布（丹波市青垣町佐治）

丹波布は、絹と綿の手紡ぎ糸を、藍と、植物染料で染めて織る、ざっくりとした風合いが魅力の織物である。緯（横）糸に、綿花と繭から紡いだ「つまみ糸」を織り込む特徴がある。基本色は藍と茶で、黄や緑を加えて縞や格子の柄をつくる。茶色にクリの皮、ヤマモモやハンノキの樹皮など、黄色は畔道に生えるコブナグサやキクイモ、ビワの樹皮など地元の植物を使う。

丹波布は、丹波国佐治村青垣でつくられた。文政年間（1818〜31年）に播州木綿に影響されて始まったとされる。縞貫または佐治木綿と呼ばれていた。

播州木綿（播州織）は、1792（寛政4）年に比延庄村（西脇市）の宮大工飛田安兵衛が京の西陣織から技術をもち帰り始まったと伝えられている。幕末〜明治時代初期には、京都周辺で愛好されたが、大正時代に衰退した。

昭和時代初期、柳宗悦が京都の朝市で出会った縞木綿を、工芸研究家上村六郎に託し佐治木綿と特定させた。1953（昭和28）年に上村が丹波布の再現を指導し、翌年、地元保存会が発足する。現在は、丹波布伝承館において、技術の伝承や、丹波布の展示、体験が行われている。

丹波立杭焼（丹波市今田町上立杭・下立杭）

丹波立杭焼は、静かな山里の土と登り窯の炎と釉薬によりつくられる。湯呑、皿、徳利、ぐい呑、壺、花瓶など素朴な暮らしの器は、飽きのこない自然な趣が魅力で、使い込むとそのよさがわかる。

四ツ辻粘土と弁天黒土を混ぜた、鉄分を含む独特の土を用いる。成形は、たたら、手ひねり、押型など多様だが、伝統的な「蹴り轆轤」に特徴がある。動輪を右足で蹴り、左足で引く左回りの回転は、ほかの地域の右回りと異なる。周囲を標高300〜700mの山に守られた美しい丘の斜面には、桃山時代から使われている登り窯もある。

彫りや面とり、櫛目、はけ目、化粧掛けなど素地の模様付けが主だが、

Ⅲ　営みの文化編　　151

絵付けをする場合もある。釉薬は、灰釉、飴釉、長石釉など多種に及ぶ。松割り木を燃料として焼成すると、松薪の燃えた灰が器にかかり、釉薬と溶け合って窯変し、「灰被り」と呼ばれる色や模様が出てくる。

　発祥は、平安末期～鎌倉時代の始めといわれ、桃山時代までは穴窯であったが、1611（慶長16）年頃に朝鮮式半地上の登り窯と蹴り轆轤が導入されたという。当初は、壺や甕・摺鉢などがつくられ、江戸時代前期に小堀遠州の指導により、茶入、水指、茶碗など茶器の名品がつくられた。後期には篠山藩の保護のもとで名工が出て、名を広めた。穴窯時代は小野原焼、登り窯時代には、丹波焼、または立杭焼と呼ばれたが、丹波立杭焼として国の伝統的工芸品の指定を受けた。

出石焼（豊岡市）

出石焼は、白磁の純白な磁肌と、浮彫や透かし彫りといった彫刻の技に特徴がある。煎茶碗や皿、花瓶、香炉、酒器など製品は多岐にわたる。優雅で気品のある磁器である。

　出石焼には、神話の時代に、新羅の王子が陶土を携えて出石に来住し器を焼かせた伝説があるが、江戸時代後期、1784（天明4）年に伊豆屋弥左衛門が出石郡細見村に開いた土焼窯を発祥と伝えている。伊豆屋では、肥前に赴いたり職人を招くなどするうちに、城下の柿谷や鶏塚で陶石が発見され、出石藩が窯を経営した。やがて、販売や製造は民間に委託され天保年間（1830～44年）に最盛期を迎えるが、明治時代初期に完全に衰退する。その後、1876（明治9）年に桜井勉らが盈進社を設立し、有田焼（佐賀県）から指導者を招いて品質向上に成功する。1904（明治37）年開催のセントルイス万国博覧会では金賞を受賞した。1980（昭和55）年には、国の伝統的工芸品に指定されたが、原料や後継者が不足しており、産地としては厳しい状況にある。その中で、若手作家を支援するための磁器の公募展が開催されるなどの新しい動きが出てきている。

豊岡杞柳細工（豊岡市）

豊岡杞柳細工は、コリヤナギで編まれた篭バッグやトランク、バスケット、柳行李、飯行李などである。コリヤナギは、ヤナギ科の落葉低木で、柳行李をつくる材料として栽培され、その後に野生化している。枝が垂れているヤナギと異なり、水辺で育ち株立ちする。吸湿性が高く、虫が寄りつきにくい特性が、衣類の収納や弁当箱に適している。刈り取り、皮を剥ぎ、割き、乾燥させるなど多くの手間をかけ、艶のある象牙色の温かみのある素材となる。

奈良正倉院御物には、「但馬国産柳箱」が収蔵されており、1世紀につくられたものと考えられている。豊岡では、円山川の氾濫があって米の収穫が不安定であった。一方、気候と河原の荒地がコリヤナギの生育に適していたことから、杞柳細工が盛んになり、江戸時代には京極藩の奨励策により全国に知られるようになった。行李は、手提げやトランク、花篭など時代に合わせて形を変え、豊岡は「かばんの町」として発展してきた。

現在では、草木染のスタイリッシュな手提げなどがつくられるようになり、長く愛用される豊岡杞柳細工として期待されている。

城崎麦わら細工 (豊岡市)

城崎麦わら細工は、大麦の麦わらを色とりどりに染め、桐箱や名刺入れ、壁掛け、箸置き、イヤリングや指輪、独楽や土鈴などに張り合わせることで、絵や幾何学的な模様などで彩る伝統工芸である。麦わらは、絹のように光り、滑らかな手触りと繊細な図柄を楽しむことができる。

ムギを刈り取り、漂白、殺菌、硫黄燻蒸をしてから乾燥させ、節を除き煮沸し、再び漂白する。染料で染めた麦わらを割り開き、細く切る。ご飯で糊をつくり、細く引いた麦わらを糊でつないで縞物にする。縞物を和紙に貼り、裁ち、組み合わせたりずらしたり、細かい技法を用いて模様を組み立てていき、器物に貼る。

今から300年ほど前、城崎へ湯治に来た因州 (鳥取県) の半七という旅人が、竹笛や独楽などに色麦わらを貼り、宿の軒先で売って宿賃の足しにしたのが始まりといわれている。技法は進歩し、明治時代には来遊した画家の下絵による芸術的な作品も生まれ、城崎温泉の湯治客に喜ばれる工芸品となった。温泉の町にある白壁、土蔵づくりの城崎麦わら細工伝承館には、江戸時代から今日までの、城崎麦わら細工の作品が200点以上展示されており、体験により工程を学ぶこともできる。

播州三木打刃物 (三木市)

播州三木打刃物は、大工道具の鋸、鑿、鉋、鏝、小刀など。鉄と炭素鋼を炉で熱し、鎚打ちによって鍛接、鍛錬して成形する、いわゆる鍛冶屋の仕事でつくられるものだ。日本の木造建築には欠かせない道具である。伝承によれば、この地方で行われていた大和鍛冶の技法と、朝鮮半島からもたらされた韓鍛冶の技術が融合されたのが始まりといわれる。

1580 (天正8) 年、羽柴秀吉が三木城を攻め、三木の町は破壊された。焼

Ⅲ　営みの文化編　　153

け野原になった町の復興のため、秀吉は免税政策を取り人々を呼び戻そうとした。そのとき、建物の再建に大工が全国から集まり、道具をつくる鍛冶職人も増えた。復興が一段落すると、大工は京都や大坂に出稼ぎにいき、持参した道具類が評判になり、三木は大工道具の産地として全国に名が知られた。天明年間（1781～89年）には、江戸の大洪水や京の大火などで大工道具が必要とされ、生産が飛躍的に拡大した。

　江戸時代は和鉄・和鋼のみを用いていたが、明治時代には洋鉄・洋鋼も取り入れ改良を重ねた。日露戦争時には軍用品もつくり、量産化が進む。第二次世界大戦後は再び大工道具の需要が増し、同時にバールなどの工具や鋏などもつくる「金物のまち」として発展する。折り畳み式ナイフの「肥後守」は、名前から九州産のように思われがちだが、明治時代中期にこの地で考案され、三木の組合業者以外は使えない登録商標である。

　近年、建築工法の変化や安価な輸入品が増え、需要の減少や伝統技術の後継者不足などの問題が現れてきた。業界では新製品や新素材の開発、海外市場への進出、見本市やイベントでの情報発信などを行い、高い技術力の継承や活用を試みており、海外での評価につなげている。

播州そろばん（小野市）

　播州そろばんは、玉はじきがよく、使いやすい。はじくと冴えた音が鳴り、玉は滑らかに動きピタリと止まる。玉は、カバやツゲの木を削り、やや丸みを帯びた菱形に仕上げる。玉が動く軸（芯）は真竹や煤竹。軸を支える枠にはコクタンなど堅くもちのよい天然木を用いる。厳選した材料と180以上の工程により無駄のない端正な形となり高い機能を発揮する。

　選定した原木を乾燥させた後、玉を削る。軸のひご引き、枠を製材して部材をつくる。枠の部材は中桟、上下左右の枠、裏板に加工する。軸に玉を入れて枠を組み、歪みを直して目止めで固定し、艶出しをして仕上げる。枠は、釘を使わず、継ぎ手とする凹凸を彫り組み合わせる仕口加工の技法でつなぎ、歪みなく長年使えるものにする。

　そろばんは、室町時代末期に中国から長崎を経由して大津に伝わったとされる。秀吉の三木攻略により大津に逃れた人々が、大津で習得したそろばんづくりを小野で始めたという。1955（昭和30）年代を頂点として生産量は減少したが、教材として再評価されている。

有馬の人形筆 (神戸市)

有馬の人形筆の柄には、全面に繊細な模様が、色鮮やかな絹糸で巻き付けられている。文字を書くために筆を傾けると、柄の後ろから小さな人形がひょっこり顔を出す、からくり細工の美しい筆である。

絹糸は、糸車に巻いたものを、手作業で丁寧に筆の柄に隙間なく巻き付ける。「市松」「青海波」「うろこ」「矢がすり」の4種類の模様を、色や組み合わせを変えることにより、1本1本趣向の異なる筆が生み出される。人形は、石膏などを混ぜた素材でつくられ、軸の内部に仕込まれる。人形に糸と錘を使った仕掛けがつけられ、穂先を下に向けると穂先の反対側から飛び出し、穂先を上に向けると、軸の中に収まる。一人のつくり手が一日につくることができるのは12〜13本であるという。

起源は室町時代ともいわれ、江戸時代初期には定着したとされる。第二次世界大戦後に衰えたが、1970（昭和45）年の万国博覧会に出展し、入選作品となり再興したという。兵庫県伝統的工芸品に指定されている。軸の模様の多様さと、祝いの品や土産品として、有馬温泉にある1軒の工房で制作が続けられている。

播州毛鉤 (西脇市)

播州毛鉤は、1cmほどの釣りの擬餌鉤である。鉄製の鉤に漆や金箔をつけ、ニワトリやカモなどの羽を用い、水中昆虫の有り様を表現する。魚が突きたい形を求めるものづくりである。魚と、季節、天候、水深、水質、周囲の地形などを考えてつくる。釣り師は、500種以上の毛鉤を、状況に合わせて使い分ける。

播州毛鉤の工程は、複雑かつ繊細である。漆と光明丹（赤色の顔料）を漆練り台上で、畳針を使い練り合わせてから、絵筆の先につけ、鉤の胴の部分（5mm程度）に塗り付け、鉤掛用クシに差し乾燥させる。金箔、漆、生糸、テグスを使い、虫の胴や尻、頭に見立てる部分を、鳥の羽を入れながら構成し、最後に頭の部分にあたる漆玉に金箔を貼って仕上げる。

魚釣りに擬似針を用いた例は古墳時代にもあるが、毛鉤は、江戸時代の1678（延宝6）年刊行の『京雀跡追』に、伊右衛門という毛鉤師が記されている。アユの毛鉤釣りは京都を中心として関東に広がったとされている。播州には天保年間（1830〜44年）に技術が伝わり、農家の副業として始まった。明治時代中期には、釣果の優れた毛鉤が考案され、博覧会での受賞を契機として、釣り師の間に知られるようになった。

Ⅲ　営みの文化編　155

民　話

地域の特徴

　兵庫県は北に日本海、南は瀬戸内海に面し、淡路島を入れて南北に長い広域県である。面積の80%を占める山地の中央部を中国山地が走り、県域を南北に二分する。その分水界から大小の河川が両方の海に注ぐ。気候的には、降雨量の多い県北の日本海気候に対し、県南は比較的日照時間が多く、降雨量の少ない瀬戸内海式気候と対照的である。

　兵庫県は明治の廃藩置県の際、古代の行政区分でいう畿内の摂津、山陰道の丹波・但馬、山陽道の播磨、南海道の淡路の5国が一つとなった。神戸の開港場の威信のため「大兵庫県」が必要だというエピソードがある。

　しかし、地勢や気候の違いに加えて、それぞれ固有の経済、文化、風俗をもつ国が複合するのには、さまざまな問題があった。当初の明治県政では、人口が県全体の6割近い神戸地区と、ほかの郡部との税の利用の不公平感の解消のため、財政の予算審議を神戸区会とほかの郡部会とで別々に行うなど、苦肉の策で急場をしのいだとされる。

伝承と特徴

　『日本昔話通観　兵庫』の凡例に「兵庫県昔話調査図」が出ている。調査の進捗度合いを地図に表したもので、神戸・阪神地区や姫路市などの県南沿岸部は調査が進んでいないのに対して、山間部や日本海側、淡路島は比較的調査が行われている実態が示されている。この調査の進捗度は、伝承密度と相関している。昔話などの伝承は農山村地に濃く、都市部は希薄という実態は日本全体の傾向でもあり、生活文化の違いといえる。

　但馬に生まれ、『但馬昔話集』を編んだ谷垣桂蔵は、農繁期が終わった冬場の日待ちや天神講、山の神が昔話を聞く機会で、「狐狩」や「子ども会食」などの子ども行事は「昔話練習の場でもあった」と述べている。農山村特有の生活や行事が、昔話を温存する役割を果たしてきた。

『但馬昔話集』が昔話を中心に集めたのに対し、『民話のろばた―彦八ばなしなど―』（後に増補した『西播磨昔話集』）に収められる268話のほとんどは、笑い話や世間話風の話である。同書の解説のあんざこいわお「昔話のふるさと」によると、「この土地では、一般に滑稽な一口噺のことをヒコハチバナシと呼んだ」といい、彦八話は落語の祖・米沢彦八の系統にあると縷々説明する。その通りであるとしても、昔話が落語にネタを提供したことも忘れてはなるまい。

　播磨の伝承風土は、『播磨国風土記』から連綿しているようである。排便を我慢するのと重い荷物を背負って歩くのと、どちらが遠くまで行けるかを競い、排便派の大汝命が負けるという、小比古尼命とのコンビの話は、農耕の基盤なしには考えられない。アメノヒボコの話なども、神話の系統というより、農耕の日常に基づいて構想されていることが、『民話のろばた』を読むとよく理解できる。

　初期の民話研究者としては谷垣桂蔵、井口宗平以外に、西谷勝也も挙げなければならない。高校教師だった西谷は柳田國男の依頼を受けて、淡路島や県北の城崎郡や美方郡の昔話調査を続け、資料を柳田に送っている。近年、野村純一が『柳田國男未採択聚稿』でそれらを紹介したことでようやく日の目を見ることになった。西谷は、1961（昭和36）年に『伝説の兵庫県』を出版する。兵庫県の伝説を地域別に分け紹介と解説を加えている。兵庫県の昔話の報告数に対し、伝説の報告はその倍を超えており、その先鞭の役割を西谷は果たした。

おもな民話（昔話）

舌切雀　　　『但馬昔話集』の「舌切雀」は、形の整った昔話である。
　昔あった時ぃ、爺さんと婆さんがあってぇ、雀ぅ飼うとったって。ある日ぃ爺さんは山へ木ぃこりぃ行くし、婆さんは、「雀ぇやぁ、私が洗濯して来る迄ぇ、糊ぅ煮とけぇや」言うて川ぇ洗濯しぃ行てぇ、雀ぁ、言われた通りぃ糊煮よって"まぁー煮ぇただか？"ちょっとねぶって（舐めて）みたら、余りうまうて"まぁー一口"また一口、とうとうみんななめてしもうて、そなぇしとる所ぇ婆さんが戻って来てぇ。
　このあと糊の所在の問答が続く。のらりくらりと言い逃れるが、ついに雀は食べたことを白状すると婆は鋏で舌を切る。爺が戻り、糊を舐めたか

ら舌を切ったと言うと、爺は捜しに出かける。途中、馬追いどんに雀の行方を尋ねると、「馬の盥に小便三杯飲みゃぁ言って聞かせる」と言うので、爺は飲む。この先にいる牛追いどんに聞けと言う。牛追いどんも、「牛の盥に牛の小便三杯飲んだら、言って聞かせる」と言うのでこれも飲むと、この先の竹藪にいると言う。行くと、「ギッコンバッタン十六反、機ぁ織りゃぁキーコタン、管がにゃぇー婆ぁさん」と機織りしている。訪ねると爺にご馳走し、「大うけなツヅラと小さぇツヅラ」を持ち出してくるので小さい方をもらってくる。持ち帰ってみると銭や宝物が入っている。

　羨ましがる婆も爺さん同様に、馬の小便や牛の小便を飲み、竹藪を尋ねる。婆には不味いものを食わして、大きいツヅラと小さいツヅラを出す。欲深い婆は大きいツヅラを貰い、途中で開けると「中から化物や一つ目小僧や、蛇がでて来て」婆さんを咬み殺したという。「せぇで、人の真似ぅしたり、欲張りするだぁなぇ、いう話だどいや」（美方町新屋　田野なか）。

　長い話なので、途中から要約したが、原典で読み味わってもらいたい。方言と起伏のあるストーリーが魅力的である。舌を切られた雀が、婆に意趣返しをするところが、一般の子ども向け用とは違うが、厳格な生活論理に貫かれていると言えようか。本書では続いて大屋町若杉の秋山富雄による舌切雀が参考に供されている。これも味わいのある昔話である。

隣の寝太郎

　食っては寝てばかりの寝太郎に、母が小言を言うと、正月銭儲けすると答える。正月の朝、寝太郎は隣の金持ちの家に忍び込んで井戸に隠れている。そこの親父が娘にいい聟が授かるようにと祈る。寝太郎は「隣の寝太郎を聟に取れ」と言う。水神のお告げと親父は喜び、聟貰いに行く。渋って聟に出すが、聟入り後も相変わらず寝たっきりの聟に、親父は愛想をつかして追い出すので、多額の慰謝料を貰って帰ってくる。その後、寝太郎はまじめに働き、身上持ちになる。

　これは1927（昭和12）年の雑誌『旅と傳説』に「氷上郡昔話集」として掲載されたものである。報告者の天野眞弓は、1862（文久2）年氷上郡柏原生まれの母方の祖母から聞いたという。怠け者の寝太郎が神を装い、「隣の寝太郎を聟に取れ」といって聟入りする。しかし、相変わらずの怠け癖に、追い出されるが、その際に法外の慰謝料を手にする。したたかな現代版の寝太郎といえる。

横行の爺

　全国でも有名な「団子聟」の昔話が、但馬地方では愚か村の「横行話」として伝承されている。『但馬昔話集』に載る話を紹介する。昔、横行の爺があつてな、秋休みに嫁の里へ遊びに行つて、丸いだんごをこしらへて貰ふてよばれたが、でえーろおいしかつた。「これ、なんちうもんだ」「だんごだ」「いんで嬶にこしらへさう」と言つて帰つてゐる中に、其の名を忘れてしまふた。思ひ出さうとしても思ひ出せなんだ。其の中に溝があつたので、「ひよこ」ととんだ。「あゝひよこだつた」と言つて思ひ出した。家に着くなり、嫁に「ひよこ食はせ」と言つたが、嫁は何のことかわからぬ。「そら、うまいもんだつた。ひよこ食はせ」と言つたが嫁は未だ合点がいかぬ。爺はやけて（怒つて）来て、ひうけん竹（火吹竹）で嬶の頭を殴つた。嬶は其処を抑へて、「だんごのやうな瘤が出た」と言つたので、爺は始めて気が附いて、「だんごだつた、だんごだつた」と言つた。

　編者の谷垣桂蔵によると、横行とは養父郡大屋町横行のことである。但馬では鳥取県に近い地域は佐治谷話、その隣接地域から横行話が伝えられているという。神崎の生まれの柳田國男は『故郷七十年』の「播州人のユーモア」で「大屋の横行話」を子どもの頃によく聞いたと述べている。但馬から神崎まで広く分布していた笑い話であったことがわかる。

おもな民話（伝説）

飾磨のかちん染め

　「飾磨のかちん染め」は播磨の藍染として有名で、「血しお染」とも言うが、次のような物騒な話がある。西本勝也の『伝説の兵庫県』から引く。

　姫路の増位山の麓に小鷹の長者屋敷というのがあった。熊太郎という乱暴者が、白国の人見塚に小鷹と名乗って住んでいた。熊のような大男で妻はなく、多くの女を侍らせていた。屋敷に旅人を泊めては石の枕をさせ、それに重石を落として殺した。その血で染めた染物をしかまのかちん染めとも、血しお染めともいった。

　ある時、坂田長年という美しい男が泊まった。長者の娘は男が殺されることを不憫に思い、「旅の人、石の枕はせぬものじゃ」と、子守唄を口ずさんだので、男は覚って娘と外に逃げた。男は男山に、女は姫山に逃げたのを長者は追いかけて、二人とも殺した。それぞれの姫山の名の由来だと

Ⅲ　営みの文化編　　159

伝える。

人血を染物の材料に用いたというショッキングな話であるが、西谷は江戸後期の平野庸脩の地誌『播磨鑑』の「飾磨褐地染之由来」を、現代語に改めて載せた。かち染は飾磨の名産として、歌枕として歌われてきた。

西谷はこの話を「安達ヶ原の伝説と山姥の昔話が結び」ついた「大盗の説話」と述べ、山姥の昔話「食わず女房」を想定している。しかし、肝腎の「かちん染め」のことが抜けている。人血を用いて染める「纐纈染め」の話は、今昔物語集や宇治拾遺物語「慈覚大師纐纈城に入給ふ事」にある。

民間でも宿に泊めた旅人を殺害する「安達か原の鬼婆」（能の「黒塚」）や浅草「浅茅ヶ原の鬼婆」の姥ヶ池の伝説がある。昔話にも人の脂を絞る「油取り」という話があり、「飾磨のかちん染め」伝説は、纐纈染めなどの説話の影響を受けて形成されたものと考えられる。

件の話

人間の頭をした牛の子が生後1週間しか生きられず、その間に予言をし、それが恐ろしく的中するという噂話が、井口宗平『民話の炉ばた』に載る。井口によると、わたしが未だ青年のころのこと、この件の遺骸だというものを風呂敷に包んで負うて、赤インキで木版刷りにした紙片を配って米や銭を貰いあるいて来た男があった。その紙片には「件の一言は彼の女に七年以下の豊作と申立にて弊死せり」と記してその下に人面獣身の件の絵がかいてあった。この男はわたしの留守宅へ来て紙片をおいていったのであったが、家人はその男の背負うている風呂敷の中の乾物の件を実見したそうで、ネコの子ほどのおおきさのものだったと語った。印刷物の文面から推せば、その件は、人間の母親から誕生したものの如くであるが、これ以外何も見たことも聞いたこともないので、いっさいわからんじまいである。（『民話の炉ばた』）。

「件」の漢字を分解すると「人」と「牛」になり、「人面獣身」の件となる。もともと「件」が音便化して「くだん」となり、証文や書状などで「仍って件の如し（前に述べたとおりである）」と形式的に使われる。その「件」が、「7年以下の豊作」の予言を残し斃死したと、その文句と件の絵を書いた赤インキの紙片を配り、米や銭を貰い歩く男がいた。わざわざ1週間前に死んだ遺骸を見せて信用させるなど手が込んでいる。昭和の初めの頃の話である。

件は江戸の初め頃からたびたび噂に登場し、龍宮からの使いで「人面魚

体」のものもあったという。その絵を持っていれば赤痢やコレラに罹らないとされた。第2次世界大戦末期頃に、「日本は戦争に負ける」という件の予言が出て、戦後それが的中したといった噂も流れた。危機意識や社会不安に乗じて噂話は語られるが、件はその最たるものといえる。

おもな民話（世間話）

燕の恩返し　　根宇野の嘉吉さんは優しい人で、毎年、燕が家に巣を作るのを暖かく見守っていました。ある年の夏、連日の雨で野良仕事ができない嘉吉さんが、藁仕事をしていると、燕は家の出入りや軒先を忙しく飛び回わっていました。挙げ句には嘉吉さんの髪の毛を加えてひっぱりするのでした。嘉吉さんが変に思いながら外に出ると、雨でズエが抜け（山が崩れ）て、土砂や水が押し寄せようとしていました。嘉吉さんはそのまま一目散に逃げて一命を取りとめたのでした。燕が危険を教えて、命を救われたのでした。嘉吉さんはこれまで以上に燕を大事にしました（『ふるさとの民話史話　綜合版』）。

　足立誠太郎『ふるさとの民話史話　綜合版』に載る話で、長井作次さんから直接伺ったとして地名や人名もあるので、実話であろう。

　人間の住居に巣をつくるのは燕だけで、「巣をつくる家は縁起がいい」などと容認する人や地域は多い。一方で、「雀孝行」の話のように、親の死に目に雀はすぐに駆けつけるが、燕（啄木鳥とも）はお化粧して遅くなり死に目にあえなかった。そのため穀物は食えず虫を食うのだという。この「燕の恩返し」は、災害を告知したという意味でも貴重な話である。

Ⅲ　営みの文化編

長壁

地域の特徴

兵庫県は近畿地方第1位の総面積を有し、本州の都道府県としては、山口県とともに日本海と瀬戸内海の両方に面しているという特徴をもっている。旧国でいえば、摂津・丹波・但馬・播磨・淡路の5国からなっており、これは他に類をみない特徴である。

兵庫県がこのような広域にまたがる県となった背景には、神戸という開港場にふさわしい大県となるべきだという内務卿大久保利通の意見が反映されたという事情があったようだが、これはかなり強引な合併であった。例えば、摂津・丹波はそれぞれ大阪・京都と二分されることになり、また淡路は江戸時代まで徳島藩の支配下にあったものを切り離して兵庫県に組み込んでいる。こうした歴史的経緯を無視した合併であったために、住民には「兵庫県民」としての統一的なアイデンティティが希薄で、県民性も「ない」と評される。それゆえに、民俗文化的なものをみる際にも、県南東部の摂津地域は大阪、北東部の丹波地域は京都、北部の但馬地域は鳥取、南西部の播磨地域は岡山、淡路は徳島といった具合に、隣接する地域との関連性を考えることが重要になる。

伝承の特徴

都に近いという関係から、鵺や茨木童子などの古典的な妖怪に関する伝承（鵺塚や破風をつくらない村など）があり、また姫路という大きな城下町があることから、長壁や皿屋敷の物語など、江戸時代からよく知られた妖怪の伝承も伝わっている。だが、これらは地元の生きた伝承としてはほとんど残っておらず、文献によってうかがうことができるものである。

兵庫県の総面積の80％以上は山間部であり、妖怪の民間伝承も山間部に多く残っている。とりわけ但馬地域の「送り狼」や「掃部の嬶」の伝承は、かつて山のなかにニホンオオカミが棲息していた時代の、人々が狼に

対して抱いていた畏怖の姿を伝えるものとして興味深い。また、狐や狸が起こすとされるさまざまな怪異の伝承は、山間部ばかりではなく平野部でも聞かれるが、とりわけ淡路は化け狸伝承の本場である阿波との歴史的なつながりが深いこともあって、「芝右衛門狸」をはじめとした名のある化け狸の話が多く伝わっている。

主な妖怪たち

小豆洗い

水辺で小豆を洗うような音をさせる怪。江戸時代からよく知られた妖怪で、各地にその伝承があるが、その多くが姿を見せないのに対して、但馬地域に伝わる小豆洗いは老婆の姿をしているとされていた。養父市大屋町横行の野在橋では、老婆の姿の小豆洗いが丑三つ刻になるとゴシャゴシャと小豆を洗ったという。また養父町（現・養父市）浅野には、鳥取まで続くという大きな洞穴のある穴岩があり、ここに小豆洗いがいた。岩の前を花嫁が通ると、老婆の姿に化けた怪物に穴の中へとさらわれてしまうので、嫁入りがあるときには、一足先に出た使いの者が穴に注連縄を張り、花嫁が通り終わると取り除く決まりになっていた。後には穴岩の外れにできた「穴岩茶屋」に若干の謝礼を払い、その労を執ってもらうようになった。大正末期から昭和初期の頃までその風習が続いていたという（『兵庫県の秘境』）。

油返し

怪火の一種。伊丹市の昆陽池では、初夏の闇夜や寒い冬の夜に、池の南の千僧の墓地から油返しの火が現れ、昆陽池・瑞ヶ池の堤を通り、天神川のほとりから中山へ上がるという。昔、中山寺（宝塚市）の油を盗んだ者の魂であるとも、また狐の嫁入りとも、千僧の墓の狼の火であるともいわれている（『民間伝承』5-5）。1701（元禄14）年に刊行された摂津国の地誌『摂陽群談』に記された「仲山火」も同じものであろう。これによれば、昔、中山寺の僧侶の行く手を阻み、そのためにかえって罰を受け悔い改めた山賊が、中山寺に常夜灯の油を寄進したが、その油を盗んだ者が死んだ後に怪火となって中山寺に通うのだと伝えられている。油を盗んだ者がその罪により死後怪火と化すという伝承は、河内国（現・大阪府東部）の「姥が火」をはじめとして類例が多い。油がいかに貴重品であったか、かつての日本人の生活感覚を伝えるものといえる。

Ⅲ　営みの文化編　　163

伊佐々王

1348（貞和4）年頃の成立とされる播磨国の地誌『峯相記』に記された怪物。安志（現・姫路市安富町）の奥に棲んでいたという身の丈2丈（約6m）の大鹿で、数千の鹿を従え、多くの人を食い殺し、ついに退治されたとされている。多くの滝壺があり、県指定の名勝ともなっている姫路市安富町の鹿ヶ壺は、この怪物が棲んでいた場所と伝えられ、かつては人が近づくことを禁じられていたという。『峯相記』の「二ノ角ニ七ノ草苅有テ、身ニハ苔生ヒ、眼ハ日ノ光ニ異ナラズ」という描写は八岐大蛇を彷彿とさせる。また奈良県の伯母ヶ峰には「猪笹王」というよく似た名前の怪物の伝承があるが、こちらは背中に熊笹の生えた大猪だとされる。だが鹿と猪はいずれも「シシ」とよばれた獣であり、体にさまざまな植物が生えている様子も共通しており、荒ぶる自然の力を象徴化した存在であると解することができるだろう。

牛女

都市伝説として現在も語り継がれている妖怪で、体は美しい着物を着た女性の姿だが、頭は牛だという。夜に六甲山の峠道を車やバイクなどで走っていると、ものすごい勢いで追いかけてくるという。牛女の話は戦後間もない頃から噂話として神戸や西宮あたりで語られていたようで、少年時代を阪神地域で過ごしたSF作家・小松左京が1968（昭和43）年に発表した短編「くだんのはは」は、この牛女の噂話をもとにしたものとされている。

鰻畷火

狸火ともいう。川辺郡東多田村（現・川西市）の鰻畷に出たという怪火。雨の夜に出ることが多い。人の姿をしており、時には牛を牽いて手に火を携えた姿で出てくるので、知らない人は煙草の火をもらって世間話をしたりすることもあるという。害をすることはないが、わざと近づこうとすると遠くに去ってしまうという（『摂陽群談』）。

お菊虫

「皿屋敷」の怪談で知られるお菊さんの怨念が化したという虫。腰元のお菊が、10枚1組の皿の1枚を割ってしまったために、主人に手打ちにされて井戸に投げ込まれ、幽霊となって毎夜皿を数えるという皿屋敷の怪談は、浄瑠璃の「播州皿屋敷」で知られる姫路だけではなく、尼崎にも伝わっている。1795（寛政7）年には姫路・尼崎・大坂で女が後ろ手に縛られたような姿の虫が異常発生し、「お菊虫」とよばれた。その正体はジャコウアゲハの蛹であるとされ、姫路では昭和の初め頃まで土産物として売られていたという。

送り狼　夜に一人で道を歩いていると、どこからともなく現れて後を
ついてくる狼。但馬や播磨の山間部でいう。狼に送ってもらう
と狐や狸などが近寄ることはないが、転倒するとたちまち食い殺されてし
まう。また、つまずいたり、後ろを振り返ったり、声を上げたりすると、
驚いた狼は頭上を飛び越えて逃げてしまうが、その際にボンノクボに尿を
かけていく。これは一種のマーキングで、尿をかけられた者は両3年の間
に必ず食い殺されるという。無事に家まで送ってもらえたときは、履物か
持ち物を投げ与えるのが決まりだが、その際にも後ろを振り返ってはなら
ないとされた（『兵庫県の秘境』）。養父市大屋町大杉では、狼に飛び越さ
れた女は「目を入れられた」とされ、死後必ず狼がその死体を喰いに来る
から、目を入れられた女を埋めたときは村人が夜番しなければならないと
いう（『近畿民俗』1-2）。城崎郡竹野町（現・豊岡市）では、夜道を一人
で行くときは、狼に飛び越されないように男ならキセル、女ならかんざし
や針を頭の上に立てて歩かなければならないという（『民俗採訪』昭和38
年度号）。

長壁（おさかべ）　姫路城の主（ぬし）とされる妖怪。江戸時代にはよく知られており、草
双紙や錦絵、また歌舞伎の題材にもなっている。十二単（じゅうにひとえ）姿の美女
もしくは老婆として表され、その正体は狐とされることが多い。ただし、
地元の姫路では長壁はあくまで神として祀られており、狐としてのイメー
ジもない。十二単や狐のイメージは、玉藻前（九尾の狐）説話などの影響
から、主に江戸の文芸のなかで醸成されたものだろう。

掃部の嬶（かもんのかか）　養父市八鹿町宿南に伝わる写本『掃部狼婦物語』（ようかちょうしゅくなみ）に登場
する化け狼。郷士・高木掃部の前妻に命を救われた恩を返す
ために、高木家横領を企てていた後妻を食い殺してその女になりすまして
いた。あるとき、山伏が狼の群れに襲われ、木の上に逃げるが、狼たちは
次々と積み重なって木の上まで到達しようとする。しかし、今一歩のとこ
ろで届かないので、「カモン、カモン」と呼ぶとひときわ大きな狼が現れ、
山伏に飛びつくが、額に短刀を受けて逃げ去る。その後、掃部の家を訪ね
た山伏は、掃部の妻が先ほどの狼であったことを知る。狼はその短刀がか
つて盗まれた高木家の宝刀であることを知り、取り返そうとしていたのだ
った。柳田國男が取り上げた「鍛冶屋の婆」とよく似た話で、同じ但馬の
城崎郡温泉町（現・新温泉町）には「鐘尾のガイダ婆」という同様の話が

Ⅲ　営みの文化編　　165

伝わっている。「送り狼」と並んで、狼に対する日本人の両義的な感覚が反映したものととらえることができる。

芝右衛門狸
淡路の有名な化け狸。人間に化けて芝居見物に出かけて、不運にも犬に食い殺されるというエピソードが有名だが、その場所は淡路・徳島・大阪など、伝承によってまちまちである。そのうちの一つ、大阪・道頓堀の中座では、奈落に芝右衛門狸を客招きの神として祀っていたが、中座の閉館後、2000（平成12）年に芝右衛門の故郷とされる洲本市に「里帰り」し、現在は洲本八幡神社に祀られている。

砂かけ婆
頭上から砂をかける妖怪。柳田國男の「妖怪名彙」で取り上げられた事例が奈良県のものだったため、奈良県の妖怪とされることが多いが、実際は大阪・兵庫の摂津地域でよく聞かれる怪である。西宮市今津では、松の木の下を夜通ると、狸が頭上から砂をかける。これを砂かけ婆とよんでいるが、音だけで砂は見当たらないという（『民間伝承』4-3）。また、尼崎市や伊丹市にも砂かけ婆が出たとされる場所がいくつかある。「婆」と言いながら老婆の姿をしているという伝承はなく、はっきりと狸の仕業と語るところが多いようである。但東町（現・豊岡市）平田の峠にも同じく砂をかける怪があり、「峠の砂まき」とよばれていた。これも狸の仕業とされている（『但東町の民話と伝説』）。

スミツケ
通りかかった人の顔に墨をつける妖怪。14世紀に赤松円心の子・則祐によって築城された感状山城（相生市）は、天正年間（1573〜92）に秀吉の中国攻めにより落城したが、そのときに抜け穴を通って脱出しようとした武士が穴から出られないまま死んでしまい、その怨念が光間寺の鐘楼の地下から現れて、夜、通りかかった人の顔に墨をつけるのだという（『播磨』71）。嘉吉の乱や秀吉の中国攻めなどで戦場となった播磨には、落城にまつわる伝説が多く、これもその一つであるといえる。

高入道
西宮市今津の酒蔵の間の狭い路地によく出たという。不意に眼前に現れ、見上げると天まで達するほどの背丈になる。ただし、物差しで1尺（約30cm）、2尺、3尺と計ると消える。その正体は狸とも狐ともいう（『民間伝承』4-3）。但馬では見越入道とよび、鼬が化けたものとされる。養父市大屋町では、黒い影の下に鼬がいるから、影の真ん中を蹴り上げると驚いて逃げるという（『兵庫県の秘境』）。千種町（現・

166

宍粟市）では、鼬が化けた大入道に出会った時の呪文を「イタチの道切る、天切る地切る、わが行く先悪魔を祓う。ナムアビラウンケンソワカ（3回唱える）」と伝えている（『千種　西播奥地民俗資料緊急調査報告』）。

ツチノコ
奥播磨では、恨みを残して死んだ者の霊はツチノコとなり、夜道で人の足を取る。足を取られた者は動けなくなり、声も出なくなるので、朝までその場に立ちすくんでいるしかないという（『西郊民俗』13）。これは四国のノツゴなどに似た、目に見えない霊怪であるが、但馬ではツチといういわゆるUMA（未確認動物）としてのツチノコに近い怪異が伝承されている。体は槌に似て太くて短く、黒みがかった灰色の蛇で、獰猛で人に食いつくという。養父市能座では、栗の木を柄にした鎌でツチに触れると、触れたところが口になるので、「栗の木は鎌の柄にするな」といわれているという（『兵庫県の秘境』）。また宝塚市ではゴハッスン（五八寸）ともいう。胴回り5寸（約15cm）、長さ8寸（約24cm）の太くて短い胴体からその名がある（『伊丹台地の史話と昔ばなし』）。

ナベカツギ
加東市社町上鴨川でいう。黄昏時に目の前を真っ暗にする。これをナベカツギといい、狸の仕業とされた。昭和初期まであったという（『上鴨川の民俗』）。通行人の視界を塞ぐ怪としては、「野衾」や「塗り壁」などがよく知られているが、これも同様の怪といえるだろう。

ヒダルガミ
ヒダルボウともいう。取り憑かれると耐えがたい空腹感に悩まされる。空腹のまま山道を歩いていると取り憑かれることがあるといい、そのときは米を一粒放るか、ご飯を一粒でも食べて「あーうまかった」と言えばすぐに治るという（『旅と伝説』9-1）。同様の怪は各地に伝承があるが、ヒダルガミの名称は特に兵庫県の摂津・但馬地域、および奈良県でよく聞かれる。

ワタボッサン
綿帽子さん。津名郡東浦町（現・淡路市）のヤケノスジとよばれる町道に出たという怪。闇夜に薄ぼんやりと白い綿の塊のようなものがふわふわと飛ぶ。祠を建てて祀るようになると出なくなったという（『続むかしばなしひがしうら』）。

Ⅲ　営みの文化編　　167

高校野球

兵庫県高校野球史

　兵庫県では，1887年頃に兵庫県尋常師範（後の御影師範）で野球が行われており，その後，神戸商業，関西学院中学，兵庫県神戸尋常中（現在の神戸高校），神戸二中（現在の兵庫高校）などに広がった．大正時代には全国最強の県でもあり，1915年の第1回大会で単独の府県で代表を送ったのは唯一兵庫県のみで，神戸二中が全国大会に出場した．17年に関西学院中学が準優勝すると，19年には神戸一中が兵庫県勢初優勝．翌20年は関西学院中学が優勝して県勢2連覇を達成．さらに22年に神戸商業が初出場で準優勝，翌年は甲陽中学が初出場して優勝と，最初の10年間で兵庫県勢が優勝3回，準優勝2回を達成するなど，兵庫県の各校はどこが出場しても全国トップクラスの実力を備えていた．

　28年選抜では関西学院中学が2度目の優勝，続いて29年選抜で第一神港商業（現在の神港橘高校）が初優勝した．翌年の選抜には第一神港商業，甲陽中学（現在の甲陽学院高校），明石中学の3校が選抜され，エース岸本正治の大活躍で第一神港商業が連続優勝を果たして兵庫県勢3連覇を達成するなど，選抜大会での活躍が目立った．

　また，この大会に初出場した明石中学は，5年間で春夏合せて7回甲子園に出場，32年から33年にかけては選抜大会で連続準優勝，夏は連続ベスト4まで進んでいる．

　35年選抜には育英商業（現在の育英高校），翌36年選抜には滝川中学が初出場した．以後，戦争で中断するまではこの2校と甲陽中学が活躍した．育英商業は35年夏の大会で準優勝を果たしている．

　戦後，県内の球界の勢力地図は大きく変化した．戦後初の46年夏の県大会は有本義明がエースの芦屋中学が制した．以後，有本投手は4回出場している．48年の学制改革後は鳴尾高校が台頭，この2校が強豪となった．

　49年の選抜で芦屋高校が準優勝．51年の選抜では鳴尾高校が2投手が交

互に登板するという当時としては画期的な投手起用を見せて準優勝している.

　翌52年には選抜で鳴尾高校がベスト4に進み，夏は芦屋高校が兵庫県勢として戦後初めての全国制覇を達成した．さらに，53年選抜では初出場の洲本高校が優勝するなど，この時期は県立高校が代表をほぼ独占した．

　57年選抜で育英高校，59年夏には滝川高校も復活，さらに61年夏には報徳学園高校が初出場して，県立高校から私立高校へと強豪校が変化し始めた．

　61年夏に初出場した報徳学園高校は，1回戦の倉敷工業戦で，0−0で迎えた延長11回表に6点を取られたが，その裏に6点を取り返して12回の裏にサヨナラ勝ちという奇跡的な大逆転をした．以後，同校は"逆転の報徳"として一躍有名になった．

　続いて69年夏には東洋大姫路高校が初出場．以後，この2校は県内を2分すると同時に，甲子園でも大活躍を見せた．74年選抜では報徳学園高校が初優勝，77年夏には東洋大姫路高校が初優勝した．同校は76年春，79年春，82年夏にもベスト4に進んでいる．報徳学園高校も81年夏に金村義明投手の投打にわたる活躍で優勝している．

　平成に入ると，89年夏に神戸弘陵高校，90年選抜に川西緑台高校，93年選抜に川西明峰高校，94年選抜に姫路工業と，続々と新しい高校が甲子園に進んだ．こうした中，93年夏に育英高校が全国制覇を達成した．

　95年1月神戸を中心とした阪神大震災が起こり，各高校も甚大な被害を受けた．この年の選抜大会は開催が危ぶまれたが，応援の一部自粛や開始時間の繰り下げなどの対応で例年どおりの規模で行われた．地元兵庫県からは震災枠ということで，新制高校となって以降初めて同一県から3校が選抜された．

　98年の選抜には，戦前の強豪だった関西学院高校が出場，63年振りの甲子園復活として話題になっている．

　大都市圏では甲子園出場は私立高校が圧倒しているが，兵庫県では21世紀以降も，姫路工業，加古川北高校，西脇工業，市立尼崎高校などの公立高校が次々と夏の大会に出場．近年では明石商業が全国でもトップクラスの実力を維持している．

Ⅲ　営みの文化編　　169

主な高校

明石高 (明石市, 県立)
春8回・夏6回出場
通算21勝14敗, 準優勝2回

1923年明石市立明石中学校として創立し, 28年県立に移管. 48年の学制改革で明石高校となる.

23年創部. 30年選抜で初出場. 32年春には準優勝し, 以後全国的な強豪校として活躍した. この間, 32年夏1回戦の北海中学戦では楠本保投手がノーヒットノーランを達成. 33年は選抜で準優勝, 夏の準決勝では中京商業と延長25回の死闘を繰り広げた. 戦後は, 60年夏にベスト8に進んだのを最後にしばらく低迷していたが, 84年夏に24年振りに復活している. 87年夏を最後に出場していない.

明石商 (明石市, 市立)
春3回・夏2回出場
通算8勝4敗

1953年市立明石商業高校として創立し, 同時に創部. 2007年, 明徳義塾中学で4回全国優勝した狭間善徳監督が就任して強くなり, 16年選抜に初出場するとベスト8に進出. 19年は春夏ともにベスト4まで進むなど, 全国屈指の強豪公立校として活躍している.

芦屋高 (芦屋市, 県立)
春6回・夏6回出場
通算16勝11敗, 優勝1回, 準優勝1回

1940年県立芦屋中学校として創立. 48年の学制改革で県立芦屋高校となった.

46年夏に予選に初参加するといきなり全国大会に出場. 49年選抜では準優勝を果たした. 52年夏には全国制覇を達成. 50年代まで全国屈指の強豪校として活躍したが, 59年選抜を最後に出場していない.

尼崎北高 (尼崎市, 県立)
春4回・夏1回出場
通算5勝5敗

1922年私立の中外商業学校として大阪市に創立し, 25年塚口に移転. 48年の学制改革で中外商業高校となり, 51年4月に琴浦女子高校と統合して尼崎市立に移管して尼崎北高校となり, 10月に県立に移管した.

26年創部. 61年春に甲子園初出場. 79年からは2年連続して選抜ベスト8に進んだ.

尼崎西高 （尼崎市，県立）　春1回，夏0回出場　通算2勝1敗

1963年市立尼崎西高校として創立し，66年1月に県立に移管.

64年から夏の県大会に参加. 69年選抜で甲子園に初出場，富山北部高校，丸亀商業を降して，ベスト8まで進んだ.

育英高 （神戸市，私立）　春13回・夏6回出場　通算28勝18敗，優勝1回，準優勝1回

1895年数英漢学会として創立. 1902年神戸育英義塾を経て，15年甲種育英商業学校となる. 48年の学制改革で育英高校となる.

15年から活動を始め，16年に正式に創部. 35年選抜で初出場すると，夏には準優勝した. 36年には春夏連続ベスト4. 戦後も出場を重ね，93年夏に全国制覇を達成した. 2000年夏もベスト4に進んでいる.

市立尼崎高 （尼崎市，市立）　春0回・夏2回出場　通算1勝2敗

1913年町立実科高等女学校として創立し，16年の市制施行で市立となる. 19年尼崎市立高等女学校と改称. 48年の学制改革で市立尼崎高校となった. 翌49年共学化.

49年創部. 83年夏甲子園に初出場すると，茨城東高校を降して初戦を突破した. 2016年夏に33年振りに出場している.

市立西宮高 （西宮市，市立）　春2回・夏1回出場　通算2勝3敗

1908年西宮女子技芸学校として創立. 18年西宮町立に移管し，西宮実科女学校となる. 20年町立西宮高等女学校となり，25年の市制施行で西宮市立西宮高等女学校と改称. 48年4月の学制改革で市立西宮高校となるが，10月に市立建石高校と改称. 50年市立西宮高校に戻った.

49年創部. 63年選抜で初出場を果たすと，3季連続して出場. 64年選抜ではベスト8まで進んだ. 選抜大会のプラカード嬢を出す学校として有名.

加古川北高 （加古川市，県立）　春1回・夏1回出場　通算2勝2敗

1978年創立. 83年に同好会として発足し，翌84年部に昇格. 2008年夏に甲子園初出場，11年選抜では金沢高校，波佐見高校を降してベスト8まで進んだ.

関西学院高 （西宮市，私立）
春6回・夏7回出場
通算13勝10敗，優勝2回，準優勝1回

　1889年創立．95年頃から野球が行われていたという．1915年夏の第1回
大会予選に参加し，翌16年全国大会に出場．17年夏には決勝で延長14回
の末に敗れて準優勝となった．20年夏に初優勝，28年選抜でも優勝した．
戦前だけで春夏合わせて12回出場し，優勝2回，準優勝1回という強豪だっ
た．98年春に春夏通じて59年振りに甲子園に復活，選抜に限れば63年振
りの復活で話題になった．2009年夏にも出場．

県尼崎高 （尼崎市，県立）
春4回・夏1回出場
通算7勝5敗

　1923年尼崎市立中学校として創立．30年県立に移管し，48年の学制改
革で尼崎高校となる．市立の尼崎高校があるため，「県尼」と呼ばれる．

　27年から夏の予選に参加し，50年選抜に初出場．55年選抜と59年選抜
ではベスト4に進出しているが，以後は出場していない．

県神戸商 （神戸市，県立）
春0回・夏1回出場
通算3勝1敗，準優勝1回

　1878年神戸商業講習所として創立．86年県立神戸商業学校となり，1928
年県立第一神戸商業学校と改称．48年の学制改革で神戸第四中学校に統合
されて県立星陵高校商業科となった．62年県立神戸商業高校として独立．

　22年夏に甲子園に出場すると，いきなり決勝に進んで準優勝している．
以後は出場していない．

神戸高 （神戸市，県立）
春3回・夏4回出場
通算6勝6敗，優勝1回

　1896年兵庫県神戸尋常中学校として創立．1900年兵庫県神戸中学校，07
年県立第一神戸中学校と改称．48年の学制改革で県立第一神戸高校となり，
9月に県立第一神戸高等女学校と統合して県立神戸高校と改称した．

　1896年創部．1919年夏甲子園に初出場すると優勝，このとき恒例となっ
ている優勝チームの場内一周を拒否している．47年まで，旧制神戸一中時
代に春夏合わせて7回出場したが，新制高校移行後は1度も出場していない．

神戸弘陵高 （神戸市，私立）
春4回・夏1回出場
通算3勝5敗

　1983年創立し，同時に創部．89年夏甲子園に初出場して初勝利をあげ，

94年選抜ではベスト8まで進んでいる.

神戸国際大付高 （神戸市，私立）
春5回・夏2回出場
通算5勝7敗

　1963年に八代学院高校として創立. 92年に神戸国際大学附属高校と改称した. 創立と同時に創部し, 2001年選抜に初出場. 05年選抜ではベスト4まで進んだ.

甲陽学院高 （西宮市，私立）
春8回・夏4回出場
通算15勝11敗, 優勝1回

　1917年甲陽中学校として創立. 戦後の学制改革で甲陽学院高校と改称.
　創立と同時に創部. 23年夏甲子園に初出場すると, いきなり全国制覇を達成. 以後は強豪校として38年夏までに春夏合わせて12回出場している. 戦後は1度も出場していない.

三田学園高 （三田市，私立）
春4回・夏0回出場
通算4勝4敗1分

　1912年三田中学校として創立. 48年の学制改革で三田高校となり, 67年三田学園高校と改称.
　14年創部. 67年選抜に初出場, 69年から2年連続して選抜ベスト8まで進んだ. 91年春に21年振りに甲子園に復活している.

神港学園高 （神戸市，私立）
春5回・夏3回出場
通算8勝8敗

　1925年私立神港中学校として創立. 48年の学制改革で神港高校となり, 市立神港高校と区別するために, 私神港高といわれた. 84年神港学園神港高校, 2017年神港学園高校に改称.
　創立と同時に創部. 私神港高時代の1984年選抜に初出場. 神港学園高校に改称後は出場を重ねている. 95年選抜と2006年選抜ではベスト8まで進んだ.

神港橘高 （神戸市，市立）
春8回・夏7回出場
通算22勝13敗, 優勝2回

　1907年私立神港商業学校として創立し, 10年に市立に移管した. 21年第一神港商業学校と改称. 48年の学制改革で市立神港商業高校となり, 49年に市立神港高校と改称. 2016年旧制時代に甲子園出場経験のある兵庫商と統合し, 市立神港橘高校となる.

Ⅲ　営みの文化編　173

1908年に創部したが，校庭が狭かったこともあって消滅．17年に復活．第一神港商時代の24年夏に全国大会に初出場すると，戦前だけで春夏合わせて10回出場，29年から選抜2連覇するなど，強豪校として活躍した．戦後も，63年夏に市立神港高としてベスト4まで進出した．76年夏を最後に出場していない．

なお，統合した兵庫商業は戦前に北神商として春夏1回ずつ出場し，通算1勝2敗の成績を残している．

洲本高（洲本市，県立）
春3回・夏1回出場
通算4勝3敗，優勝1回

1897年兵庫県洲本尋常中学校として創立．1901年県立に移管して洲本中学校と改称．48年の学制改革で洲本高校となり，同年9月に県立淡路高校を統合した．

正式創部は21年だが，02年には活動していたという．53年春甲子園に初出場すると，決勝では強豪浪華商業を降して優勝した．75年には夏の大会に出場，2012年には21世紀枠代表として選抜に出場した．

滝川高（神戸市，私立）
春12回・夏7回出場
通算17勝19敗1分

1918年私立兵庫中学校として創立し，翌19年滝川中学校と改称．48年の学制改革で滝川高校となった．

創立と同時に創部し，36年春に甲子園初出場，以後41年までの6年間に春夏合わせて6回出場している．41年選抜で骨折したまま登板を続けた別所昭（後の毅彦）が有名．戦後も出場を重ねていたが，84年滝川二高の創立により，85年夏の大会後にいったん廃部．86年には復活したものの，甲子園には出場していない．OBには他に青田昇がいる．

滝川二高（神戸市，私立）
春3回・夏4回出場
通算8勝7敗

1984年に創立し，同時に滝川高校野球部を引き継ぐ形で創部．87年春甲子園に初出場を果たすと，以後県内の強豪として活躍．99年夏にはベスト8まで進んでいる．

東洋大姫路高（姫路市，私立）
春7回・夏12回出場
通算33勝18敗1分，優勝1回

1963年東洋大学の附属校として創立し，同年秋に創部．69年夏に甲子園

初出場．76年選抜でベスト4に進み，77年夏には東邦高校戦で延長10回裏に安井浩二捕手の決勝戦初となるサヨナラ3ランで初優勝した．以後も出場を重ね，ベスト4に5回進出，2003年選抜ではベトナムからのボートピープル出身のグエン・アン投手が活躍した．

鳴尾高（西宮市，県立）
春2回・夏0回出場
通算5勝2敗，準優勝1回

1943年村立鳴尾中学校として創立．48年の学制改革で鳴尾高校となり，50年県立に移管．

46年から夏の兵庫県予選に参加．51年春甲子園に初出場すると，1回戦の静岡城内高校戦で野武貞次投手がノーヒットノーランを達成，この大会は決勝まで進んで準優勝した．翌52年選抜でもベスト4まで進んだが，以後は出場していない．

姫路工（姫路市，県立）
春3回・夏2回出場
通算2勝5敗

1936年県立姫路工業学校として創立．48年の学制改革で県立姫路工業高校となるが，50年に県立姫路工業大学附属高校と改称．65年姫路工業高校に戻った．

48年創部．94年選抜に初出場すると，いきなりベスト8に進出．近年では2005年夏に出場している．

姫路南高（姫路市，県立）
春0回，夏1回出場
通算2勝1敗

1925年姫路市立商業補習学校として創立．29年市立実務専門学校，34年姫路市家政女学校，44年姫路市女子商業学校，46年姫路市第二高等女学校を経て，48年の学制改革で姫路市桜門高校となる．50年市立南高校と改称．51年県立に移管し，姫路南高校となった．

50年から夏の予選に参加．58年夏に甲子園初出場．多治見工業，清水東高校と降して，3回戦まで進んだ．

兵庫高（神戸市，県立）
春4回・夏1回出場
通算1勝5敗

1907年県立第二神戸中学校（通称神戸二中）として創立．48年の学制改革で第四神戸高等女学校と合併して県立兵庫高校となる．

08年に創部し，15年夏の第1回大会に出場．戦後も48年選抜に神戸二中

III　営みの文化編　　**175**

として出場，翌49年選抜には兵庫高校として出場した．69年選抜を最後に出場していない．

兵庫工（神戸市，県立）
春2回・夏0回出場
通算1勝2敗

1902年兵庫県立工業学校として創立．41年第二神戸工業学校の創立で，県立第一神戸工業学校と改称．48年の学制改革で県立第二神戸工業学校，県立機械工業学校を統合して，県立兵庫工業高校となった．

46年から夏の兵庫県予選に参加し，50年選抜で初出場．58年選抜では初戦を突破している．

報徳学園高（西宮市，私立）
春21回・夏15回出場
通算60勝33敗，優勝3回

1911年神戸・御影に報徳実業学校として創立．24年報徳商業学校となり，47年西宮に移転．52年報徳学園高校に改称．

32年創部．61年夏甲子園に初出場すると，初戦の倉敷工業戦が延長となり，11回表に6点を取られるとその裏に6点を取り返し，12回裏にはサヨナラ勝ちを収め，「逆転の報徳」として一躍有名になった．以後は全国的な強豪校として活躍，74年選抜で初優勝．81年には夏の大会でも優勝し，2002年選抜で3度目の優勝を果たした．

村野工＊（神戸市，私立）
春2回・夏1回出場
通算0勝3敗

1921年神戸村野工業学校として創立．48年の学制改革で村野工業高校となる．創立と同時に創部．78年選抜に初出場．以後91年夏，92年選抜にも出場している．

社高（加東市，県立）
春1回，夏0回出場
通算3勝1敗

1913年小野村外三か村組合立小野実科高等女学校として創立し，20年加東郡立小野実科高等女学校，21年加東郡立小野高等女学校を経て，22年県立に移管し，社高等女学校と改称．48年の学制改革で県立社高校となる．

49年に創部．2004年選抜で甲子園に初出場．初戦で福井高校を降すと，2回戦では鵡川高校を延長14回の末に破った．準々決勝の福岡工大城東高校戦は9回裏に同点に追いつかれて延長戦となったが11回に振り切って降し，ベスト4まで進んだ．

176   ＊：2023年度から校名が彩星工科高校に変更された

㉝兵庫県大会結果（平成以降）

		優勝校	スコア	準優勝校	ベスト4		甲子園成績
1989年		神戸弘陵高	11－1	神港学園高	津名高	東洋大姫路高	3回戦
1990年		育英高	9－8	東洋大姫路高	加古川西高	報徳学園高	初戦敗退
1991年		村野工	5－3	神港学園高	報徳学園高	津名高	初戦敗退
1992年		神港学園高	7－4	滝川二高	育英高	市川高	3回戦
1993年		育英高	1－0	姫路工	滝川二高	明石高	優勝
1994年		姫路工	2－0	飾磨高	神戸弘陵高	西宮南高	初戦敗退
1995年		尼崎北高	5－2	神戸弘陵高	伊丹北高	報徳学園高	初戦敗退
1996年		神港学園高	15－3	育英高	神戸国際大付高	報徳学園高	初戦敗退
1997年		報徳学園高	9－6	神港学園高	神戸弘陵高	姫路工	2回戦
1998年	東	報徳学園高	18－3	仁川学院高	市立神港高	滝川二高	初戦敗退
	西	東洋大姫路高	3－2	姫路工	高砂南高	社高	初戦敗退
1999年		滝川二高	19－0	市川高	神戸弘陵高	報徳学園高	ベスト8
2000年		育英高	11－0	関西学院高	神戸国際大付高	津名高	ベスト4
2001年		東洋大姫路高	4－2	姫路工	神戸国際大付高	神戸弘陵高	3回戦
2002年		報徳学園高	5－0	神戸国際大付高	社高	市尼崎高	初戦敗退
2003年		神港学園高	2－1	東洋大姫路高	滝川二高	育英高	初戦敗退
2004年		報徳学園高	12－8	市尼崎高	神戸国際大付高	社高	初戦敗退
2005年		姫路工	3－2	神戸国際大付高	洲本高	市尼崎高	初戦敗退
2006年		東洋大姫路高	5－4	神港学園高	報徳学園高	加古川東高	ベスト8
2007年		報徳学園高	10－6	神戸国際大付高	関西学院高	神戸弘陵高	初戦敗退
2008年	東	報徳学園高	2－1	神戸弘陵高	滝川二高	神港学園高	ベスト8
	西	加古川北高	5－2	洲本高	北条高	明石商	初戦敗退
2009年		関西学院高	4－1	育英高	滝川二高	社高	2回戦
2010年		報徳学園高	4－2	市川高	神戸国際大付高	神港学園高	ベスト4
2011年		東洋大姫路高	6－0	加古川北高	川西緑台高	神戸国際大付高	ベスト8
2012年		滝川二高	6－2	加古川北高	報徳学園高	関西学院高	2回戦
2013年		西脇工	3－2	東洋大姫路高	育英高	報徳学園高	2回戦
2014年		神戸国際大付高	11－1	三田松聖高	社高	関西学院高	初戦敗退
2015年		滝川二高	8－2	明石商	西脇高	神戸国際大付高	2回戦
2016年		市尼崎高	3－2	明石商	社高	神港学園高	初戦敗退
2017年		神戸国際大付高	4－0	明石商	報徳学園高	滝川二高	3回戦
2018年	東	報徳学園高	2－0	市尼崎高	神戸国際大付高	村野工	ベスト8
	西	明石商	6－3	姫路工	小野高	東播工	初戦敗退
2019年		明石商	4－1	神戸国際大付高	高砂高	育英高	ベスト4
2020年		（5回戦で終了）					（中止）

注）2011年の決勝は延長15回2－2で引き分け再試合

Ⅲ　営みの文化編　177

丹波焼（壺）

地域の歴史的な背景

　丹波地方には古くからやきものがあった。須恵器の窯跡も多いし、水谷・陶谷・釜屋などの古い地名からもそれがうかがえる。また、平安時代末頃から立杭に陶器を焼く窯ができており、陶磁史の上では六古窯（他は、越前・瀬戸・常滑・信楽・備前）のひとつに数えられることとなる。この立杭の中世系磁器の系譜が、今日まで続いているのである。

主なやきもの

丹波焼

　篠山市今田町を中心とした地域で、焼き続けられてきた陶器。開窯は、平安末期ないしは鎌倉初期の頃（12世紀の終わり頃）といわれる。いわゆる六古窯の一つであり、江戸末期までのものを古丹波と呼ぶ。

　現在、その伝統を継ぐのが丹波立杭焼であるが、一般に丹波焼（古丹波）という場合、その時代は大きく3期に分けられる。

　第1期は、三本峠や稲荷山一帯の穴窯で焼かれていた時代で、慶長年間（1596～1615年）まで続く。この時期の成形法は、紐づくりといって、陶土を紐状にして巻き上げる方法である。壺や甕の他に、擂鉢や徳利など小型のものもつくられた。自然釉を流し掛けたものが多い。

　慶長末年頃になると、登り窯が導入され、山麓ではなく集落の近くに築かれるようになった。窯の築造場所によって、釜屋時代（第2期）と里窯時代（第3期）に区分される。また、その登り窯の時代を、製品の形や釉薬の違いによって3分類することもある。

　初期の頃の製品は、褐色の鉄釉を下地として灰釉を流し掛けたり飛ば

し掛けしたものが多い。18世紀の中頃になると、初期の頃と比べて透明感を増した灰釉と鉄釉の重ね掛けによる飴釉が多用されるようになった。また、釘彫や型押しなどといった文様付けの技法が発達した。18世紀の終わり頃には、ロクロ（轆轤）成形が行なわれるようになった。

　丹波立杭では、江戸時代に京都に出す茶陶を焼き始め数々の名器を残しているが、その主流はあくまでも日常雑器であった。水甕・種壺・徳利・摺鉢などで、量的には徳利が圧倒的に多い。明治以降は、5合・1升・3升入りのいわゆる貧乏徳利を多く焼いてきた。

　貧乏徳利は、筒書きという手法で酒名や酒屋名、その土地名などを記したものが多い。筒書きとは、細い竹筒を通して白釉を出し、それで文字を書く手法である。

　丹波立杭では、昭和30（1955）年頃から、日常雑器に加え、都会向けのコーヒーカップなどの民芸品や茶陶も焼くようになった。現在、窯元は約40軒ほどで、その多くが近代的な重油や電気窯を持つようになったが、なお筒胴型の古い登り窯が3基残されている。

出石焼

　出石郡出石町で焼かれた陶磁器をいう。天明4（1784）年に、伊豆屋弥左衛門が藩の援助によって創始した、と伝わる。当初は京都の陶工を使って陶器を焼いていたが、寛政元（1789）年に肥前平戸の陶工兵左衛門を呼んで磁器の焼成に成功した、という。

　その後、曲折を経て伊豆屋は転退し、寛政11（1799）年からは出石藩直営の窯となった。そこでは、当初、伊万里系の技法を継承した染付白磁を焼いた。主な製品は、伊万里焼に似た染付の碗・皿・鉢・猪口・徳利などの日常雑器である。天保9（1836）年、藩はこの窯を民間に払い下げたが、この頃から、伊佐屋・七味屋・大黒屋・因幡屋・鹿児島屋などの民間諸窯が興り、出石焼は最盛期を迎えた。だが、それも長くは続かず、明治以降まで存続した窯元はわずか3軒であった。

　明治9（1876）年、出石は大火に見舞われ、市街地の3分の2を失った。そうした中、肥前の大川内から柴田善平を師として招き、盈進社が創

業され、今日に続く白磁の焼成が始まった。精緻な細工に優れたその白磁は、明治10（1877）年の内国勧業博覧会に出品されて好評を博し、出石焼の名を一躍広めることになったのである。だが、盈進社は資金難で明治21（1888）年に廃業。その後、何度か興廃を繰り返したが、結局、明治39（1906）年に閉鎖された。

現在、出石焼を伝える窯元はわずか1軒である。

東山焼

東山焼は、姫路藩の御用窯として知られる。だが、初期の頃は民窯であった。開窯は、安永年間（1772〜81年）とも文政年間（1816〜30年）ともいわれるが、藩窯とされたのは天保2（1831）年のことである。それ以前は、興禅寺焼とも呼ばれていた。藩窯になってからは、姫路城近くの男山の麓に窯が移された。興禅寺焼は、有田焼風であったが、窯を移してからは京焼の尾形周平の指導を受けて雅器の焼成を目指した。男山窯は、幕末には再び民窯となったが、出石で指導していた善平が明治9（1876）年に設立された永世舎に招かれてからは、主として輸出用の色絵を施した水注や花瓶などが大量に生産された。だが、やがて営業不振となり、明治15（1882）年頃に廃窯。その後、善平の指導を受けた元藩士の中川勇次が鷺脚焼を始めたが、大正11（1922）年に没して、東山焼の伝統は途切れてしまった。

現在は、往年の名窯の復興を画する有志の切望によって、東山焼と直接の関わりはないものの、一人の窯元がここでの作陶を継いでいる。

舞子焼と亀山焼

舞子焼は、神戸市垂水区で焼かれた陶器である。寛政年間（1789〜1801年）頃から、地元の陶工衣笠惣兵衛が付近の土を用いて焼成を始めた、と伝わる。その名称は舞子ヶ浜（舞子浜）のみやげもので売ったことに由来する、という。

土灰釉による蕎麦色の陶胎に点々と鉄染みがでているのが特徴である。筒書きで舞子ヶ浜の風景を描いたものなどもある。日常雑器が中心であ

るが、茶器も多くみられ、素朴な中に雅味を感じさせる茶入や菓子器などが、長く茶人の間で好まれたようである。大正14 (1925) 年頃に閉窯した。

亀山焼は、加西市笹倉町(旧在田村)で焼かれた陶器で、丹波焼の流れを汲むやきものの一つである。在田焼ともいう。明治期に丹波焼の陶工松本又左衛門が当地に移り住んで創業した。現代まで3代を数える。

 Topics ● 丹波焼陶芸会館と丹波古陶館

上立杭と下立杭のほぼ中間に丹波焼陶芸会館がある。1階は各窯の作品を展示販売し、2階には時代別に資料が展示されている。

丹波焼の歴史を知るには、もう一カ所、篠山にある丹波古陶館(河原町)を訪ねるとよかろう。丹波焼の草創期から明治時代に至るまでの製品がずらりと並んでいて一見の価値がある。

IV

風景の文化編

地名由来

瀬戸内と日本海をつなぐ広さ

　本州の中で、青森県と山口県を除けば、日本海と太平洋（瀬戸内海）に面しているのはこの兵庫県だけである。飛行機を使わずに青森県から山口県まで陸伝いに移動しようとすれば、この兵庫県を必ず通過することになる。

　このとてつもない広がりの原因は、この兵庫県が旧国域を5つも含んで成立したことによっている。しかも、それらの旧国が「畿内」と「山陰道」「山陽道」「南海道」に分かれていたことも大きな特色となっている。すなわち、摂津国は畿内、播磨国は山陽道、丹波国・但馬国は山陰道、そして淡路国は南海道に属していた。これだけ見ても、兵庫県がいかに大きな広がりを持った県かが理解されよう。旧国が兵庫県のどのへんにあったかを大まかに示しておこう（主な都市名のみ）。

　　　摂津国…神戸市・芦屋市・西宮市・宝塚市・尼崎市
　　　丹波国…丹波市
　　　但馬国…豊岡市・養父市
　　　播磨国…明石市・加古川市・高砂市・姫路市・赤穂市
　　　淡路国…洲本市・淡路市

　淡路を入れて最終的に「兵庫県」が成立したのは、明治9年（1876）8月のことだが、なぜこのような広域（特に但馬・丹波）にまたがったのかについて、『兵庫県の歴史』（山川出版社）で、次のようなエピソードを載せている。

　内務卿大久保利通と出石出身の桜井勉（内務省地租改正局出仕）とのやりとりである。

　　　大久保利通「鳥取県を豊岡県に合併すべしとの意見もあるがそうか」
　　　桜井　　勉「但馬と因幡は地勢的にみて往来が不便である」
　　　大久保利通「兵庫県は開港場を持っているので県力が貧弱であって

はならないからこの点も考慮せよ」

桜井　勉「それでは但馬と丹波二郡を兵庫県に合併したら地勢的
　　　　　にも便宜である」

　兵庫県は港を持っているので但馬と丹波を合併したほうがよいという判
断はどこからきたのか、全く理解に苦しむところである。淡路国は別に述
べるように、四国につくかつかないかで二転三転した結果、最終的には兵
庫県に落ち着いたという経緯もある。

　ちなみに、「兵庫」という地名の歴史は古く、大化改新の際、摂津国境
の播磨関を守るために兵器の庫を設置せよという命により、兵器の倉、す
なわち「兵庫」が置かれたことによると言われている。

とっておきの地名

①打出小槌町

　高級住宅地として知られる芦屋市にある町名で、全
国でも最も縁起のよい町名である。ここにはこんな話
が伝わっている。

　昔、この打出村に長者が住んでおり、宝の槌を持っていて、この槌を打
ちふると願い事が何でもかなったという。今でも静かな夜中に地に耳をつ
けて聞いてみると、地下の遠くからかすかに饗宴の声が聞こえてくる…。
何でもこの小槌はもと芦屋沖に住んでいた龍神が持っていたもので、それ
が人に化身して聖武天皇に献上したものらしい…。

　「打出」という地名は鎌倉期にみられる地名だが、江戸期から明治22年
（1889）までは「打出村」と言っていた。「打出小槌町」という町名は昭和
19年（1944）にできたもの。戦後になって「打出親王塚町」とか「打出
春日町」がそれぞれ「親王塚町」「春日町」と簡素化される中で、粘り強
い住民の声で「打出小槌町」だけが残された。

　『摂津名所図会』では、神功皇后の軍船を破るために、軍をこの浜から
討ち出したことから「打出浜」と呼ばれるようになり、やがて「打出」と
いう地名が生まれたとされる。単に陸地が打ち出ていたという地形説もあ
り、そこに戦記説と打出小槌伝説がからまって生まれたと考えてよい。

②甲子園

　西宮市にある高校野球のメッカ「甲子園」にちなむ地名。
町名としても「甲子園網引町」「甲子園一番町」など22の「甲

IV　風景の文化編　　185

子園○○町」が存在する。

阪神電鉄の甲子園開発構想は、大正11年（1922）に、武庫川の支流の枝川と申川の分岐点にスポーツセンターと遊園地をつくることから出発した。その後、全国中等学校野球大会を開催してきた野球場が手狭になり、新球場の建設に移行した。大正13年（1924）3月、起工式を行い、同年8月に竣工式を行った。6万人を収容できる大スタジアムで、当時は東洋一の野球場として注目を集めた。そして、この大正13年（1924）が干支でいうと「甲子」の年に当たっていたので、「甲子園」と命名したという。

干支は「十干」と「十二支」を組み合わせたもので、全部で60個できるが、「甲子」はその組合せの最初だということで、特別縁起がよいとされている。

③ 神戸
　　　　兵庫県の神戸が断トツ有名だが、全国各地にある地名。「神戸」（かむべ・かんべ）とは、神社に付属して、租・庸・調をその神社に納めた農民のことである。神戸市の場合は、生田神社であり、この一帯にそのような神戸が多く住んでいたことによる。平安時代には「神戸郷」、江戸期には「神戸村」、明治になって「神戸町」「神戸区」などとなったが、明治22年（1889）「神戸市」となって今日に至っている。

④ 三宮
　　　　神戸きっての繁華街。町名としては神戸市中央区三宮町一丁目〜三丁目だが、一般的にはJRの「三ノ宮」、その他多数の「三宮」駅周辺の町として知られる。

由来はこの地にある「三宮神社」による。一般に、「一宮」「二宮」「三宮」というと、律令時代以降の当該国の代表的な神社をイメージさせるが、ここの「三宮」はそのケースではない。実際に、三宮神社は小さな神社である。とても国の三番目の神社と呼べるものではない。それではなぜ「三宮」かというと、線路の北側にある生田神社にちなむ命名である。この三宮神社は生田神社の裔神八社のうち、第三番目の神社ということになっている。天照大神が素戔嗚尊と誓約した時に成った五男三女を祀っているが、この裔神八社なのだという。

「一宮神社」から「八宮神社」まであって、この「三宮神社」は湍津姫命を祀っている。交通の安全と商工業の発展を守る神とのことである。

186

⑤ 宍粟（しそう）

どう読めばよいのかわからないという飛び切りの難読地名。「宍粟市」では千葉県の「匝瑳市（そうさ）」と連携し合って、「難読地名で町起こし」に取り組んでいる。

「宍粟」のルーツは古代の播磨国宍粟郡（しさわのこおり）にまでさかのぼる。こちらは「しさわ」と読んでいる。郡名は国づくりを終えた伊和大神が巡行した際、矢田村で舌を出した大きな鹿に遇い（＝シシアワ）、「矢がその舌にある」と言ったことに由来するとも言われるが、もっと単純に「シシ」とは四足の動物のことで、「宍」「猪」「鹿」とも書いたことを理解すれば難しい話ではない。

「宍粟」は、現在も残っている「鹿沢（しかざわ）」を古くは「ししさわ」と読んでいたことに由来するというのが定説になっているが、このからくりは、「宍」も「鹿」も同じで、もとは「シシ」と読んでいたこと、さらに、「しさわ」は容易に「しそう」に転訛することを考えれば不思議でもなんでもない。

宍粟市は、平成17年（2005）に宍粟郡の「山崎町」「波賀町」「千種町」「一宮町」が合併して成立した。知名度アップの努力に応援したい町の1つだ。

⑥ 宝塚（たからづか）

宝塚歌劇団や天才漫画家手塚治虫を生んだ「宝塚」の由来は、その昔、ここに、塚の周りで物を拾うと幸せになれるという「宝の塚」があったことによるという。「宝塚」の地名の初見は宝泉寺という寺の縁起帳に出ている山号の「宝塚山」であるという。慶長元年（1596）のことである。この「宝塚山」は今の「御殿山」一帯を指しているという。

元禄14年（1701）に編纂された『摂陽群談』には、このように記されている。

「同郡米谷村にあり。此塚（このつか）の許（もと）に於て、物を拾ふ者、必 幸（かならずしあわせ）あり。是（これ）を以（もっ）て、宝塚と号（なづ）（しょうでん）るの所伝たり」

これを見ると、やはり幸せをもたらす宝の塚はあったようなのだ。

⑦ 姫路（ひめじ）

『播磨国風土記』にこんな伝説が書かれている。その昔、大汝命（おおなむちのみこと）の子の火明命（ほあかりのみこと）は強情で行状も非常にたけだけしかった。そのため、父神は子どもを棄てようと企て、火明命が水を汲みに行った際に、船を出して逃げ去ったという。水を汲んで帰った火明命は怨み怒って風波を起こして船を打ち壊してしまった。

Ⅳ　風景の文化編　187

その時、船の壊れた処を「船丘」、波が来た処を「波丘」、琴が落ちた処を「琴神丘」、箱が落ちた処を「箱丘」、梳匣（櫛箱）が落ちた処を「匣丘」、箕の落ちた処を「箕形の丘」、甕の落ちた処を「甕丘」、稲の落ちた処を「稲牟礼の丘」、冑の落ちた処を「冑丘」、沈石の落ちた処を「沈石丘」、葛の綱の落ちた処を「藤丘」、鹿の落ちた処を「鹿丘」犬の落ちた処を「犬丘」、蚕子が落ちた処を「日女道丘」と呼んだ、という話である。

　この最後に挙げられている「日女道丘」が「姫路」のルーツとされ、現在姫路城が建っている丘がかつての「日女道丘」で、「姫山」とも呼ばれた。やはり美しい地名である。言うまでもなく養蚕にちなんでいる。

⑧**武庫**　　西宮市から六甲山地に至る一帯が武庫と呼ばれる地域である。由来については、これまで次の3つの説があった。

①神功皇后が三韓を制して凱旋した時、武器などを埋めたところから、「武器の倉庫」「兵器の倉庫」という意味で名づけられたとする説。

②この辺一帯に椋の木が多く繁っていたところから、「椋」が訛って「武庫」になったとする説。

③難波の都から見て「向こう」にあるという意味で、「向こう」が転訛して「武庫」になったとする説。

　このうち、①の「武器の倉庫」説はいかにも伝説で真実とは言えない。②の「椋」説も可能性はあるにしても、信憑性は低い。やはり③の「向こう」説が説得力がある。大阪から見ると、尼崎市、西宮市、芦屋市は「向こう」にあり、その象徴が「六甲山」である。標高931メートルの六甲山は大阪から見れば「向こう」にあり、「六甲」は「むこ」と読むこともできる。

難読地名の由来

a.「網干」（姫路市）**b.**「飾磨」（姫路市）**c.**「食満」（尼崎市）**d.**「夙川」（西宮市）**e.**「売布」（宝塚市）**f.**「祢布」（豊岡市）**g.**「八鹿」（養父市）**h.**「倭文」（南あわじ市）**i.**「鵯越」（神戸市）**j.**「丁」（姫路市）

【正解】

a.「あぼし」（魚吹神社の放生会が行われる日、漁師が殺生をやめて網を

干したことに由来する）**b.**「しかま」（旧播磨国の郡名「飾磨郡」の名を
とどめる。大三間津日命がここに屋形を作ったとき、鳴いた鹿を見て「壮
鹿鳴くかも」と言ったことによる）**c.**「けま」（「ケ」は「朝餉」「夕餉」
と言われるように「食事」を意味する。食の豊かな地域であったことを示
す）**d.**「しゅくがわ」（「夙川」という川の名前による。「夙」は川の流れ
が速いことを意味する。）**e.**「めふ」（売布神社に由来し、昔大国主命の姫
が当地に来て、布を織ることを教えたという）**f.**「にょう」（「売布」「女布」
と同じで、布を織ることにちなむ）**g.**「ようか」（「屋岡神社」があり、も
とは「屋岡」であった。土地の形状からきたと思われる）**h.**「しとおり」（「倭
文」とは「シズ」「シドリ」という織物の名で、その生産地であったこと
による）**i.**「ひよどりごえ」（「一の谷の合戦」で源義経が越えたという伝
説がある）**j.**「よろ」（古代、朝廷の土木工事に従事した人夫のことを「よ
ほろ・よぼろ」と言ったことに由来するという）

商店街

元町高架下商店街（神戸市）

兵庫県の商店街の概観

　兵庫県には、集客力がある有名な商店街が神戸市、姫路市、尼崎市の3つの都市に集中している。なかでも神戸市には、「三宮センター街」「元町商店街」に代表される有名商店街から、「モトコー」（「元町高架下商店街」）のようなマニアックな店が集まる個性派商店街や、「春日野道商店街」「湊川商店街」などの庶民の台所としての役割を担う商店街まで幅広く集まっている。また、尼崎市、西宮市、芦屋市、宝塚市などの阪神地域は交通の便が良く、大阪や神戸にも30分以内で行けるため、商業面でも両都市の影響を強く受けている。いわゆる「阪神間」と呼ばれる都市のなかにもそれぞれの個性が見られる。阪神間の都市は北から阪急、JR、阪神の3つの鉄道が並行して走っているため、鉄道路線によっても商店街のイメージが大きく異なる。西宮市を例にとると、西宮北口や夙川などの阪急沿線はオシャレな雰囲気が、JR沿線の西宮や甲子園口、阪神沿線の西宮の各駅は庶民的なイメージが強い。また、1995年に発生した阪神・淡路大震災以降、大きな被害を受けた神戸市、西宮市などの各都市では、商店街の復興まちづくりや震災復興再開発事業が大規模に行われている。

　一方、播磨地域と呼ばれる姫路市や加古川市、明石市の商店街は、神戸市や阪神間とは少し様子が異なる。姫路城を中心に発達した姫路市は播磨地域随一の商業拠点として伝統的な歴史のある商店街が今も根強く残っている。そのほとんどは、JR姫路駅と姫路城を結ぶ通りに沿って商店街が面的に広がっている。また、神戸と岡山からそれぞれ60km、80kmと離れており、地方中心都市としての独立性を保っている。姫路市の東、約15kmに位置する加古川市は、靴下生産日本一の街として有名である。また、姫路市・神戸市のベッドタウンとしての役割も持ち、商業的には両都市に依存している。明石市では鮮魚や乾物を扱う商店街「魚の棚」が有名

で、県外からの観光客も多い。

　内陸部に位置する丹波地域の丹波篠山市や淡路地域の洲本市では、かつては地域の中核都市として商店街が隆盛を誇っていたが、近年では、郊外に大型店や専門店が進出して中心商店街の空き店舗も目立っている。丹波篠山市では、観光客相手の集客施設を整備しながら商店街への人の流れをつくろうと様々な取組みが行われている。

　日本海に面した但馬地域では、豊岡、出石、香住の商店街が主なものである。なかでも、豊岡市の「宵田商店街」は「カバンストリート」と改名し、豊岡鞄の専門店が立ち並ぶ商店街である。また、豊岡で見逃せないものとして、JR豊岡駅前から東へ約800ｍにわたって伸びる大開通りにある、「豊岡駅通商店街」の昭和初期の復興建築群がある。これは、1925年の北但大震災で大きな被害を受けた豊岡で、地震・火事に強い都市を目指して多く建てられた耐火建築であり、壁面には様々な飾りやレリーフが見られ、レトロな雰囲気を残している。

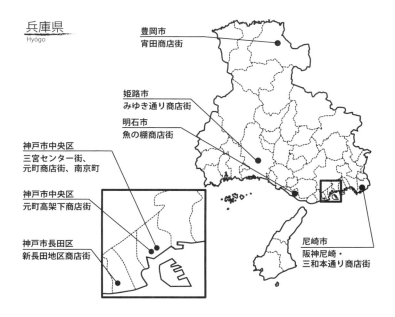

> 行ってみたい商店街

三宮センター街、元町商店街、南京町（神戸市中央区）
―ハイカラな街・神戸を代表する中心商店街―

　現在、神戸の中心商店街として最も賑わっているエリアは、JR神戸線の高架下から南側に位置する三宮から元町にかけてのところである。戦前まではJR神戸駅や新開地、湊川が商業の中心であったが、戦後は東の三宮へ中心が移動した。

　この付近は、歩いて買い物ができる範囲内に三宮センター街、元町商店街、南京町（中華街）が集中している。また、大丸神戸店やそごう神戸店の二大百貨店やさんちか（地下街）もあり、多くの買い物客で賑わっている。なかでも、三宮センター街周辺が神戸一の賑わいを見せている。終戦直後の1946年秋に地元の商店の有志たちが「流行を創る街」をつくろうと協議を重ねて商店会を結成したのが始まりである。結成当時は閑古鳥が鳴いていたそうであるが、アーケードや街路灯をはじめとして、新しい商店街のスタイルをつくり上げていった。戦前は「三宮本通り」と呼ばれていたが、神戸市民に親しまれる「愛称」を付けようと、港町・神戸のハイカラでかつ馴染みやすいムードを持った「三宮センター街」という名前が付けられた。全国にある「センター街」の元祖と言われている。隣接する「元町商店街」とともに、神戸を代表する老舗、特に婦人服・紳士服をはじめファッションの街・神戸にふさわしい店が多い。また、時計・宝石・書籍・文具・輸入雑貨・パン・洋菓子など神戸を代表する店舗が軒を連ねている。商店街のなかには、「センタープラザ」と呼ばれる、全国的にも珍しい2階建ての構造の商店街がある。

神戸市を代表する商店街の1つ南京町（中華街）

　商店街の歴史は三宮センター街よりも元町商店街のほうが古く、西国街道をそのまま取り込んだ

商店街は「元町通」と名づけられてから140年を超える歴史があり、三宮センター街と同様「老舗」と呼ばれる店が多い。元町商店街は、東の1丁目から西の6丁目まで1.2kmの間に300店以上の店が集まっている。実際に歩いてみると、東側の1丁目から西のJR神戸駅方向に歩くほどに客足が少なくなっていくことに気づく。かつては、西端の6丁目のところには三越神戸店（1926年開店）もあり、神戸の中心商業地として賑わっていた。その後、中心が三宮へと移るにつれて、客足が遠のき、惜しまれつつ1984年に閉店した。三越の跡地にはホテルができたが、1995年の阪神・淡路大震災以降、売却や解体が続いた。現在はかつての賑わいもなく、寂しい雰囲気も漂っている。

元町高架下商店街（神戸市中央区）
―マニアックな商店街「モトコー」―

　JR三宮駅から元町駅を越えて神戸駅までの約2kmのJR線高架下に400軒以上の個性的な店が並んでいる。JR三宮駅から元町駅までは「ピアザ神戸」と呼ばれ、アクセサリーやアパレルの店が多く、全体的に若者向けの商店が多い。一方、元町駅から神戸駅までの全長約1.2kmは「モトコータウン」と呼ばれ、戦後の闇市的雰囲気を持っている。ミリタリーショップやアンティークショップをはじめ、古本、飲食、鞄、古着、中古電気製品、時計、おもちゃ、レコードなど、あらゆる種類の店が所狭しと雑多に並んでいる。特に、神戸駅に近づくほどに、高架下の照明がより暗く、迷宮に入り込んだ気分となり、初めて訪れる人はこの商店街の異様な雰囲気に驚くかもしれない。おそらく、日本中でこれほどマニアックな店が凝縮した商店街は珍しいのではないか。訪れるごとに、宝物を探せるワクワク感もあり、思わぬ掘出し物に遭遇することもある。

　終戦後、この地にバラックの店が1,300軒も乱立する闇市地帯ができた。その後、神戸を訪れる外国人船員や観光客相手に質流れ品や舶来品を安く売る店が集まり、ほかの場所よりも安くて質の良い商品を手に入れられる「穴場」として知られるようになり、週末になると「お宝」を探しに買い物客が集まってくる。

　1995年の阪神・淡路大震災時にも建造物として頑丈な高架下商店街は被害も比較的少なく、かつての雰囲気を残して営業を続けている店も多い。しかしながら、ここでしか買えないもの自体が、以前と比べて少なくなっていることも事実で、店舗の世代交代も早くなっている。また2012年以降、

JR西日本が耐震補強工事を理由に店舗の退去を求めていて、「モトコー」の独特の雰囲気が一変してしまうことも懸念されている。

新長田地区商店街（神戸市長田区）
―鉄人28号のモニュメントが出迎える震災復興商店街―

　JR新長田駅南口一帯を中心に11の商店街に330店舗が集まっている近隣型の商店街である。長田は、1950年代から70年代にかけては地場産業であるケミカルシューズやマッチ、ゴム関連の工場で働く人たちの日常的な買い物場所として大変賑わっていた。その後、1980年代から90年代にかけて、神戸市営地下鉄の延伸などの公共交通機関の整備に伴い、西区・須磨区の丘陵地帯に建設された西神ニュータウンや神戸研究学園都市などの郊外ニュータウンに住民の多くが移転したため、住民の高齢化率が高まり、商店街の空洞化も進行していった。こうした状況下、1995年の阪神・淡路大震災では、長田の街は壊滅的な被害を被った。

　震災から20年以上が経過した今では、街は一新して活気がよみがえっている。JR新長田駅近くの公園には、神戸出身の漫画家・横山光輝の代表作である『鉄人28号』の原寸大モニュメントが鮮やかなコバルトブルーの姿で商店街の買い物客を迎えている。

　この商店街の特徴の1つは、地元で昔から食べられてきた「そばめし」をはじめ「お好み焼き」「ぼっかけカレー」「焼肉」などの「食によるまちづくり」を目指していることである。食に関連する店だけではなく、地場産業の1つである「長田の靴」を販売する店も商店街の一角にあり、市価よりも安く買うことができる。一方、商店街で買い物をするだけではなく「社会体験学習のまち」として、修学旅行で長田を訪れる中学生・高校生たちが店での職場体験をすることもできる。また、震災後の長田の街の復興の話を語り部として教え伝えるカリキュラムが盛り込まれた学習メニューも、商店街独自につくられている。近年では、震災時に被害を受けた商店の一部を「震災遺構」として保存するかどうかを巡る議論も続いている。これからの長田の新しいまちづくりについても注意深く見守っていきたい。

阪神尼崎・三和本通り商店街（尼崎市）
―阪神間随一の庶民的な商店街―

　尼崎市と聞いてまず思い浮かべるイメージは、「庶民的で生活のしやす

い工業の街」ではないだろうか。兵庫県に属していながら、市外局番は大阪市と同じ06であり、大阪・梅田から電車で10分という立地からも、他県の人にとっては大阪府の一部という印象が根強く残っている。商店街についても同様で、隣接する西宮市や芦屋市の高級なイメージの商店街とは雰囲気が大きく異なる。阪神尼崎駅と隣の出屋敷駅を結ぶ三和本通り商店街は、地元の人たちの日常生活に密着した場として連日賑わっている。三和本通り商店街を加え、中央商店街や出屋敷ショッピングロードと3つの市場（三和市場、神田市場、ナイス市場）が一体化した巨大商業地域を形成している。食料品をはじめとして、あらゆる業種の商店がひしめき合っており、「アマの台所」として地域密着型の個人経営の商店が多い。

　尼崎市は北から阪急、JR、阪神と3つの鉄道が並行しているため、東西の移動は便利であるが、南北間の交通が不便で、バス以外に公共交通がなく、結果として商業地域も阪神尼崎駅前、JR尼崎駅前、阪急塚口駅前と分散立地の状況に置かれている。JR尼崎駅前は、北口のキリンビール工場の閉鎖に伴い、「あまがさき緑新都心まちづくり」プロジェクトの一環として、「あまがさきキューズモール」を中心に大型複合商業施設や高層マンションなどが建設され、一変した。また、阪急塚口駅前も大型スーパーマーケットを核とした商業地域が形成されているが、阪神尼崎駅前に比べると商店街としての規模は小さい。総じて、尼崎市の場合、昔からの商店街は南部地域を走る阪神電車の沿線に多く、とりわけ、尼崎駅と西に隣接する出屋敷駅、東に隣接する杭瀬駅を中心に発達しており、昭和の商店街の風情を今でも味わえる昔ながらの街並みが残る。野球シーズンになると街も人もタイガース一色に染まる商店街でもある。

魚の棚商店街（明石市）

―「おさかなの町・明石」として賑わう商店街―

　JR明石駅・山陽電鉄明石駅南口から国道2号線を渡ってすぐのところにあり、全国各地から多くの観光客が訪れる。その歴史は古く、明石城築城と前後して営業を始めており、400年以上経っている。「魚の棚」という風変りな名称の由来は、鎌倉時代から魚商人が大きな板を軒先にずらりと並べ、鮮度を保つために並べた魚に水を流していた様子から来ていると言われている。魚の棚商店街周辺には、明石銀座、ほんまち商店街をはじめとしていくつかの商店街が隣接しており、明石駅から明石港までの間に商業地域が面的に広がっている。「おさかなの町・明石」の風情が十分に

味わえる。

　総延長約350mのアーケードのなかに、100店舗以上の商店がひしめいている。「おさかなの町・明石」を代表する商店街の名のとおり、明石名産のタイやタコ、アナゴなどの鮮魚をはじめ、焼き魚やかまぼこなど「魚」に関連した店が多い。それ以外にも、精肉、青果をはじめ呉服、陶器、衣料品や日用雑貨、和菓子など様々な業種の店も混在している。観光地として名産品のイカナゴのくぎ煮や塩辛、珍味などの土産物を扱う店や、明石焼きや寿司などの飲食店では、連日、多くの観光客で賑わっている。その一方で、地元密着の最寄品・買回り品を扱う店では、冠婚葬祭用の祝鯛や正月用の鮮魚・乾物を求めて、明石市周辺をはじめ県下各地域や京阪神各地からの買い物客も多い。

　神戸と姫路にはさまれており、商業的には苦戦を強いられている傾向にあるが、日常生活に密着した魚を中心とした明石のイメージ戦略が全国的にどこまで浸透することができるかが今後の課題の1つとなっている。

みゆき通り商店街（姫路市）
― JR姫路駅と姫路城を結ぶ商店街―

　JR姫路駅北口から姫路城を結ぶメインストリートである大手前通りと並行して、全長約550mのみゆき通り商店街がある。1903年に現在の姫路競馬場に当たる城北練兵場で明治天皇行幸のもと閲兵式が行われた。この時に姫路駅から城北練兵場に至る道路を御幸通りと名づけた。姫路駅周辺は、第2次世界大戦の空襲により焼け野原となり、戦後、バラック建ての商店が建ち並んだ。その後、戦災復興事業により、大手前通りが拡幅され、大手前通りの一筋東のみゆき通りがアーケードのある商店街に変貌した。このみゆき通り商店街を中心に、姫路駅前商店街（駅前みゆき通り）、二階町通り商店街、本町商店街、おみぞ筋商店街などがあり、播磨地域の中心都市・姫路市の一大商業地域を形成している。姫路発祥の企業として全国展開をしているメガネや呉服、仏壇の専門店も商店街のなかに店を構えている。

　姫路市は神戸市からも、岡山市からも電車で1時間から1時間30分かかるため、地方中心都市としての独立性が強く、商業面でもその傾向が見られる。また、ユネスコの世界文化遺産に登録された姫路城を中心とした観光都市としても有名で、日本各地をはじめ海外からも多くの観光客が訪れている。姫路城までは、JR姫路駅から24時間車輌進入禁止のアーケード

商店街をぶらぶらと歩きながら15分弱で到着することができ、雨が降っ
てもお城まで濡れずに行けることも売りの1つにしている。そのため、商
店街の店舗構成もバラエティーに富んでおり、観光客相手の土産物店や播
磨地域の特産品店から、飲食店、家具・鞄・洋品店、菓子店、レコード店
など様々な店が集まっている。また、姫路商工会議所を中心に、中心市街
地の活性化を図るために様々な取組みをしている。特に、商店街の空き店
舗対策として、店舗の賃料補助や内装設備工事費補助などを行っており、
営業店舗数の増加を目指している。

宵田商店街（豊岡市）

―「豊岡鞄」の専門店が集まるカバンストリート―

　豊岡市は兵庫県北部但馬地方の中心都市である。豊岡の地場産業の鞄は
柳行李に起因し、豊岡藩の独占取扱品として江戸時代には大阪を経由し
て全国にその販路ができ上がったと言われている。1936年に開催された
ベルリンオリンピックの日本選手団の鞄として、紙を圧縮したファイバー
素材の豊岡鞄が採用されたことで有名となった。戦後、軽くて強靭な素材
を使い、改良を重ねながら鞄産業が発達し、現在では全国生産の80％を
占めている。

　宵田商店街はJR豊岡駅東口から伸びる大開通り（豊岡駅通り商店街）
の東端に位置している。南北全長200mの商店街で道路の両側に雁木造り
のアーケードを備えている。鞄専門店は20店舗足らずであるが、鞄専門
店を集中的に集めた商店街は全国的に見ても珍しい。通りには鞄の自動販
売機も設置されている。中心商店街の空洞化が進み、空き店舗が増加して
いた状況を打破するため、商店街の活性化と地場産業の振興を目的として
鞄を核としたまちづくりが進められてきた。2004年から「カバンストリー
ト」というネーミングを掲げ、地域ブランド「豊岡鞄」に特化した商店街
を前面に出している。

　単に鞄を売る商店街としてではなく、新しい鞄の商品開発や若手クリ
エーターのショップ展開など、地方都市ではなかなかできない新しい試み
を手がけ、たびたびマスコミや雑誌、旅番組などでも取り上げられてきた。
また、商店街独自の取組みとして毎月第4日曜日に開催される「カバスト
マルシェ」では、手作り鞄や雑貨、アート作品などを展示販売する「クリ
エーターズワンデイ・ショップ」や、軽自動車で地元の新鮮野菜や手作り
パンを販売する「軽よん市」、ライブイベントなども行われている。

Ⅳ　風景の文化編　　197

花風景

宝塚ダリア花つみ園のダリア

地域の特色

東西に走る中国山地が県を二分し、北部は旧但馬の国の山陰として日本海に接し、南部は旧播磨の国の山陽として瀬戸内海に接し、瀬戸内海には旧淡路の国の淡路島がある。中国山地は分水嶺として、北流する川が豊岡、城崎などの町をつくり、南流する川が播磨平野に明石、姫路などの町をつくった。火山帯が東西に走り、火山地形や温泉も多い。先史時代の歴史も刻まれ、近世には譜代大名が姫路城に入り、明石、赤穂、出石、豊岡などの小藩が分立した。瀬戸内海側と日本海側の暖温帯の気候を示す。

花風景は、城郭や河川敷緑地のサクラ名所、現代の梅林などの花木園やヒマワリ園、チューリップ園、スイセン郷、アジサイ園などの観光用花畑など観賞のための風景が多いが、寺院の草花や生産地のダリアもある。

県花は NHK などの公募によって選ばれたキク科キク属のノジギク（野路菊）である。西日本に自生する在来種の山野草である。野生のキク科の花あるいはそれに似た花を野菊というが、野菊の一種である。真ん中に黄色い花の部分（筒状花）があり、周辺に白い花びら（舌状花）が放射状に広がる可憐で清楚な秋の花である。近年、自生種が減少しつつある。

主な花風景

姫路城のサクラ　＊春、国宝、特別史跡、世界遺産、日本さくら名所100選

大天守の保存修理事業が2014（平成26）年度に完了し、春になるといっそうきれいになった白壁にサクラが鮮やかに映える。兵庫県西部の姫路市に位置する姫路城はシラサギが羽を広げたような姿から「白鷺城」の愛称で親しまれている。姫路城大手門までは JR 姫路駅から1.1キロほどである。内堀内には約1,000本のソメイヨシノが植えられているが、西の丸庭園のヤマザクラやシダレザクラ、三の丸回廊（三の丸広場〜千姫ぼたん園）

凡例　＊：観賞最適季節、国立・国定公園、国指定の史跡・名勝・天然記念物、日本遺産、世界遺産・ラムサール条約登録湿帯、日本さくら名所100選などを示した

のヤエザクラやシダレザクラなども見事である。また、池泉回遊式の日本庭園である姫路城西御殿屋敷跡庭園「好古園」では、日暮れとともにライトアップされ、昼間とは趣向の異なった幻想的な景色が楽しめる。好古園は姫路市市制百周年を記念して造営され、1992（平成4）年に開園した。好古園の愛称は、この庭園の入口付近に移設された藩校「好古堂」の名に因む。サクラは姫路城を取り囲むようにさまざまな趣向を凝らして内堀内外に植えられている。サクラの花は姫路城を取り囲み、その様は正に「さくらの大回廊」である。

　姫路城は「法隆寺地域の仏教建造物」と共に、1993（平成5）年に日本初の世界文化遺産に登録された。

明石公園のサクラ　＊春、重要文化財、日本さくら名所100選

　明石公園は瀬戸内海に浮かぶ淡路島の本州側に位置する明石市内、JR明石駅のすぐ北にある。明石城跡を核とし、約55ヘクタールの敷地面積を有する県立の都市公園である。明石城は小笠原忠真（忠政）により築城された。本丸に残る坤櫓（西側）と巽櫓（東側）は重要文化財に指定されている。季節を迎えると約1,000本のソメイヨシノが咲き誇る。特に剛ノ池沿いのサクラが満開の様は見事である。ボートに乗って池上からサクラの景色を楽しむこともできる。

　公園の始まりは、1881（明治14）年、当時の明石郡内の各町村有志が明石城址の一部を郡公園にしたいと官有地の貸下げを願い出たところ、83（同16）年に公園開設が許可されことを契機とする。その後、宮内省から、御用邸建設地に採用するとの報により、御料地に編入される（1912（明治45）年の明治天皇崩御により実現しなかった）などの経過をたどり、18（大正7）年に兵庫県立明石公園として開設された。明石球場では毎年、全国高等学校軟式野球選手権大会が開催されている。全国高等学校野球選手権大会が開催される阪神甲子園球場（兵庫県西宮市）とともに、高校野球の「聖地」となっている。

夙川公園のサクラ　＊春、日本さくら名所100選

　夙川公園（夙川河川敷緑地）は兵庫県の東部、西宮市内を流れる夙川の両岸に整備された面積約18ヘクタールの都市公園である。川沿い2.8キロ

Ⅳ　風景の文化編　199

にはソメイヨシノを中心にヤマザクラ、オオシマザクラ、カンザンなど約1,660本が植えられており、川面に映えるサクラを楽しむことができる。サクラは1949（昭和24）年に当時の辰馬卯一郎市長の提唱で1,000本が大々的に植えられた。サクラと合わせて河畔の松林も保全され、マツとサクラが一体となって共存する特徴的な風景となっている。「シュクガワマイザクラ（夙川舞桜）」や「ニシノミヤゴンゲンダイラザクラ（西宮権現平桜）」といった西宮市オリジナルのサクラも見ることができる。

　夙川公園は1932（昭和7）年に都市計画道路事業（街路事業）として工事が始められ、37（同12）年に竣工した。この時、財源の約3分の1は沿道の市民（受益者）の負担金と寄付金でまかなわれたという。まさに夙川公園は行政と共に市民がつくった公園といえる。

　戦後、1951（昭和26）年に戦災復興事業の一環として「夙川公園」が都市計画決定される。70（同45）年には阪急甲陽線の夙川鉄橋から北山までの夙川上流緑道の整備が進められた。71（同46）年には国道2号線以南の自動車通行が禁止され、「夙川オアシスロード」として市民に開放された。都市計画史研究者の越沢明は「夙川公園は日本における河川沿いパークウェイの先駆的な事例」と評している。

綾部山梅林のウメ　＊冬、瀬戸内海国立公園

　綾部山梅林は、兵庫県西部に位置するたつの市の播磨灘に面した綾部山の丘陵地の北側斜面を中心に広がる。「ひとめ2万本」といわれる約24ヘクタールの絶景である。「海の見える梅林」としても知られ、梅林を見上げながら道を進むと、視界が広がり、瀬戸内海に浮かぶ家島、男鹿島などの家島諸島の島々の他、本土側には、大根や人参の生産地としても知られる成山新田を眺めることができる。

　梅林は旧御津町の農業構造改善事業の一環として開発されて誕生した。1968（昭和43）年12月、大きな白い花をつけ、梅酒などに用いられる玉英を中心に2万本の苗木が植えられた。

　梅林内には主に5世紀中頃から6世紀後半につくられたという10基以上の古墳が点在しており、歴史の香りを感じることができる。梅園の西には「ふるさと創生事業」により1988（昭和63）年に計画され、93（平成5）年に開園した「世界の梅公園」がある。315種ほどのウメが楽しめるほか、公

園内には中国風の展望施設「唐梅閣」、梅資料館「尋梅館」などの建物があり、異国情緒を醸し出している。地先にある新舞子浜は瀬戸内海国立公園の景勝地の一つであり、干潮時には沖に向かって広大な干潟ができる。

灘黒岩水仙郷のスイセン　＊冬、瀬戸内海国立公園

　灘黒岩水仙郷は瀬戸内海に浮かぶ淡路島南東部、島最高峰・愉鶴羽山（標高608メートル）の麓に位置する。愉鶴羽山の山頂付近には愉鶴羽神社が鎮座し、かつて修験道の霊場として賑わった。また、境内のアカガシが優占する照葉樹林は県の天然記念物に指定されている。

　灘黒岩水仙郷は越前海岸（福井県）、房総半島（千葉県）と並ぶスイセンの日本三大群生地の一つとされる。江戸時代（1820年代）に流れ着いた球根が植えられたのが、その始まりと伝わり、現在、約7ヘクタールに500万本ともいわれるスイセンが咲き誇る。栽培が始まったのは今から100年ほど前である。海は近くにあるものの良い港がなく、島の外に働きに出た男たちに代わり、留守を預かる女たちが育て、刈り取ったスイセンを頭に乗せて急斜面に沿って運んだ。冬に咲く花は珍しく、高値で売れたという。1950（昭和25）〜51（同26）年頃には200万本ものスイセンが咲き、詩人・富田砕花や日本画家・山内春暁人らによって「水仙郷」として広く知られるようになる。花の見頃は12月下旬から2月中旬。開花時にはスイセン特有の品があり、軽やかで爽やかな香りが一面に漂う。駐車場から展望台まで数百メートルの遊歩道が整備され、展望台からはスイセン越しに鱧で有名な沼島を間近に見ることができる。沼島はウミウの渡来地としても知られ、島の南側は県の天然記念物に指定されている。

佐用町南光のヒマワリ　＊夏

　佐用町は兵庫県の西部に位置し、岡山県に接している。南光地域は旧南光町のエリアで2005（平成17）年に佐用町の一部となった。

　ヒマワリの満開時期は1週間程度と短い。このため、7月上旬から8月上旬までの約1カ月の間、町内6カ所のいずれかの場所で最盛期の花が見られるように工夫しながら栽培されている。全体で約20ヘクタール、100万本以上の規模となる。

　ヒマワリ栽培は休耕中や耕作放棄された水田を活かそうと1990（平成2）

Ⅳ　風景の文化編　　201

年に始まった。その後、町おこしの主軸にするため、1戸1アール運動が展開され、95（同7）年にはヒマワリ油を特産品にするための加工施設「ひまわり館」がオープンした。

たんとう花公園のチューリップ　＊春

　たんとう花公園は兵庫県の北部・豊岡市但東町に春の到来を告げる。毎年行われる「たんとうチューリップまつり」では300種、100万本のチューリップを堪能できる。中でも「10万本のフラワーアート」は来訪者を魅了する。色とりどりのチューリップ10万本で表現された縦70メートル、横30メートルの花の絵は、まさにアートである。花の絵は1994（平成6）年の「日本地図」から始まり、毎年、テーマを変えながら続けられている。

　チューリップまつりは、高齢化が進んで後継者の確保が難しくなるなか、特産の球根栽培のPRや地元のイメージアップを図るために1992（平成4）年に初めて開催された。

永沢寺花しょうぶ園のハナショウブ　＊夏

　永沢寺花しょうぶ園は神戸市の北隣・三田市の北部、標高550メートルほどある永澤寺の門前に位置する。地名は「えいたくじ」、寺名は「ようたくじ」である。永澤寺は1370（応安3）年頃、通幻禅師が開いた曹洞宗に属する禅寺である。創建当時からノハナショウブが自生したとされる場所に花しょうぶ園が開園したのは1975（昭和50）年である。3.3ヘクタールの敷地に約650種、300万本ほどのハナショウブが次々と咲き競う。昼と夜の寒暖の差が大きいため、紫や青など花の色がより鮮明なことが特徴とされる。

神戸市立森林植物園のアジサイ　＊夏、瀬戸内海国立公園

　神戸市立森林植物園は六甲山地の西方（西六甲）、再度山の北側に位置する植物園である。森林植物園は、自然科学の普及や観光を目的に神戸市の皇紀二千六百年記念事業として1940（昭和15）年に整備が始められた。総面積は142.6ヘクタール。樹木を主体とした植物園としては国内最大規模である。園内には、約1,200種（うち約500種は外国産）の木本植物を中心に、北アメリカ産樹林区、ヨーロッパ産樹林区、アジア産樹林区、日本

産樹林区（北日本区・照葉樹林区・日本針葉樹林区）といった原産地別に、自然生態を生かした樹林として植栽展示が行われている。

森林植物園はアジサイの名所としても知られ、25種、約5万株が栽培されている。梅雨空の下、赤や青など、色とりどりのアジサイを楽しむことができる。見頃の時期になると、普段は見られない珍しい種類のアジサイを集めた苗畑の通り抜けを味わうことができるのも特色である。

シチダンカはヤマアジサイの変種で六甲山の特産種である。漢字では「七段花」と書く。シーボルトの「フローラ・ヤポニカ（日本植物誌）」に採録されていたが、しばらくの間、実際に見ることができなかった。1959（昭和34）年に神戸市立六甲山小学校に勤めていた荒木慶治によって六甲ケーブルの沿線で「再」発見され、兵庫県赤穂市出身の室井綽博士によりシチダンカと確認された。発見された株は同校に移植され、その後、森林植物園で増やされて全国に広まったとされる。この「幻の花」はかざり花が八重咲きで、外側から内側にいくにつれて、大きな楕円状から小さな剣状へと形が変化する。それらが重なり合うと星のように美しく見える。また、ホンアジサイとエゾアジサイの交雑種と考えられているヒメアジサイのかざり花は澄んだ青色が鮮やかである。澄んだ鮮やかな青系の色は「六甲ブルー」と呼ばれ、六甲山系の酸性土壌が生み出すといわれている。

アジサイは神戸市民の花に制定されている。1970（昭和45）年の神戸市制80周年などを記念したものであり、制定の際に行われた市民アンケートでは絶大な人気だったという。

宝塚ダリア花つみ園のダリア　　＊夏・秋

宝塚ダリア花つみ園は、「歌劇のまち」として知られる兵庫県東南部に位置する宝塚市の最北部「上佐曽利」にある。

花の大きさや形などにより分類されるダリア。宝塚ダリア花つみ園では夏と秋の2回、さまざまな色や形をした数百種のダリアの花を楽しめ、また、好きな花を切り取り、持ち帰る（有料）ことができる。

上佐曽利地区でダリアの生産が始まったのは1930（昭和5）年である。山に囲まれた標高200メートルほどの盆地状の場所で、冷涼な気候がダリア栽培に適すると考えられたためか、有馬郡有野村（現神戸市）からダリアの球根が取り寄せられて試作が始まった。35（同10）年には36名の同志

Ⅳ　風景の文化編　　203

で佐曽利園芸組合が設立される。36（同11）年には栽培農家が54戸、切り花作付面積は約6.7ヘクタールまでになり、表作はダリア、グラジオラス、キキョウ、裏作にはアイリスが作付けされ、土地の有効利用が図られた。戦時中も栽培を続けることができたのは、ダリアの球根にイヌリンという果糖が多量に含まれており、航空兵の栄養剤に適していることが理由の一つだったと伝えられている。

　宝塚のダリア栽培に貢献したのが愛知県出身の鬼頭常太郎である。戦前には、設立して間もない佐曽利園芸組合に新品種を紹介。戦後は佐曽利の地に移り住んで新品種をつくり出したほか、挿芽繁殖法などを生産者に教えるとともに海外輸出に関して示唆を与えた。1970（昭和45）〜71（同46）年のピーク時には、1年間に生産された300万球のうちの100万球がアメリカ、カナダなど海外へ輸出されたという。

砥峰高原のススキ　＊秋

　砥峰高原は兵庫県の中央部・神河町に位置し、ススキが広がる90ヘクタールほどの高原である。映画『ノルウェイの森』、NHK大河ドラマ『平清盛』『軍師官兵衛』のロケ地としても知られている。

　毎年春に山焼きが行われることでススキは維持されている。秋になると草原はススキの白い穂で埋め尽くされる。白い穂は花の集まりである。秋が深まるにつれ、花は綿毛のある種子へと変化して風に舞う。

　ススキは秋の七草の一つである。ススキの他、ハギ、クズ、ナデシコなど7種の草本で、日本の秋の花を代表するものとされる。山上憶良が『万葉集』の中で詠んだ歌が、その始まりと伝えられている。

　砥峰高原は1963（昭和38）年に雪彦峰山県立自然公園に指定された。本公園は、新潟県の弥彦山、福岡と大分の県境にある英彦山と共に日本三彦山の一つである雪彦山（915メートル）に代表される山岳景観、砥峰高原や峰山高原などの高原景観、そして福知渓谷などの渓谷景観を主要な要素とする自然公園である。

公園／庭園

国立公園明石海峡

地域の特色

兵庫県は近畿地方の西部に位置し、東西に走る播但山地と丹波高原からなる中国山地が県を二分し、北部は旧但馬の国の山陰として日本海に接し、南部は旧播磨の国の山陽として瀬戸内海に接し、瀬戸内海には旧淡路の国の淡路島がある。中国山地は分水嶺として、北へは円山川が流れ、豊岡、城崎などの町をつくって日本海に注ぎ、南へは明石川、加古川、市川、揖保川、千種川が流れ、播磨平野に明石、加古川、姫路、龍野、赤穂などの町をつくって、瀬戸内海に注ぐ。中国山地の北部には白山火山帯が東西に走り、鳥取県境には火山の氷ノ山がそびえ、周辺には鉢伏高原、神鍋高原などが広がり、自然林や渓谷美を見せてくれる。

文豪志賀直哉ゆかりの城崎温泉や夢千代の里として知られる湯村温泉など温泉地も多い。古代、平清盛は大輪田泊を拠点に日宋貿易を行い、一時的に福原京を造営するが、これが近代の国際港神戸港や国際都市神戸につながっていく。近世には譜代大名が姫路城に入り、明石、龍野、赤穂、出石、豊岡などの小藩が分立する。播磨平野は瀬戸内海沿岸の気候によりため池数がわが国で最も多いが、一方、この地域は古くから歌枕の名所の集積の地であり、須磨、明石、淡路島などは千年の名所であった。須磨は一ノ谷の源平合戦の地でもあり、須磨や湊川は楠木正成ゆかりの地でもあり、江戸時代には名所遊覧の地であった。特に須磨、明石は万葉集、古今集、新古今集などの歌に詠まれつづけ、伊勢物語、源氏物語の舞台としても語られ、柿本人麻呂、在原行平、光源氏ゆかりの地として語りつがれていく。姫路城は白鷺城とも呼ばれ、1993（平成5）年、世界文化遺産となった。

自然公園は瀬戸内海と日本海の国立公園を主として、火山帯など多彩である。都市公園は現代のものに、庭園は歴史的なものに特色がある。

凡例　🗾自然公園、🏙都市公園・国民公園、🌳庭園

主な公園・庭園

⊜ 瀬戸内海国立公園明石海峡・六甲山・淡路島

瀬戸内海国立公園は1934（昭和9）年誕生のわが国最初の国立公園の一つであるが、明石海峡、淡路島、六甲山などの一部が戦後編入される。明石海峡は現在では世界一長い吊り橋が架かる瀬戸内海の代表的瀬戸（海峡）景観であるが、古くから明石、須磨などとともに歌に詠まれる歌枕として定着してきた。飛鳥時代7世紀の歌人柿本人麻呂は、明石海峡、淡路島、沙弥島（香川県）などの歌を詠み、瀬戸内海の風景をとらえた人であった。明石海峡大橋でつながる淡路島も国生み神話の土地であり、千鳥と結びついた名所であり、先山（淡路富士）、諭鶴羽山などの名山もあった。今は一面の玉ねぎ畑に点在する吊るし干し小屋の風景が面白い。幕末の1868（旧暦慶応3）年に神戸港が開港し、アメリカのパシフィックメール社はサンフランシスコ－上海間の航路を開設。定期便が多くの外国人を乗せて、横浜、神戸、長崎に寄港し、瀬戸内海を航行していた。船舶は神戸港で六甲山の美味しい水を補給した。欧米人はユートピアのような内海の多島海や瀬戸の風景を絶賛していた。神戸の背後にそびえる六甲山は、1812（文化9）年、谷文晁の『日本名山図会』に「六甲山」「摩耶山」として描かれた名山であった。やがて、95（明治28）年、神戸居留地で貿易商を営んでいたイギリス人アーサー・グルームが山荘を建て、1901（明治34）年には、4ホールのゴルフ場をつくる。グルームは、日本人の妻をもち、終生日本で過ごす。六甲山もまた外国人の保養地として見いだされた所であった。

現代、淡路島を舞台に瀬戸内海の映画の名作が生まれた。終戦直後の淡路島を描いた『瀬戸内少年野球団』（阿久悠原作、篠田正浩監督）は、疎開してきた戦争犯罪者の娘、悪事で兄が自殺してしまう弟、片足を切断し帰郷をためらう復員兵、復員兵の弟と不倫を犯してしまうその妻と、皆重い人生を背負っていたが、グレン・ミラーの音楽と、手づくりの道具で行う野球が明るい戦後を描いていた。そして、瀬戸内海の明るい陽光がすべてを包みこみ、のどかで古びた風景がすべてをいやしていた。やがて疎開の娘が島を去るが、真っ青な海と空に小島が浮かび、波一つない小さな港を錆びた船が離れていく場面は、人間が常に秘めている悲しみを深めていた。

🗾 山陰海岸国立公園香住海岸・玄武洞・城崎

＊世界ジオパーク、名勝、天然記念物

　山陰海岸国立公園は京都府の網野海岸から兵庫県の海岸と内陸を含み、鳥取県の鳥取砂丘にいたる海岸・海域を中心とした公園である。1963（昭和38）年に国定公園から昇格した。山陰地方は冬の北西からの季節風が厳しく、時に豪雪にも見舞われるが、夏の日本海は澄んだマスカット色でとても美しい。香住海岸はこの公園の中央部に位置し、柱状節理の鎧ノ袖、断崖と洞門の但馬御火浦などの海食崖の絶壁、海食洞の洞門、岩礁が続き、その間に、湾曲する白浜、入江の漁村・漁港などが点在する。海中景観も優れ、周辺に豊岡、竹野、浜坂などの海域公園地区があった。山陰海岸国立公園には古くは海域公園地区が5地区あったが、2014（平成26）年、汀線から1kmの範囲であった海域の国立公園区域を5kmまで拡大したのに伴い、1kmまですべてを海域公園地区とした。日本海に流れる円山川沿いに柱状節理の採掘跡の玄武洞がある。玄武岩の岩石名はこの洞窟名に由来している。この地域一帯は白山火山帯に属し、多くの温泉地を抱え、城崎温泉は外湯の風情ある温泉地として、また、文豪志賀直哉の小説『城崎にて』『暗夜行路』で有名である。香住海岸の諸寄海岸は平安時代の清少納言の『枕草子』191段に出てくる地名である。

🏯 舞子公園　　＊重要文化財、日本の歴史公園100選

　神戸市垂水区、明石海峡大橋のたもとにある5.8haの風致公園である。この地は、淡路島が南北に細く横たわる明石海峡を望む景勝地「舞子の浜」として人々に親しまれてきた場所であった。この地の松林は、淡路島に当たり明石海峡に吹き込む南西の風の強さと波の飛沫によって枝幹がさまざまに屈曲し、ここから眺める海峡の景と相俟って独特の趣を呈していた。また、砂浜が強い風や波で削られ根が地上に現れた「根上がり松」もかつては数多くみられた。その特有の風景美が、特に江戸時代には瀬戸内海のなかでも特別な風景として大評判をよんだ。当時の紀行文には絶賛する記述が数多く登場する。例えば、1804（文化元）年、文人・狂歌師として有名な大田南畝は『革令紀行』で「ややゆきて右に松原あり、枝しげり根蟠りて、手の舞ひ足の踏かと疑ふ、これ世の人のあであへる舞子の浜ならし、」

IV　風景の文化編　　207

と記している。この他にも、1806（文化3）年吉田重房の『筑紫紀行』における記述「舞子濱の方を望めば、浪際より小松ども数千本並立て全く画景に異ならず」、1810（文化7）年頃横井金谷の『金谷上人御一代記』における記述「舞子の浜は無双の絶景にして」等々、称賛の声は枚挙に暇がない。また名所図会にもしばしば登場し、著名な浮世絵師、歌川広重が江戸末期に日本全国の名所を描いた代表作として知られる「六十余州名所図会」にも、播磨国を代表する名所として描かれている。

　このような由来をもつ場所が、1900（明治33）年、県下で初めての「公園」となったのである。その後、特に明治末期から大正時代にかけては鉄道敷設の影響もあり、旅館や別荘が建ち並び大いに賑わった。しかし都市化に伴い、以後の風景は様変わりしていく。偉容を誇った旅館や別荘の建物群は、28（昭和3）年に着工した国道の改修拡張計画に伴い、15（大正4）年に神戸の貿易商が別荘内に建てた八角形の楼閣「移情閣」のみを残しすべて移転してしまった。この移情閣は孫文の記念館として現存し、国の重要文化財に指定されている。松林も、戦後の進駐軍による接収や国鉄の増線工事、都市計画道路の整備などで往時のスケールが失われ、衰弱してしまったが、1965（昭和40）年代から兵庫県は松林の保護対策に努めている。86（昭和61）年から始まった明石海峡大橋の建設に伴う大改造の折も、引き続き松林を保全することが優先された。現在、明治時代まであった「根上り松」を、地域の人々とともに再生する取り組みも始まっている。

🏛東遊園地　＊登録記念物、日本の歴史公園100選

　神戸市の中心部、市役所のすぐ南にある約2.7haの公園。居留地の開設に伴い1875（明治8）年に開設された、神戸市で最も古い都市公園である。神戸居留地は自治組織が強固で、公園設計、造成、資金のすべてを日本政府の手を借りず自力で行った。細部まで徹底した合意がなされた公園デザインは多目的スポーツグラウンドが大半を占め、スポーツ機能が突出していた。99（明治32）年、居留地返還とともに神戸市に移管され、以後は運動場として一般市民に利用されることとなった。注目すべきは、移管時に居留地住民たちが適切な管理を義務づける条文を制定し、市の役人と外国人の半々で構成される東遊園管理委員会を設立させたことである。このシステムによって戦前までほぼ当初のままの姿が維持された。現在、グラウ

ンド地区は広場になっているが、敷地区画は良好に残されており、往時の姿を想起させるとともに居留地住民の愛着を感じることができる。この基盤のうえに、戦後は神戸市を代表する出来事が積み重ねられていった。1965（昭和40）年代後半から市が推進した彫刻のまちづくりを反映して園内には数々の彫刻が設置され、特に81（昭和56）年には、公園東辺部が隣接道路と一体的に花と彫刻の道「フラワーロード」として大整備された。

都 有馬富士公園

　兵庫県三田市、有馬富士の南山麓に位置する、県下最大の広域公園。住民参加型公園運営の先駆的事例として知られる。2001（平成13）年に開園して以降順次整備が進み、2009（平成21）年3月に第1期工事が完了し、全体計画面積416.3haのうち178.2haが開園区域となっている。豊かな自然環境を活かし、草地、水辺、林の三つの生態園やかやぶき民家、棚田、「あそびの王国」など多様な野外施設が整備されており、県下で最初に立ち上がった公園運営に関する機関がすべて参加する「管理・運営協議会」の下、「夢プログラム」という来園者サービスを目的とした自主企画、運営プログラムを多数の住民グループが実施している。その内容は、イベントのみならず、調査、研究、景観や動植物保全のための維持管理など多岐にわたる。

庭 旧赤穂城本丸・二之丸庭園　＊名勝、日本の歴史公園100選

　赤穂市上仮屋にある赤穂城は、1645（正保2）年に入封した浅野長直が、61（寛文元）年まで大々的に改修している。改易後は1706（宝永3）年に森氏が入って、廃藩置県まで続いた。赤穂城は瀬戸内海に接して造営されたために、井戸が使えないので城下町には千種川の水を水道として引いて、本丸や城内各所の庭園へも供給していた。

　本丸跡の発掘で表御殿の大きな園池が検出され、造営は浅野氏の時期で森氏の時期にも改修していることが判明し、1990（平成2）年度に復元整備された。二之丸庭園は上部が流れであるのに対し、下部は園池をもつ大規模なもので、2001（平成13）年度までの発掘調査で森氏の時期の作庭とわかり、07（平成19）年度から復元整備が行われている。

Ⅳ　風景の文化編　　209

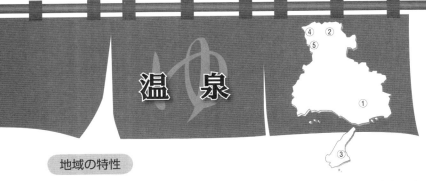

地域の特性

兵庫県は、近畿地方の西部にあり、西は岡山県と接し、北は日本海、南は瀬戸内海に面している。日本海沿岸から淡路島まで、変化に富んだ自然景観と地域性を有し、「日本の箱庭」ともよばれる。京都、大阪を後背地として古くから高度な産業技術や文化を形成し、清酒や織物等の伝統的地場産業が受け継がれている。1998（平成10）年の明石海峡大橋の開通で、四国と直結することになった。

◆旧国名：摂津、播磨、丹波、但馬、淡路　県花：ノジギク
　県鳥：コウノトリ

温泉地の特色

県内には宿泊施設のある温泉地が74カ所あり、源泉総数は431カ所であり、42℃以上の高温泉が3分の1、42℃未満が3分の2を占める。湧出量は毎分4万9,000ℓであり、全国11位にランクされるほどである。また、延べ宿泊客数は421万人を数え、全国11位である。県最北西端の鳥取県境近くに、浜坂国民保養温泉地（浜坂、七釜、二日市）があり、温泉保養に最適な環境と施設が整備されている。兵庫県には、神戸市郊外の六甲山地北麓にある有馬温泉と山陰海岸に近い城崎温泉の2大観光温泉地があり、いずれも歴史に裏打ちされた日本を代表する温泉地として高く評価される。

主な温泉地

①有馬（ありま）
92万人、16位
塩化物泉、二酸化炭素泉

県南東部、六甲山地の標高約400mの山間地、有馬川に沿って日本最古ともいわれる有馬温泉が広がっている。湯泉神社縁起には、大己貴命（おおなむぢのみこと）と少彦名命（すくなひこなのみこと）が傷ついた三羽の烏の湯浴みをみて、温泉を発見したと記され

ている。『日本書紀』には、温泉行幸の嚆矢とされる舒明天皇による86日間の有馬湯治の様子と、7年後に再び訪問したことが記されている。奈良時代の724（神亀元）年、僧行基が薬師如来のお告げで病人治療のために温泉を復興し、温泉寺、蘭若院、施薬院、菩提院の一寺三院を建立して湯治場を整備した。温泉寺には衆生の病を癒す薬師如来像が鎮座し、その周りに薬師様を護る十二神将が安置されている。有馬温泉は1097（承徳元）年に大洪水に見舞われ、その後人家も温泉も長らく廃墟と化していた。約100年後の1191（建久2）年、大和国吉野郡川上村の仁西上人が山籠りをしていたところ熊野権現のお告げを受け、余田氏、河上氏などの平家の残党12人を引き連れて有馬に赴き、ここで十二坊の湯宿を経営させて有馬温泉を復興した。

　後世の人々は行基菩薩と仁西上人を有馬復活の恩人として厚く敬い、その恩に報いるために毎年正月2日、両師を輿に乗せて練行列をし、初湯をかける「入初式」の儀式が江戸時代初期以来、約400年間にわたって行われている。この儀式は湯泉神社の大己貴命と少彦名命の2神と僧侶である行基、仁西上人を一緒に祀る神仏混交の儀式である。練行列では、神官と僧侶が先導し、旅館主や芸妓が扮した湯女がこれに続いて歩き、最後に屋内で白衣赤袴の湯女が太鼓囃子に合わせて踊り、行基菩薩と仁西上人の木像に初湯をかける。

　有馬温泉は中世末期に度重なる大火のために衰微したが、豊臣秀吉が泉源の修復をし、浴場や寺院の改築をして、従来の十二坊の宿を二十坊として温泉集落の拡大を図った。1452（享徳元）年に『有馬入湯記』を著した京都五山相国寺の僧瑞渓は、湯治養生表目として一廻り七日として三廻り、計二十一日間の湯治法を説き、長期間の温泉療養が広まって温泉地の発展をもたらした。近世期には、多くの庶民も遠隔地から集まり、集落中央の共同浴場の湯に入った。17世紀末の湯治客の国別分布では、播磨と伊勢国を中心に畿内が6割を占め、四国、関東、中部、中国地方が3割強であった。御所坊を筆頭とする二十坊は付随した数軒の小宿を抱えており、共同浴場には中央に仕切りがあって、湯神社に向かって南は一之湯、北は二之湯に分けられ、10坊ずつ利用する浴槽が割り当てられていた。湯治宿のほかに各種の商店が賑わいを醸成し、有馬温泉は江戸時代中期の温泉効能鑑では、西の最高位の大関にランクされ、東の草津と比肩されるほど

であった。

今日、有馬温泉には天神泉源をはじめ、数カ所の泉源から引いた黄褐色の塩化物泉が「金の湯」として利用され、別に開発された二酸化炭素泉の「銀の湯」があって温泉入浴の楽しみを高めている。町並みを散策すれば、由緒ある神社、仏閣が集まった落ち着いた雰囲気に触れることができ、和風建築の町並みには特産の有馬筆、有馬籠、炭酸せんべいの店舗があり、太閤の湯殿館も開設されていて、有馬温泉の観光資源の豊かさを感じることができる。

交通：神戸電鉄有馬温泉駅

② 城崎（きのさき）　59万人、33位
塩化物泉

県北部、円山川下流の海岸に近い支流の大谿川（おおたに）に沿って、細長く延びた町並みが形成されている山陰第一の城崎温泉がある。この温泉の歴史は古く、7世紀前半の舒明天皇の御代に、コウノトリが温泉で足の傷を治していたところから発見されたという。現在、外湯の鴻の湯にその名を残している。奈良時代初期の720（養老4）年、神託を受けた道智上人が千日修行をした結願の日に、曼陀羅の湯が湧出したといわれている。上人は738（天平10）年に温泉寺を開基したが、この寺院は聖武天皇の庇護の下に温泉の守護寺となり、本堂をはじめ十一面観音像、千手観音像などの国指定重要文化財も多く、城崎温泉の歴史の重みを伝えている。

温泉入浴法として、まず温泉寺別当坊で竹の柄杓を手に入れ、観音薬師の御眞言とともに「南無大慈大悲開山道智上人」と唱え、霊湯を2、3口飲んだ後に病める部位にかけ、病気回復後にこれを薬師堂に奉納することがならわしであった。江戸時代中期には、この湯柄杓に込められた宗教的意義を知る湯治客は少なくなった。漢方医の後藤艮山は、城崎温泉についての科学的温泉療法の創始者であり、弟子の香川修徳は艮山の成果を踏まえて、我が国初の温泉医学書『一本堂薬選続編』を世に出した。共同浴場は曼陀羅湯、一の湯、御所湯の3カ所があったが、香川修徳が「海内第一泉」と評価した一の湯を中心に温泉町が形成されていた。1799（寛政11）年の記録には大小59軒の宿屋があったが、190年後の1988（昭和63）年の時点でそのうちの14軒が残り、10軒が営業を続けており、その歴史を今に伝えている。

明治初期の共同浴場は一の湯、新湯、常の湯（上の湯）、御所の湯、曼陀羅湯、鴻の湯、裏の湯、地蔵湯に増えたが、いずれも外湯として湯治客も地元民も一緒に湯に入った。現在、一の湯、まんだら湯、御所の湯、鴻の湯、柳湯、地蔵湯、さとの湯の7カ所の外湯があり、旅館宿泊客は提供される無料券をもって、これらの外湯七湯めぐりをすることが城崎観光のハイライトとなっている。2004（平成16）年の外湯入浴者は157万人を数えたが、その3分の2は宿泊者であった。大谿川沿いの町並みを散策すると、伝統的な二層、三層の和風旅館や商店が連なり、柳の並木によく調和していて心が和む。町並みの各所には、文学碑、飲泉場、和風電話ボックスなども設置され、一部電話線の地下埋設や大谿川への鯉の放流も行われた。この見事な温泉情緒豊かな伝統的な町並みは、城崎温泉最大の観光資源として全国から集まる多くの観光客に評価されている。しかし、早くから三層の和風木造建築群を守るために地元有志が「城崎の町並みを守る会」を発足させ、城崎町環境保全基本条例を踏まえて、建築物の外観、色彩、高さや広告物などの規制に尽力するなど、地元民の景観保全に対する地道な努力の積み重ねがあったのである。

　東京の山手線で事故に遭い、療養で訪れた城崎での小動物との出会いを綴った志賀直哉の『城の崎にて』は有名である。

交通：JR山陰本線城崎駅

③洲本（すもと）　28万人、89位
　　　　　　単純温泉

　県南部、淡路島東岸の大阪湾に面する温泉地で、開湯は1961（昭和36）年で新しい。その後、1993（平成5）年に1,300mの大深度掘削が行われて湯量を確保し、温泉地が活性化された。温泉街は洲本の中心に近い大浜海岸から古茂江海岸に至る間で展開し、高層の温泉ホテル群や企業の保養所などさまざまな観光施設もあって、賑わいをもたらしている。地の利を活かし、京阪神や徳島、香川県の四国からの日帰り観光客も多い。由良漁港で水揚げされる新鮮な魚介類も宿泊客にとっては楽しみであり、特に赤うには特産として知られている。標高133mの三熊山山頂には洲本城があり、その眺望のよさとともに、桜祭り、城祭り、武者行列などのイベントも多い。

交通：JR東海道本線大阪駅、バス120分、同三宮駅、バス80分

Ⅳ　風景の文化編　　213

④浜坂温泉郷（浜坂・七釜・二日市）

国民保養温泉地
塩化物泉

県北西端、鳥取県境に接して浜坂町があり、浜坂、七釜、二日市の3温泉地からなる浜坂温泉郷がある。隣接地には湯村、岩井などの歴史のある温泉地があるが、浜坂町は温泉とは無縁の土地であった。1962（昭和37）年に七釜地区で温泉が掘削され、以後二日市と浜坂で温泉開発が進み、地域住民を巻き込んだ新しい温泉地域が形成された。特に、健康増進を踏まえた温泉地づくりが展開され、1991（平成3）年に国民保養温泉地に指定された。大阪からは、福知山線経由山陰本線または智頭急行線鳥取経由で約3時間半、車では4時間の距離にある。

浜坂温泉郷の開発と経営については、当時の町役場企画課長で後に助役を務めた陰山毅の尽力が大きい。その回想録「浜坂温泉の温泉集中管理」によると、七釜温泉は1958年末、地区住民が飲料水確保のために井戸を掘ったところ、地下30mで29℃の温泉が自然湧出したことに始まる。以後、町当局が本格的な温泉開発を進め、49℃、毎分340ℓの有力な塩化物泉を確保、第2、第3の源泉を開発して50℃、毎分500ℓの第3源泉が使用されている。この温泉は当初、主に地元農家が経営する民宿旅館に魚骨方式で配湯されていたが、冬場の湯量減少が著しく、中央温泉研究所の集中管理方式を導入して温泉供給が安定した。現在静かな田園環境のもとに20軒の旅館があり、源泉かけ流しの共同浴場には露天の釜風呂もあって心身ともに癒される。さらに、温泉病院では温泉療法医による診断が受けられる。隣接する二日市温泉も有力な温泉を得て、国民宿舎（現在廃業）とリハビリ施設のある町立浜坂病院やデイサービスセンターなどに供給され、福祉保健温泉地域となっている。

一方、海岸に近い浜坂温泉は1978（昭和53）年、消雪用地下水掘削工事の際に地下50mから温泉が湧き、翌年本格的に122mほど掘削して76℃、毎分動力揚湯で600ℓの豊富な温泉を得た。その利用については、共同浴場、15軒の民宿旅館と兵庫県立温泉保養荘や希望する家庭に配湯をする画期的な開発方式がとられた。中央温泉研究所の細谷昇の参画を得て、浜坂、芦屋地区に総延長約19kmの配管が完成し、1982年に給湯が開始された。配湯工事費6億3,000万円のうち1億4,000万円は、省エネルギー対策事業として評価された通産省の国庫補助金である。一般家庭は1口40

万円の加入金を支払ったが、今日では795戸に上り、約半数の家庭に配湯されている。

　冬の浜坂町では、松葉ガニが日本一の水揚げを誇り、カニ料理で温泉民宿旅館は潤ってきた。ユートピア浜坂は300円の低料金で利用でき、夏の海水浴シーズンに限らず年間を通じて10万人を超える入湯客がある。海岸には「白砂青松100選」のサンビーチがあり、情緒のある漁村集落へと続く。山陰海岸国立公園の名勝但馬御火浦へは遊覧船も出る。また、城山公園の海岸には孤高の登山家・加藤文太郎記念碑や前田純孝歌碑が立ち、街中には伝統の縫い針工場が点在し、ユニークな川下祭りや麒麟獅子舞い、さんざか踊りなどもみられる。七釜温泉では現在環境省の「ふれあい・やすらぎ温泉地整備事業」が進められており、地域環境に合った新しい保養温泉地域が形成されつつある。

交通：JR山陰本線浜坂駅

⑤湯村（ゆむら）　単純温泉

　県北西端、春木川が流れる小渓谷の河岸に立地した温泉地であり、山陰東部では城崎温泉と並び称せられる名湯である。平安時代の848（嘉祥元）年に慈覚大師が発見したと伝えられる歴史的温泉地である。湯村温泉の象徴でもある荒湯源泉では、98℃の高温泉が湯けむりを上げて毎分470ℓほど湧出し、源泉と一体化して地蔵尊が祀られている。その脇には日本一長い足湯もあり、毎日曜日には朝市が開催される。湯村温泉といえば、吉永小百合主演のドラマ「夢千代日記」が有名で、原爆被災者の主人公と温泉場で働く人々との人間模様を浮き彫りにした。温泉地には高級旅館から民宿まであり、多様な客層を取り込んでいるが、温泉場の一角には「リフレッシュパークゆむら」があり、打たせ湯、箱蒸し風呂や酒樽風呂など各種の温泉浴を楽しめる。また、近くには但馬牛を飼育する但馬牧場公園や但馬牛博物館があり、温泉客の訪問も多い。

交通：JR山陰本線浜坂駅、バス25分

Ⅳ　風景の文化編　　215

執筆者 / 出典一覧

※参考参照文献は紙面の都合上割愛
しましたので各出典をご覧ください

I　歴史の文化編

【遺　跡】　石神裕之　（京都芸術大学歴史遺産学科教授）『47都道府県・遺跡百科』(2018)

【国宝 / 重要文化財】　森本和男　（歴史家）『47都道府県・国宝 / 重要文化財百科』(2018)

【城　郭】　西ヶ谷恭弘　（日本城郭史学会代表）『47都道府県・城郭百科』(2022)

【戦国大名】　森岡浩　（姓氏研究家）『47都道府県・戦国大名百科』(2023)

【名門 / 名家】　森岡浩　（姓氏研究家）『47都道府県・名門 / 名家百科』(2020)

【博物館】　草刈清人　（ミュージアム・フリーター）・可児光生　（美濃加茂市民ミュージアム館長）・坂本昇　（伊丹市昆虫館館長）・髙田浩二　（元海の中道海洋生態科学館館長）『47都道府県・博物館百科』(2022)

【名　字】　森岡浩　（姓氏研究家）『47都道府県・名字百科』(2019)

II　食の文化編

【米 / 雑穀】　井上繁　（日本経済新聞社社友）『47都道府県・米 / 雑穀百科』(2017)

【こなもの】　成瀬宇平　（鎌倉女子大学名誉教授）『47都道府県・こなもの食文化百科』(2012)

【くだもの】　井上繁　（日本経済新聞社社友）『47都道府県・くだもの百科』(2017)

【魚　食】　成瀬宇平　（鎌倉女子大学名誉教授）『47都道府県・魚食文化百科』(2011)

【肉　食】　成瀬宇平　（鎌倉女子大学名誉教授）・横山次郎　（日本農産工業株式会社）『47都道府県・肉食文化百科』(2015)

【地　鶏】　成瀬宇平　（鎌倉女子大学名誉教授）・横山次郎　（日本農産工業株式会社）『47都道府県・地鶏百科』(2014)

【汁　物】　野﨑洋光　（元「分とく山」総料理長）・成瀬宇平　（鎌倉女子大学名誉教授）『47都道府県・汁物百科』(2015)

【伝統調味料】　成瀬宇平　（鎌倉女子大学名誉教授）『47都道府県・伝統調味料百科』(2013)

【発　酵】　北本勝ひこ　（日本薬科大学特任教授）『47都道府県・発酵文化百科』(2021)

【和菓子 / 郷土菓子】 亀井千歩子 （日本地域文化研究所代表）『47都道府県・和菓子 / 郷土菓子百科』(2016)
【乾物 / 干物】 星名桂治 （日本かんぶつ協会シニアアドバイザー）『47都道府県・乾物 / 干物百科』(2017)

Ⅲ　営みの文化編

【伝統行事】 神崎宣武 （民俗学者）『47都道府県・伝統行事百科』(2012)
【寺社信仰】 中山和久 （人間総合科学大学人間科学部教授）『47都道府県・寺社信仰百科』(2017)
【伝統工芸】 関根由子・指田京子・佐々木千雅子 （和くらし・くらぶ）『47都道府県・伝統工芸百科』(2021)
【民　話】 花部英雄 （元國學院大學文学部教授） / 花部英雄・小堀光夫編『47都道府県・民話百科』(2019)
【妖怪伝承】 香川雅信 （兵庫県立歴史博物館学芸課長） / 飯倉義之・香川雅信編、常光 徹・小松和彦監修『47都道府県・妖怪伝承百科』(2017) イラスト©東雲騎人
【高校野球】 森岡 浩 （姓氏研究家）『47都道府県・高校野球百科』(2021)
【やきもの】 神崎宣武 （民俗学者）『47都道府県・やきもの百科』(2021)

Ⅳ　風景の文化編

【地名由来】 谷川彰英 （筑波大学名誉教授）『47都道府県・地名由来百科』(2015)
【商店街】 杉山伸一 （大阪学院大学教育開発支援センター准教授） / 正木久仁・杉山伸一編著『47都道府県・商店街百科』(2019)
【花風景】 西田正憲 （奈良県立大学名誉教授）『47都道府県・花風景百科』(2019)
【公園 / 庭園】 西田正憲 （奈良県立大学名誉教授）・飛田範夫 （庭園史研究家）・井原 緑 （奈良県立大学地域創造学部教授）・黒田乃生 （筑波大学芸術系教授）『47都道府県・公園 / 庭園百科』(2017)
【温　泉】 山村順次 （元城西国際大学観光学部教授）『47都道府県・温泉百科』(2015)

索　引

あ 行

阿江（名字）	72
青山家	50
赤井氏	40
明石海峡	206
明石高	170
明石公園のサクラ	199
明石市	3
明石商（高）	170
明石城	29
明石市立天文科学館	65
明石玉子焼き	108
明石焼き	6, 87, 96, 108, 134, 138
赤松氏	40, 49
アグー皮付きベーコン	104
芥田家	50
赤穂城	30
赤穂市	4
赤穂市立海洋科学館・塩の国	65
赤穂市立歴史博物館（塩と義士の館）	65
赤穂の塩	6
朝倉粉山椒	137
アジサイ	202
味付ゆで卵	108
芦屋醸造 白味噌（甘味噌）	120
芦屋高	170
芦屋市立谷崎潤一郎記念館	65
小豆	81
小豆洗い	163
安宅氏	41
足立氏	41
アナゴの料理	96
油返し	163
英保（あほ／名字）	74
阿万（あま／名字）	74
尼崎北高	170
尼崎市	3
尼崎市立田能資料館	82
尼崎城	31

尼崎西高	171
阿弥陀如来及両脇侍立像	23
綾部山梅林のウメ	200
アユの踊り食い	97
荒木氏	41
荒御霊神社	145
有馬	210
有馬温泉	5
有馬の人形筆	155
有馬富士公園	209
淡路島	206
淡路島牛丼	102
淡路島の名字	71
淡路人形浄瑠璃資料館	66
淡路国	7
淡路ビーフ	101
淡路味噌	120
イイダコ料理	97
いかなごのくぎ煮	6, 95, 126
育英高	171
生田神社提灯祭	140
池田家	50
伊佐々王	164
出石城	32
出石初午大祭	83
出石焼	152, 179
板井・寺ヶ谷遺跡	13
射楯兵主神社	147
伊丹氏	42
伊丹市昆虫館	63
伊丹城	32
イチゴ	91
イチジク	89
稲田騒動	10
いなみ野ため池ミュージアム	82
イノシシ・イノブタ料理	105
猪豚（ゴールデンボアポーク）	103
伊和神社の祭礼	140
岩屋城	33
魚住（名字）	74
魚住氏	42
牛女	164

うすくち龍野醤油資料館	128
打出小槌町	185
鰻嗳火	164
宇野氏	42
海上傘踊り	83
ウメ	91, 200
うるち米	79
永沢寺花しょうぶ園のハナショウブ	202
会下山遺跡	17
淡河（おうご／名字）	74
大避神社	146
太田垣（名字）	72
太田垣氏	42
大歳山遺跡	14
大西家	51
小笠原家	51
お菊虫	164
荻野氏	42
奥藤家	51
奥藤酒造郷土館	128
送り狼	165
長壁	165
長部家	51
織田家	51
織田信長	39, 51
オムそば	108

か 行

カキ	91
垣屋氏	43
鶴林寺太子堂	24
加古川北高	171
加古川ホルモン餃子	102
加集（名字）	74
かしわのすき焼き	114
柏原城	33
かしわもち	85, 86
かす	102
粕汁	96
香住海岸	207
かつめし	103
かつめしとソース	121
金川家	52

218

かにすき	115
嘉納（名字）	72
嘉納家	52
上方筋	9
亀岡八幡神社	149
亀山焼	180
掃部の嬢	165
瓦せんべい	86, 134
瓦林（名字）	74
菅氏	43
神吉（かんき／名字）	73
関西学院高	172
キウイ	92
菊正宗酒造記念館	127
岸本家	52
北風家	52
キヌヒカリ	79
きぬむすめ	80
城崎	207, 212
城崎温泉	5
城崎麦わら細工	153
吉備国際大学農学部醸造学科	128
旧赤穂城本丸・二之丸庭園	209
旧トーマス住宅	26
京極家	53
玉水	135
九鬼家	53
久下（くげ／名字）	73
久下氏	43
櫛橋氏	44
クスノキ	4
楠木正成	4
件の話	160
雲部車塚古墳	19
工楽家	53
クリ	90
栗と小エビのマヨネーズあ	92
栗の王様	135
栗蒸し	92
栗もち	92
車大歳神社	148
黒井城	34
黒田氏	44
黒豆ご飯	82
鶏卵饅頭	109
県尼崎高	172
県神戸商（高）	172
源氏（摂津源氏）	71

玄武岩	5
玄武洞	5, 207
玄武洞ミュージアム	64
甲子園	5, 185
上月（こうづき／名字）	73
上月城	34
国府寺（こうでら／名字）75	
国府寺家	53
コウノトリ	111
神戸	186
神戸牛（神戸ビーフ） 6, 100	
神戸牛ステーキ丼	82
神戸高	172
神戸弘陵高	172
神戸国際大付高	173
神戸市	3
神戸市立王子動物園	61
神戸市立森林植物園	62
神戸市立森林植物園のアジサイ	202
神戸市立青少年科学館（バンドー神戸青少年科学館）	63
神戸市立博物館	59
神戸ポーク	103
神戸洋館街と居留地	5
甲陽学院高	173
御座候	134
五色塚古墳	18
コシヒカリ	79
小寺氏	44
小西家	54
小麦	80
ゴールデンボアポーク 103, 105	
近藤家	54

さ 行

石龕寺	146
西光寺野台地のため池群82	
酒井氏	45
酒井家	54
魚の棚商店街	195
酒米	2
サクラ	198, 199
桜井家	55
桜ヶ丘遺跡	17
櫻正宗記念館	128
サクランボ	90
篠山城	34
篠山チルドレンズミュージ	

アム	66
さばずし	96
佐用町南光のヒマワリ 201	
沙羅	109
沙羅・きぬた	134
皿そば	88
沢の鶴資料館	127
サワラの味噌漬け	120
サンショウ	88
三田学園高	173
三田牛	101
三宮	186
三宮センター街	192
塩味饅頭	135
塩川氏	45
塩と義士の館	65
鹿肉の料理	105
飾磨県	10
飾磨のかちん染め	159
猪肉とろろ丼	106
宍粟	187
舌切雀	157
芝右衛門狸	166
清水のオクワハン	83
夙川公園のサクラ	199
宿南氏	45
純栗羊羹	135
醸造用米	80
浄土寺	4
城の山古墳	19
醤油	113, 124
醤油饅頭	126
食酢	121
不知火	92
市立尼崎高	171
市立伊丹ミュージアム（I'M）	64
市立西宮高	171
神港学園高	173
神港橘高	173
神事舞	83
しんせん但馬鶏	104
新長田地区商店街	194
スイセン	201
すき焼き	102, 114, 115
ススキ	204
砂かけ婆	166
スミツケ	166
住吉神社	148
洲本	213
洲本高	174

索　引　　219

洲本市	3
洲本城	35
スモモ	92
すり身だんご汁	115
清酒発祥の地	127
石龕寺	146
摂津国	7
仙石家	55
そば	81

た 行

大根汁	115, 116
大乗寺障壁画	24
大豆	81
鯛茶漬け	82
田結庄（たいのしょう／名字）	75
田結庄氏	45
鯛めん	88
たかきびだんご	85
高砂にくてん	102
高入道	166
宝塚	187
宝塚歌劇	6
宝塚市立手塚治虫記念館	64
宝塚ダリア花つみ園のダリア	203
宝塚ルマンの"たまごサンド"	109
滝川高	174
滝川二高	174
田公氏	46
竹田城	36
竹中大工道具館	60
建部家	55
たこ飯	82, 96
但馬・丹波の濃口醤油と味噌	120
但馬牛	99
但馬すこやかどり	104, 110
但馬鶏（しんせん但馬鶏）	104
但馬の味どり	104, 110
但馬国	7
辰馬（名字）	73
辰馬家	55
たつの市	3
龍野城	36
龍野城下町	5
龍野の里の淡口しょうゆ	119

田能遺跡	15
田淵家	55
玉津田中遺跡	15
タマネギのかき卵汁	115
ダリア	203
檸檬煎餅	134
炭酸せんべい	86
淡山疏水	81
たんとう花公園のチューリップ	202
丹波黒豆	136
丹波篠山市	3
丹波地どり	109
丹波大納言小豆	137
丹波立杭焼	151
丹波杜氏	126
丹波杜氏酒造記念館	128
丹波鶏	104
丹波布	151
丹波国	7
丹波の黒豆	6
丹波焼	178
中華まん（肉まん、豚まん）	126
忠臣蔵	4
チューリップ	202
ちょぼ汁	115, 116
佃遺跡	15
ツチノコ	167
ツバスの酢煮	96
燕の恩返し	161
田（でん／名字）	75
東光寺	147
東山焼	180
東条川用水	81
銅鐸と銅戈	23
トウモロコシ（スイートコーン）	81
東洋大姫路高	174
年越しそば	88
隣の寝太郎	158
砥峰高原のススキ	204
豊岡杞柳細工	152
豊岡県	10
豊岡市	3
豊臣秀吉	25, 39, 211

な 行

長田神社	140
なさそば（奈佐そば）	88
ナシ	91

灘黒岩水仙郷のスイセン	201
灘喧嘩祭	142
ナツミカン	90
七星ソース	121
ナベカツギ	167
奈良漬け	126
鳴尾高	175
ナルトオレンジ	91
南京町	192
ナンコウ	92
肉天	87
西宮市	3
西宮神社の福男	6
二宮神社	145
日本玩具博物館	64
日本酒	125
日本ナシ	91
にゅうめん	88
丹羽家	56
庭田神社	127
ネクタリン	92
ノジギク	4
野島断層保存館	65

は 行

白鹿記念酒造博物館	128
白鶴酒造資料館	63, 127
箱木家	56
箱木家住宅	25
畑氏	46
はだか麦	81
波多野氏	46
ばち汁	88, 115
鉢伏鍋	108
八幡神社	145
パッションフルーツ	92
ハナショウブ	202
波々伯部（ははかべ／名字）	75
波々伯部氏	46
浜坂温泉郷	214
播磨国分寺跡	20
播磨国	7
はりまもち	80
播州毛鈎	155
播州そうめん	88, 137
播州そろばん	154
播州百日どり	110
播州三木打刃物	153
阪神尼崎・三和本通り商店	

街	194
阪神・淡路大震災	10
阪神・淡路大震災記念人と	
防災未来センター	60
バンドー神戸青少年科学館	
	63
日笠山貝塚	14
東遊園地	208
ヒダルガミ	167
一柳家	56
ひとはく	62
ヒノヒカリ	79
火柱	140
ヒマワリ	201
ひまわり油	121
美味伝承甲南漬資料館	128
姫路	187
姫路おでん	108
姫路科学館	66
姫路工（高）	175
姫路市	3
姫路城	4, 25, 37
姫路城のサクラ	198
姫路市立水族館	66
姫路ポーク・桃色吐息	103
姫路南高	175
ひょうご味どり	109
兵庫北関入船納帳	8
兵庫県産板海苔	137
兵庫県立考古博物館	62
兵庫県立コウノトリの郷公	
園・豊岡市立コウノトリ	
文化館	67
兵庫県立人と自然の博物館	
（ひとはく）	62
兵庫県立歴史博物館	61
兵庫高	175
兵庫工（高）	176
兵庫津	8
兵庫津遺跡	21
兵庫夢錦	80
ビール	125
ビワ	90
福原遷都	8

富士ファームのおいしい赤	
卵	110
ブドウ	90
ブリ料理	96
ブルーベリー	91
ブルワリービレッジ長寿蔵	
ミュージアム	128
別宮家野遺跡	13
別所氏	46
報徳学園高	176
波々伯部神社	146
宝楽焼き	96
ぼたん鍋	105, 114, 115
ぼっかけ	102
ぼっかけうどん	102
本多家	57

ま　行

舞子公園	207
舞子焼	180
牧野富太郎	4
マジックパール	108
間島氏	47
マダイの潮汁	115
マダイ料理	96
松風地鶏	104, 109
松平家	57
祭りずし	96
円尾家	57
まんてん宝夢卵	110
箕谷古墳群	20
ミカン	91
みかんとレタスのサラダ	93
三木氏	47
三木城	38
味噌	113, 124
みとろフルーツパーク	93
みゆき通り商店街	196
名東県	10
みりん	125
武庫	188
村野工（高）	176
メロン	92
もち米	80

元町高架下商店街	193
元町商店街	192
桃	91
森家（赤穂藩主）	57
森家（三日月藩主）	58
森本氏	47

や　行

八上城	38
八木氏	47
やくもち	86
社高	176
養父のネッテイ相撲	83
山田錦	2, 127
山名家（山名氏）	48, 58
山邑家	58
八幡巻き	96
湯浅しょうゆ	120
ユズ	90
弓弦羽神社	148
湯村	215
宵田商店街	197
横丁の爺	159
よもぎだんご	85
寄神（名字）	75
依藤（よりふじ／名字）	73
丁瓢塚古墳	18

ら　行

ランプ阿免	134
リンゴ	91
レモンとレーズンのバター	
クッキー	93
六条大麦	80
六甲山	5, 206
六甲みそ	120

わ　行

ワイン	125
脇坂家	58
ワタボッサン	167
割り干し大根	137

索　引　221

47都道府県ご当地文化百科・兵庫県

令和6年9月30日　発　行

編　者　丸　善　出　版

発行者　池　田　和　博

発行所　丸善出版株式会社
　　　　〒101-0051 東京都千代田区神田神保町二丁目17番
　　　　編集：電話（03）3512-3264／FAX（03）3512-3272
　　　　営業：電話（03）3512-3256／FAX（03）3512-3270
　　　　https://www.maruzen-publishing.co.jp

© Maruzen Publishing Co., Ltd. 2024

組版印刷・富士美術印刷株式会社／製本・株式会社 松岳社

ISBN 978-4-621-30951-3　C 0525　　　　　　Printed in Japan

JCOPY　〈（一社）出版者著作権管理機構 委託出版物〉
本書の無断複写は著作権法上での例外を除き禁じられています．複写
される場合は，そのつど事前に，（一社）出版者著作権管理機構（電話
03-5244-5088, FAX 03-5244-5089, e-mail：info@jcopy.or.jp）の許諾
を得てください．

【好評既刊 ● 47都道府県百科シリーズ】
(定価：本体価格3800〜4400円＋税)

47都道府県・**伝統食百科**……その地ならではの伝統料理を具体的に解説

47都道府県・**地野菜/伝統野菜百科**……その地特有の野菜から食べ方まで

47都道府県・**魚食文化百科**……魚介類から加工品、魚料理まで一挙に紹介

47都道府県・**伝統行事百科**……新鮮味ある切り口で主要伝統行事を平易解説

47都道府県・**こなもの食文化百科**……加工方法、食べ方、歴史を興味深く解説

47都道府県・**伝統調味料百科**……各地の伝統的な味付けや調味料、素材を紹介

47都道府県・**地鶏百科**……各地の地鶏・銘柄鳥・卵や美味い料理を紹介

47都道府県・**肉食文化百科**……古来から愛された肉食の歴史・文化を解説

47都道府県・**地名由来百科**……興味をそそる地名の由来が盛りだくさん！

47都道府県・**汁物百科**……ご当地ならではの滋味の話題が満載！

47都道府県・**温泉百科**……立地・歴史・観光・先人の足跡などを紹介

47都道府県・**和菓子/郷土菓子百科**……地元にちなんだお菓子がわかる

47都道府県・**乾物/干物百科**……乾物の種類、作り方から食べ方まで

47都道府県・**寺社信仰百科**……ユニークな寺社や信仰を具体的に解説

47都道府県・**くだもの百科**……地域性あふれる名産・特産の果物を紹介

47都道府県・**公園/庭園百科**……自然が生んだ快適野外空間340事例を紹介

47都道府県・**妖怪伝承百科**……地元の人の心に根付く妖怪伝承とはなにか

47都道府県・**米/雑穀百科**……地元こだわりの美味しいお米・雑穀がわかる

47都道府県・**遺跡百科**……原始〜近・現代まで全国の遺跡＆遺物を通観

47都道府県・**国宝/重要文化財百科**……近代的美術観・審美眼の粋を知る！

47都道府県・**花風景百科**……花に癒される、全国花物語350事例！

47都道府県・**名字百科**……NHK「日本人のおなまえっ！」解説者の意欲作

47都道府県・**商店街百科**……全国の魅力的な商店街を紹介

47都道府県・**民話百科**……昔話、伝説、世間話…語り継がれた話が読める

47都道府県・**名門/名家百科**……都道府県ごとに名門/名家を徹底解説

47都道府県・**やきもの百科**……やきもの大国の地域性を民俗学的見地で解説

47都道府県・**発酵文化百科**……風土ごとの多様な発酵文化・発酵食品を解説

47都道府県・**高校野球百科**……高校野球の基礎知識と強豪校を徹底解説

47都道府県・**伝統工芸百科**……現代に活きる伝統工芸を歴史とともに紹介

47都道府県・**城下町百科**……全国各地の城下町の歴史と魅力を解説

47都道府県・**博物館百科**……モノ＆コトが詰まった博物館を厳選

47都道府県・**城郭百科**……お城から見るあなたの県の特色

47都道府県・**戦国大名百科**……群雄割拠した戦国大名・国衆を徹底解説

47都道府県・**産業遺産百科**……保存と活用の歴史を解説。探訪にも役立つ

47都道府県・**民俗芸能百科**……各地で現存し輝き続ける民俗芸能がわかる

47都道府県・**大相撲力士百科**……古今東西の幕内力士の郷里や魅力を紹介

47都道府県・**老舗百科**……長寿の秘訣、歴史や経営理念を紹介

47都道府県・**地質景観/ジオサイト百科**……ユニークな地質景観の謎を解く

47都道府県・**文学の偉人百科**……主要文学者が総覧できるユニークなガイド